Vahlens Lernbücher

PT
JJ4
E J6 (2)
+J

Grundzüge des Internationalen Wirtschaftsrechts

Internationales Privatrecht, Europäisches
Wirtschaftsrecht, Welthandelsrecht

von

Prof. Dr. Theodor Enders, LL.M. (Sydney)

2. Auflage

Verlag Franz Vahlen München

Prof. Dr. Theodor Enders, LL.M. (Sydney), lehrt an der Ernst-Abbe-Hochschule Jena Wirtschaftsrecht und ist Gutachter für internationales Recht, insbesondere das der Volksrepublik China.

ISBN 978 3 8006 5315 7

© 2016 Verlag Franz Vahlen GmbH, Wilhelmstr. 9, 80801 München
Satz: Fotosatz Buck
Zweikirchener Str. 7, 84036 Kumhausen
Druck und Bindung: Druckhaus Nomos
In den Lissen 12, 76547 Sinzheim
Gedruckt auf säurefreiem, alterungsbeständigem Papier
(hergestellt aus chlorfrei gebleichtem Zellstoff)

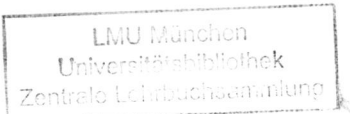

Vorwort 2. Auflage

Ziel dieses Buches ist es, den Studierenden wirtschaftswissenschaftlicher sowie juristischer Studiengänge eine solide theoretische und praxisbezogene Basis aufzuzeigen, von der aus häufig auftretende Fragen und Problembereiche des internationalen Wirtschaftsrechts als solche wahrgenommen werden. Auch Praktiker können von diesem Buch – insbesondere als Lehrbuch zur selbständigen Einarbeitung in den Stoff – profitieren.

Die fünf Hauptabschnitte sind so zusammengefügt, dass wichtige Bereiche aus Sicht eines international ausgerichteten Unternehmens abgedeckt sind. Nach der Darstellung der allgemeinen Prinzipien des Wirtschaftsrechts werden ausgehend vom Internationalen Privatrecht über das europäische Wirtschaftsrecht bis hin zum Welthandelsrecht die Kreise immer größer gezogen. Schließlich sind die internationalen Abkommen geistiger Schutzrechte Gegenstand einer näheren Betrachtung, um damit einen weiteren wichtigen Baustein des internationalen Wirtschaftsrechts einzufügen, der wegen der zunehmenden Bedeutung nicht mehr fehlen darf.

Zur Erläuterung des Stoffes wurden 155 Beispiele so ausgewählt, dass sie einerseits das zuvor Dargestellte erläutern, andererseits einen praktischen Bezug aufweisen, was vielfach durch Bearbeitung höchstrichterlicher Entscheidungen mit internationalem Bezug geschieht. Die besonders hervorgehobenen Merksätze sollen dem vertieften Verständnis der Materie dienen.

Weiterhin sind den einzelnen Themen 20 Aufgaben zugeordnet, deren Lösung gleich angefügt ist, um ein (unnötiges) Suchen im Anhang zu vermeiden. Der optimale Lerneffekt tritt sicher nur dann ein, wenn Sie zunächst versuchen, die Aufgaben selbständig zu lösen.

Seit der 1. Aufl. hat es in einzelnen Bereichen wichtige Änderungen gegeben, die allesamt eingearbeitet wurden. An erster Stelle ist das europäische Verfahrensrecht zu nennen, also die Brüssel Ia Verordnung (EU Nr. 1215/2012), die seit dem 10.1.2015 gilt. Weitere Aktualisierungen betreffen das europäische Wirtschaftsrecht, das UN-Kaufrecht bis hin zu den internationalen Lizenzverträgen.

Trotz sorgfältiger Recherche und Darlegung können Fehler auftreten. Für Korrekturhinweise sowie Anregungen unter theodor@enders.info bin ich dankbar.

Jena/Koblenz August 2016   *Theodor Enders*

Inhaltsverzeichnis

Abkürzungsverzeichnis

EU .... Europäische Union

EuGH .... Europäischer Gerichtshof

EuGHE .... Entscheidungssammlung des EUGH

EUV .... Vertrag über die Europäische Union

EuZW .... Europäische Zeitschrift für Wirtschaftsrecht

EWS .... Europäisches Wirtschafts- und Steuerrecht (Zeitschrift)

FSK .... Freiwillige Selbstkontrolle

GATT .... General Agreement on Tariffs and Trade

GATS .... General Agreement on Trade in Services

gem. .... gemäß

grds. .... grundsätzlich

GRUR .... Gewerblicher Rechtsschutz und Urheberrecht (Zeitschrift)

GRUR Int. .... GRUR Internationaler Teil

GTA .... Genfer Tonträger Abkommen

HMA .... Hager Musterabkommen

hins. .... hinsichtlich

HWG .... Heilmittelwerbegesetz

ICANN .... Internet Corporation for Assigned Names and Numbers

IHR .... Internationales Handelsrecht (Zeitschrift)

INCO-Terms ..... International Commercial Terms (Internationale Handels-
              klauseln)

IPR .... Internationales Privatrecht

IPrax .... Praxis des Internationalen Privat- und Verfahrensrechts
              (Zeitschrift)

IR-Marke .... international registrierte Marke

lit. .... Buchstabe

LG .... Landgericht

Ltd. .... limited (beschränkt haftend)

LugÜ .... Luganer Übereinkommen über die gerichtliche Zuständig-
              keit und die Vollstreckung gerichtlicher Entscheidungen in
              Zivil- und Handelssachen

MarkG .... Markengesetz

MMA .... Madrider Markenabkommen

MMR .... Multimedia und Recht (Zeitschrift)

MÜ .... Montrealer Übereinkommen für den Lufttransport

NAFTA .... North American Free Trade Agreement

n.F. .... neue Fassung

NJW .... Neue Juristische Wochenschrift

NJW-RR .... Rechtsprechungs-Report der NJW

Nr. .... Nummer

NZA .... Neue Zeitschrift für Arbeitsrecht

NVwZ .... Neue Zeitschrift für Verwaltungsrecht

OECD .... Organisation für Entwicklung und Zusammenarbeit

OLG .... Oberlandesgericht

PatG .... Patentgesetz

PCT .... Patent Cooperation Treaty (Patentzusammenarbeitsvertrag)

PLT .... Patent Law Treaty (Patentrechtsvertrag)

ProtMMA .... Protokoll zum Madrider Markenabkommen

PVÜ .... Pariser Verbandsübereinkunft

RA .... Rom Abkommen

RBÜ .... Revidierte Berner Übereinkunft

RIW .... Recht der Internationalen Wirtschaft (Zeitschrift)

RL .... Richtlinie

Rn. .... Randnummer

ROM I-VO .... Verordnung über das auf vertragliche Schuldverhältnisse anzuwendende Recht

ROM II-VO .... Verordnung über das auf außervertragliche Schuldverhältnisse anzuwendende Recht

Rspr. .... Rechtsprechung

SaS .... Software as a Service

Slg. .... Sammlung (offizielle Entscheidungssammlung des EuGH)

sog. .... sogenante

StGB .... Strafgesetzbuch

TMG .... Telemediengesetz

TRIPS .... Trade Related Aspects of Intellectual Property Rights

TTIP .... Transatlantic Trade and Investment Partnership (Freihandelsabkommen zwischen der EU und den USA)

UAbs. .... Unterabsatz

UDRP .... Uniform Domain Dispute Resolution Policy

UN .... United Nations

UNCITRAL ...... UN-Commission on International Trade Law (UN-Handelskommission)

UNIDROIT .... UN-Institut international pour l'unification du droit privé

UrhG .... Urheberrechtsgesetz

Urt. .... Urteil

USA .... United States of America

Begriff und allgemeine Prinzipien des Internationalen Wirtschaftsrechts

1

Internationales Wirtschaftsrecht dient der Regelung der grenzüberschreitenden Wirtschafsbeziehungen, die durch die erheblichen internationalen Verflechtungen in großem Umfang auftreten. Neben den internationalen Wirtschaftsabkommen, wie etwa das der Welthandelsorganisation mit Sitz in Genf[1], wird der internationale Wirtschaftsverkehr (immer noch maßgeblich) vom nationalen Recht gesteuert.

1.1 Definition und wichtige Fragestellungen

Der Versuch einer Definition des „Internationalen Wirtschaftsrechts" ist schon deshalb schwierig, weil dieser Terminus aus unterschiedlichen Gebieten zusammengesetzt ist, namentlich dem Begriff des Wirtschaftsrechts sowie der Internationalität. Schon der Begriff des Wirtschaftsrechts ist, wenn auch häufig erwähnt, dennoch nach wie vor unscharf. Ein Bezug zu wirtschaftliche Sachverhalte ist fast immer gegeben, selbst wenn es um vermeintlich wirtschaftsferne Bereiche geht. So wird die Verletzung des Persönlichkeitsrechts dann, wenn Verantwortliche im Unternehmen oder das Unternehmen selbst betroffen sind, gleichwohl der „Wirtschaft" zugeordnet. Auch das Strafrecht weist wirtschaftliche Bezüge auf, was mit dem Begriff des Wirtschaftsstrafrechts schon lange Einzug in die Literatur genommen hat. Auch Umweltrecht, Wettbewerbsrecht, Steuerrecht, Gesellschaftsrecht und Kapitalmarktrecht weisen Bezüge zum Wirtschaftsrecht auf. Dazu kommt dann noch das „Internationale" dieser Materie. Nicht einmal über die Einordnung dessen, was hierzu zählt, besteht Einigkeit.

Das typische internationale Recht ist das Völkerrecht, das die rechtlichen Beziehungen der Staaten zueinander regelt und sich dann auch intensiv mit dem Staat als Völkerrechtssubjekt beschäftigen muss. Solche Problembereiche wie Staatenimmunität etc. werden aber für den Praktiker auf diesem Gebiet kaum eine Rolle spielen.

Merksatz:

Das internationale Wirtschaftsrecht kann wie folgt definiert werden: es handelt sich um sämtliche Gesetze, sonstige Rechtsregeln sowie Verträge, die vorrangig der Lösung grenzüberschreitender Sachverhalte von Unternehmen dienen.

Die Erläuterung soll aus der Sicht von Unternehmen erfolgen, die oftmals völlig unvorbereitet mit diesem Gebiet befasst sind. Es sind also sämtliche Sachverhal-

---

[1] World Trade Organization (WTO), www.wto.org.

te (als Entscheidungsgrundlagen) daraufhin zu untersuchen, ob Bezüge zum internationalen Wirtschaftsrecht bestehen.

Die nachfolgend aufgeführten Fragestellungen sollen eine Herangehensweise an dieses Gebiet im Sinne eines ersten Einstiegs ermöglichen. Bei Sachverhalten mit Auslandsberührung sind erfahrungsgemäß vorrangig folgende Fragen zu behandeln:

1. Gilt deutsches Recht?
2. Gilt ausländisches Recht?
3. Gibt es Wahlmöglichkeiten?
4. Welche Regelungen sind zu beachten?
5. Welche allgemeinen Prinzipien sind maßgeblich?

Selbstverständlich kann dieser Fragenkatalog noch um zahlreiche Fragen erweitert werden. Gleichwohl liegen auf diesen fünf Fragestellungen schon die Schwerpunkte dieses Gebietes, was an Hand der kurzen Beantwortung und dem Verweis auf die intensivere Behandlung in folgenden Kapiteln deutlich werden wird.

Zur Frage 1: Gilt deutsches Recht?

Diese Frage wird zunächst durch das Internationale Privatrecht (IPR) beantwortet, das (fast) jeder Staat als nationale Regelung aufstellt. Das IPR ist daher streng genommen kein „internationales" Recht. Denn der nationale Gesetzgeber regelt aufgrund seiner Gesetzgebungskompetenz Sachverhalte mit Auslandsberührung zunächst als Verweisung auf deutsches oder ausländisches Recht. Aus deutscher Sicht ist dafür Art. 3 Einführungsgesetz zum BGB (EGBGB) maßgeblich. Daneben gibt es noch das nationale Recht mit exterritorialer Anwendung, wie etwa das Außenwirtschaftsrecht.

Für den Praktiker folgt daraus aber ein großes Problem. Während die typische juristische Methode von einem gegebenen Sachverhalt ausgeht und die Merkmale der maßgeblichen Normen dem vorgegebenen Sachverhalt zuordnet (Subsumtionstechnik), ist hier die umgekehrte Vorgehensweise notwendig. Der Sachverhalt muss zunächst so erfasst werden, dass eine Zuordnung zu einem nationalen Recht möglich wird.

Merksatz:
Beim IPR wird nicht ein gegebener Sachverhalt rechtlichen Bestimmungen zugeordnet, sondern ein Sachverhalt ermittelt, der eine Zuordnung zu einem nationalen Recht ermöglicht, was methodisch eine Umkehrung der Subsumtion darstellt.

Beispiel 1: Beim grenzüberschreitenden Dienstvertrag ist – sofern keine Rechtswahl getroffen wurde – für die Frage des anwendbaren Rechts auf den Sitz (gewöhnlicher Aufenthalt) des Dienstleistungserbringers abzustellen. Der Sachverhalt muss nun daraufhin untersucht werden, wer die Dienstleistung (dieser Begriff wird autonom bestimmt und umschließt auch den auf einen Erfolg gerichteten Werkvertrag) erbringt (Art. 4 Abs. 1 lit. b) ROM

I-VO). Beim Verlagsvertrag kommt es darauf an, welche (Dienst-)Leistung im Vordergrund steht, das Schreiben oder die verlegerische Tätigkeit.[2]

Beispiel 2: Ein in Deutschland ansässiges Unternehmen stellt Stahlplatten her, die in ein Krisengebiet ausgeliefert werden sollen. Jeder erfahrene deutsche Manager ahnt nun ein Problem, das ihn bei Nichtbeachtung gleich in ein Strafverfahren verwickeln kann. Der Manger muss sich fragen, ob das Außenwirtschaftsgesetz (AWG) der Bundesrepublik Deutschland einschlägig sein kann. Sollten die hergestellten und ausgelieferten Stahlplatten auch für gepanzerte Fahrzeuge im Zielland verwendet werden *können* (dual use-Güter-Verordnung (EG) Nr. 428/2009 vom 5. Mai 2009 über eine Gemeinschaftsregelung für die Kontrolle der Ausfuhr, der Verbringung, der Vermittlung und der Durchfuhr von Gütern mit doppeltem Verwendungszweck) so ist eine Ausfuhrgenehmigung beim Bundesamt für Wirtschaft und Ausfuhrkontrolle (BAFA) einzuholen. Bei Nichtbeachtung dieses Gesetzes droht die Einleitung eines Strafverfahrens gegen den Verantwortlichen (§ 17 in Verbindung mit § 22 AWG), und zwar selbst dann, wenn die Tat eines Deutschen im Ausland verübt wird (§ 17 Abs. 7 AWG). Die Auslandsberührung führt also vom Ergebnis her nicht zur Anwendung ausländischen Rechts. Maßgeblich ist die richtige Einordnung des Sachverhalts als Fall des deutschen Außenwirtschaftsrechts.[3]

Merksatz:
Man spricht in diesen Fällen auch von nationalem Recht mit exterritorialer Anwendung. Die Verweisung erfolgt dann regelmäßig zum deutschen Recht.

Zu Frage 2: Gilt ausländisches Recht?

Die Beantwortung der zweiten Frage hängt selbstverständlich eng – quasi spiegelbildlich – mit der ersten Frage zusammen. Gleichwohl machen sich viele Akteure nicht bewusst, dass die Zuordnung eines Sachverhalts zum ausländischen Recht nicht immer einfach zu erkennen ist. Der Hauptanwendungsbereich internationaler Sachverhalte – jedenfalls aus Sicht eines deutschen Unternehmers – ist die Zuweisung zum **europäischen Wirtschaftsrecht**. Geht es um wirtschaftsrelevante Sachverhalte, so haben die meisten Regelungen „europäischen" Ursprung. Entweder gelten diese unmittelbar als Verordnungen, z. B. die Gemeinschaftsmarkenverordnung für die „europäische" Marke, oder aufgrund der Umsetzung einer EU-Richtlinie (z. B. der Markenrichtlinie RL 2008/95/EG).

Beispiel 3: Meldet Unternehmen A die Marke „Bestleistung" für Beratungsdienstleistungen an, so wird das Deutsche Patent- und Markenamt eine solche Kennzeichnung wegen eines absoluten Eintragungshindernisses gem. § 8 Abs. 1 bis 3 Markengesetz (MarkG) zu Recht ablehnen. Denn dort heißt

---

[2] Zur ROM I-VO siehe 2.1.
[3] Zum **Embargo** der EU mit Iran und Russland siehe Mehle/Mehle, Die notwendige Einhaltung von EU-Embargoregelungen durch Unternehmen mit Sitz in Drittstaaten, RIW 2015, 397; LG Hamburg v. 3.12.2014 RIW 2015, 458.

es, dass solche Marken nicht eingetragen werden, denen für Waren oder Dienstleistungen jegliche Unterscheidungskraft fehlt (§ 8 Abs. 2 Nr. 1 MarkG), bei denen Freihaltebedürfnis als Fachausdruck besteht (Nr. 2) oder die zum allgemeinen Sprachgebrauch zählen (Nr. 3). § 8 Abs. 3 MarkG lässt aber in diesen Fällen (§ 8 Abs. 2 Nr. 1 bis 3 MarkG) die sog. **Verkehrsdurchsetzung** als **Ausnahme** zu. Nach der deutschen Regelung muss diese aber **vor** der Anmeldung nachgewiesen werden. Wenn A durch Werbung dafür gesorgt hat, dass die Bezeichnung „Bestleistung" in den beteiligten Verkehrskreisen eine Verkehrsdurchsetzung von mindestens 50 % hat, dann kann die Marke trotz der oben beschriebenen Mängel eingetragen werden. Da A diese Verkehrsdurchsetzung aber erst **nach** der Anmeldung der Marke erlangt hat, lehnt das DPMA die Anmeldung (jedenfalls zum angegeben Datum) ab. Gegen den entsprechenden Bescheid des DPMA setzt sich A mit dem Argument zur Wehr, dass die deutsche Regelung Art. 3 Abs. 3 Markenrichtlinie widerspreche. Tatsächlich ist die Markenrichtlinie als vorrangige Norm bei deren Umsetzung in nationales Recht, und zwar hier des deutschen Markengesetzes, zu beachten. Gleichwohl hat das DPMA Recht, denn die Verkehrsdurchsetzung als zwingende Ausnahme, die jeder Mitgliedstaat der EU beachten muss, ist nur eine solche **vor der Markenanmeldung, nicht** aber **danach**. Eine weitere Ausnahme – also die Verkehrsdurchsetzung nach Eintragung – ist lediglich als Option vorgesehen. Die Mitgliedstaaten können zwar davon Gebrauch machen, sind aber nicht dazu gezwungen. Da Deutschland nur die erste Variante (Verkehrsdurchsetzung vor Anmeldung) verpflichtend vorgesehen hat, liegt **kein** Verstoß gegen europäisches (sekundäres) Unionsrecht vor.[4]

> **Merksätze:**
>
> Das Recht der Europäischen Union spielt für den mit dem EU-Ausland in Geschäftsbeziehung stehenden Kaufmann eine zentrale Rolle. Obwohl scheinbar nur deutsches Recht angewendet wird, steht dahinter oftmals eine europäische Regelung (meist als Richtlinie), die als Rechtmäßigkeitsmaßstab für die nationalen Regelungen gilt.

Es gibt aber auch den umgekehrten Fall, dass ein Kaufmann Regelungen eines internationalen Abkommens anwendet, diese aber zugleich dem deutschen Recht zuzuordnen sind.

> **Beispiel 4:** Wird etwa ein Kaufvertrag im internationalen Import oder Export abgeschlossen, so findet regelmäßig das UN-Kaufrecht (Conventions on Contracts for the International Sale of Goods, CISG) Anwendung, das aber durch Beschluss des Deutschen Bundestages in nationales Recht umgesetzt wurde und dann deutsches Recht ist (BGBl. 1989 II, S. 588, sowie 1990 II, S. 1699).[5]

> **Merksätze:**
>
> Nicht immer führt die Anwendung internationaler Abkommen zur Anwendung ausländischen Rechts. Vielmehr werden diese Regelungen durch die Ratifizierung nationaler Parlamente zu nationalem Recht.

---

[4] Zum Europäischen Wirtschaftsrecht siehe 3.
[5] Zum UN-Kaufrecht siehe 4.2.

Zur Frage 3: Gibt es Wahlmöglichkeiten?

Es gilt der **Grundsatz der freien Rechtswahl**, der auf europäischer Ebene in den Verordnungen ROM I (in Art. 3 für vertragliche Schuldverhältnisse) und II (in Art. 14 für außervertragliche Schuldverhältnisse) geregelt ist.

> **Beispiel 5:** Verkäufer mit Sitz in Frankreich und Käufer mit Sitz in Deutschland regeln, dass deutsches Recht Anwendung finden soll. Dann gilt für das gesamte Vertragsverhältnis deutsches Recht (Art. 3 Abs. 1 ROM I-VO). Die Rechtswahl muss ausdrücklich erfolgen oder sich eindeutig aus den Bestimmungen des Vertrags oder aus den Umständen des Falles ergeben. Zulässig ist auch eine Teilrechtswahl. Eine Aufteilung nach Formanforderungen oder der Erfüllung des Vertrages als sog. horizontale Abspaltung ist zulässig. Der Vertrag könnte etwa grds. dem deutschen Recht zugewiesen sein, Formfragen über den Vertragsabschluss dagegen dem französischen Recht unterliegen.[6]

Ein wichtiges Indiz für die Rechtswahl ist die (ausschließliche) **Gerichtsstandvereinbarung**. In vielen Verträgen findet man folgende Klausel: „Im Falle von Rechtsstreitigkeiten ist – sofern gesetzlich zugelassen[7] – als ausschließlicher Gerichtsstand das Gericht am Sitz des Käufers zuständig." In dem zuvor besprochenen Fall ist demzufolge ein deutsches Gericht zuständig, was dann auch für die Anwendung deutschen Rechts spricht.[8]

Rechtswahlklauseln werden sehr häufig im Rahmen von Allgemeinen Geschäftsbedingungen (AGB) verwendet. Problem ist dabei die widersprüchliche Aussage zur Rechtswahl in AGB-Klauseln auf beiden Seiten, was international als „Battle of Forms" bezeichnet wird. Nach überwiegender Auffassung schließen sich widersprüchliche Klauseln in AGB gegenseitig aus, so dass eben **keine Rechtswahl** getroffen wurde.[9]

> **Merksatz:**
> Die Parteien eines internationalen Vertrages sollten die Frage der Rechtswahl eindeutig und widerspruchsfrei klären.

Zu Frage 4: Welche Regelungen sind zu beachten?

Es gibt zahlreiche Regelungen, die das Internationale Wirtschaftsrecht betreffen. Die Rechtsquellen können drei Ebenen zugeordnet werden. Auf der *ersten Ebene* ist das Völkerrecht mit dem Völkergewohnheitsrecht angesiedelt.

---

[6] Siehe näher zu 2.2.2.

[7] Nach § 38 ZPO ist die Wahl des Gerichtsstands nur zulässig, wenn beide Vertragsparteien Kaufleute bzw. juristische Personen des öffentlichen Rechts sind. Bei einem Verweis auf ein Gericht innerhalb der EU ist Art. 23 EuGVVO anzuwenden. Erfolgt dagegen die Verweisung an ein Gericht außerhalb der EU bleibt es bei der Anwendung des § 38 ZPO; siehe dazu 2.4.4.

[8] Leible/Lehmann, Die Verordnung über das auf vertragliche Schuldverhältnisse anzuwendende Recht („Rom I"), RIW 2008, 528 (531); für die Rechtswahl hins. der ROM II-VO siehe Leible, Rechtswahl im IPR der außervertraglichen Schuldverhältnisse nach der Rom II-Verordnung, RIW 2008, 257.

[9] Siehe dazu die Ausführungen unter 2.2.2.

Art. 38 Abs. 1 des Status des Internationalen Gerichtshofs führt die anerkannten Quellen des Völkerrechts auf. Das sind die völkerrechtlichen Verträge, das internationale Gewohnheitsrecht, die „von den Kulturvölkern anerkannten allgemeinen Rechtsgrundsätze" sowie richterliche Entscheidungen und die Völkerrechtslehre (lit. a bis d). Zur Anwendbarkeit von Völkerrecht in den Staaten, also als innerstaatliches Recht ist die Ratifizierung von völkerrechtlichen Abkommen notwendig. In der Bundesrepublik Deutschland ist die Ratifizierung gem. Art. 59 Abs. 2 S. 1 GG vorgesehen. Dies geschieht durch die Zustimmungen der gesetzgebenden Körperschaften des Bundes auf der Rangstufe einfacher Bundesgesetze. Das Völkergewohnheitsrecht steht über den Bundesgesetzen (Art. 59 Abs. 2 GG). Völkergewohnheitsrecht entsteht durch eine langjährige Praxis, die auf allgemeine Zustimmung der Völkergemeinschaft beruht. Man spricht in diesem Zusammenhang auch von *Softlaw*.

Beispiel 6: Ausländische Investitionen werden durch das Völkergewohnheitsrecht geschützt (*Investitionsschutz*). Man spricht in diesem Zusammenhang auch vom völkergewohnheitsrechtlichen Fremdenrecht, das durch die Freihandelsabkommen wie *CETA* und *TTIP* in den öffentlichen Focus gerückt ist. Es geht maßgeblich darum, einen Investitionsschutz zu erreichen, der durch das Völkergewohnheitsrecht nur unzulänglich gewährleistet ist. Investitionsschutzabkommen regeln neben der Festlegung des Anwendungsbereichs den Schutz ausländischer Investoren, wobei es dann nicht nur um das Verhältnis der vertragschließenden Staaten untereinander geht, sondern auch um das Verhältnis der Investoren zum (die Investition aufnehmenden) Staat. Deshalb werden gerade in letzterem Verhältnis Streitbeilegungsregelungen getroffen, ohne die der Investor in der Regel keine Investitionsrisiken auf sich nimmt. Ein aktuelles Beispiel ist die Stilllegung eines Kernkraftwerks des schwedischen Betreibers Vattenfall in Deutschland, die aus Sicht des ausländischen Unternehmens einer Enteignung gleichkommt. Gerade aber der Schutz vor Enteignung zählt zum Standardrepertoire des Völkergewohnheitsrechts. Typischerweise werden Schiedsverfahren vereinbart, wie etwa die des Internationalen Zentrums zur Beilegung von Investitionsstreitigkeiten nach dem Übereinkommen vom 18.3.1965 (ICSID) oder die Anrufung eines Ad hoc-Schiedsgerichts nach den Schiedsregeln der Kommission der Vereinten Nationen zum Internationalen Handelsrecht (UNCITRAL) oder der Schiedsordnung der Internationalen Handelskammer (ICC) sowie des London Court of International Arbitration (LCIA). Art. 10 Abs. 3 des Deutschen Mustervertrags 2009 bestimmt in diesem Kontext, dass der Schiedsspruch bindend ist, grundsätzlich keinen Rechtsbehelf gewährt und von den Vertragsstaaten wie ein rechtskräftiges innerstaatliches Urteil vollstreckt wird. Probleme treten regelmäßig dadurch auf, dass es eine Diskrepanz zwischen Investitionsschutzabkommen der Staaten untereinander (derzeit gibt es etwa 3000 bilateral investment treaties, BITs) und dem einzelnen Investitionsvertrag im Verhältnis Investor zum Staat gibt. Denn ein Verstoß gegen ein BIT eröffnet unmittelbar den Weg zu einem internationalen Schiedsgericht, wohingegen viele Investitionsverträge die ausschließliche staatliche Gerichtsbarkeit vorsehen. Die sog. *„umbrella clauses"* versuchen nun die Verbindung zwischen Vertragsverstoß und gleichzeitigem Verstoß gegen das Investitionsschutzabkommen herzustellen, um dadurch ein Schiedsgericht anrufen zu können. Eine solche Klausel, etwa mit der Formulierung „Each Contracting Party shall observe any obligation it may have entered into regard to investments of investors of the other Contracting Party", wird als schützender Schirm des Völkerrechts über den Investitionsvertrag angesehen.[10]

Von überragender Bedeutung sind die völkerrechtlichen Verträge über den zwischenstaatlichen Wirtschaftsverkehr, wie etwa das WTO-Abkommen sowie das Wiener UN-Übereinkommen über Verträge über den internationalen Warenkauf (Convention on Contracts for the International Sale of Gods, CISG).[11] Diese gehen den nationalen Regelungen sowie dem deutschen IPR vor.

Weiterhin ist die *„Lex Mercatoria"* zu nennen. Dabei geht es um internationale Handelsbräuche und Handelssitten. Das „Institut international pour l'unification du droit privé" (UNIDROIT) mit Sitz in Rom hat als unabhängige Einrichtung die Entwicklung einiger Abkommen im internationalen Handelsrecht betreut, unter anderem die Übereinkommen über die Stellvertretung beim internationalen Warenkauf vom 17.12.1983, das Abkommen über das Internationale Finanzierungsleasing vom 28.5.1988 und über das Factoring vom 28.5.1988. Die *UNIDROIT-Grundregeln der internationalen Handelsverträge* aus dem Jahre 2004 können bei internationalen Handelsbeziehungen vereinbart werden und geben wichtige Auslegungshilfen. Besonders zu erwähnen sind auch die von der Internationalen Handelskammer in Paris entwickelten Regeln für die Auslegung bestimmter Klauseln in internationalen Handelsverträgen (*International Commercial Terms, INCO-Terms*).[12]

Auf der *zweiten Ebene* stehen die Rechtsakte der Europäischen Union. Auch diese genießen Vorrang gegenüber nationalen IPR-Normen (Art. 3 EGBGB). Wichtig sind hier die Verordnung (EG) Nr. 593/2008 über das auf vertragliche Schuldverhältnisse anzuwendende Recht vom 17.6.2008 (ROM I-VO) und die Verordnung (EG) Nr. 864/2007 über das auf außervertragliche Schuldverhältnisse anzuwendende Recht vom 11.7.2007 (ROM II-VO). Weiterhin ist noch die Verordnung (EU) Nr. 1215/2012 über die gerichtliche Zuständigkeit und die Anerkennung und Vollstreckung von Entscheidungen in Zivil- und Handelssachen vom 12.12.2012 (Abl. Nr. L 351 S. 1) geändert durch (EU) 542/2014 vom 15.5.2014 (ABl. Nr. L 163 S. 1) (EuGVVO oder Brüssel Ia-VO) zu beachten.

Auf der *dritten Ebene* sind das nationale Wirtschaftsrecht mit seiner extraterritorialen Anwendung sowie das nationale IPR der Bundesrepublik Deutschland einzuordnen. Zum nationalen Recht mit Auslandsbezug zählt etwa das Außenwirtschaftsrecht. Inhaltlich wird unter anderem die Exportkontrolle von konventionellen Waffen sowie „dual-use" Gütern und Technologien geregelt (§ 5 Abs. 1 Nr. 1 AWG, „Dual-Use"-Verordnung EG Nr. 428/2009 vom 05.05.2009).

Beispiel 7: Ein ausländischer Investor möchte sich mit mehr als 25 % an einem deutschen Rüstungsunternehmen beteiligen (Kapitalanteil und Stimmrech-

---

[10] Vgl. Birkner, Freihandel und internationales Investitionsschutzrecht – Modelle und Perspektiven gerichtlicher Streitbeilegung, EuZW 2016, 454; Jensen, Die Auslegung von Investitionsschutzabkommen am Beispiel der „umbrella clause", RIW 2016, 277.

[11] Vom 11.4.1980, BGBl. 1989 II S. 588, berichtigt im Jahre 1990 II S. 1699.

[12] Zu den INCO-Terms siehe 4.3.1.

te). Dann besteht nach § 5 Abs. 3 AWG in Verbindung mit § 55 Außenwirtschaftsverordnung für dieses „gebietsfremde" Unternehmen, das sich an einem deutschen (gebietsansässigen) Unternehmen beteiligen will, welches Kriegswaffen, Motoren bzw. Getriebe für gepanzerte Militärfahrzeuge oder bestimmte Kryptosysteme (Verschlüsselungsverfahren) herstellt oder entwickelt, eine Meldepflicht beim Bundesamt für Wirtschaft und Ausfuhrkontrolle (BAFA).[13]

Das nationale IPR ist bei grenzüberschreitenden Sachverhalten als sog. „Kollisionsrecht" (conflict of laws)[14] von großer praktischer Bedeutung. Das heißt die nationalen Behörden und Gerichte eines bestimmten Staates müssen zunächst entscheiden, ob das eigene nationale Recht oder fremdes Recht auf diesen Sachverhalt anzuwenden ist.

> **Beispiel 8:** Ein in England ansässiger Kaufmann verklagt den deutschen Käufer vor einem deutschen Gericht. Der/die deutsche Richter/in muss nun entscheiden, welches Recht er/sie anwendet. Für das Verfahrensrecht ist die Zivilprozessordnung (ZPO) als *lexi fori (Recht des Forums)* maßgeblich, für die materiellen Rechtsfragen wird auf den „Ort" des engsten Bezugs zur Sache als *lex loci (Recht des Ortes)* abgestellt. Der engste Bezug besteht zum englischen Recht, weil dort der Sitz (gewöhnlicher Aufenthalt) des Verkäufers ist (Art. 4 Abs. 1 lit. a) ROM I-VO).

Deutsche Gerichte wenden bei internationalen Sachverhalten nicht immer deutsches Recht an. Vielmehr gilt für das Verfahrensrecht das Recht, an dem das angerufene Gericht seinen Sitz hat (lex fori), für das materielle Recht ist dagegen das Recht des engsten Bezuges zum Rechtsstreit maßgeblich (lex loci).

Die Antwort auf die Frage, welches Recht Anwendung findet, wird maßgeblich durch die nachfolgend zu behandelnden allgemeinen Grundsätze des internationalen Rechts bestimmt. Erst das grundlegende Verständnis dieser aus dem Völkerrecht abgeleiteten Grundprinzipien, ermöglicht die Zuordnung internationaler Konflikte zu den „richtigen" gesetzlichen Regelungen.

> **Merksätze:**
> Die Rechtsquellen des internationalen Wirtschaftsrechts können drei Ebenen zugeordnet werden. Auf der ersten Ebene befinden sich das allgemeine Völkerrecht sowie die internationalen Handelsbräuche und Handelsklauseln (etwa „lex mercatoria"), auf der zweiten Ebene stehen die Rechtsakte der Europäischen Union. Die dritte Ebene geht auf das nationale Recht mit exterritorialer Anwendung ein, wie etwa dem Außenwirtschaftsrecht und den nationalen Klauseln des IPR. Dabei verdrängt die höhere die rangniedrigere Ebene.

---

[13] Vgl. Besen/Slobodenjuk, Beschränkungen beim Erwerb deutscher Unternehmen durch ausländische Investoren nach dem Außenwirtschaftsrecht – ein praktischer Leitfaden, BB 2012, 2390; Trennt/Niestedt, Das neue Außenwirtschaftsrecht, BB 2013, 2115.

[14] Vgl. Herdegen, Internationales Wirtschaftsrecht, § 1 Rn. 13.

Zu Frage 5: Welche allgemeinen Prinzipien sind zu beachten?

Die allgemeinen Prinzipien des Internationalen Wirtschaftsrechts sind aus dem Völkerrecht abzuleiten und ermöglichen die richtige Zuordnung auftretender Sachverhalte mit Auslandsbezug.

Ausgangspunkt ist dabei die Sicht der Wirtschaftssubjekte, also der Unternehmen, die international auftreten und dabei Handelsbeziehungen mit zahlreichen anderen Staaten pflegen (wollen). Daraus kann dann das (betriebs-)wirtschaftliche **Prinzip der Ubiquität** hergeleitet werden, welches zum Ausdruck bringt, dass die Unternehmen mit ihren Waren und Dienstleistungen überall (ubique) vertreten sein wollen. Dieser ökonomische Begriff, der insbesondere im Marketing verwendet wird, kann auch für das Internationale Wirtschaftsrecht dienstbar gemacht werden.

> **Merksatz:**
> Ausgehend von der Ubiquität der wirtschaftlichen Aktivitäten international aufgestellter Unternehmen werden die maßgeblichen Grundsätze des internationalen Wirtschaftsrechts deutlich, die sich teilweise überschneiden und aufeinander beziehen.

1.2 Grundlegende Prinzipien des internationalen Wirtschaftsrechts

Ausgehend von den zuvor geschilderten Fragen und ökonomischen Überlegungen sollen nachfolgend wichtige Prinzipien (Grundsätze)[15] des Internationalen Wirtschaftsrechts erläutert werden, um damit die rechtliche Zuordnung länderübergreifender wirtschaftlicher Sachverhalte zu erleichtern.

1.2.1 Prinzip der Ubiquität, Universalitätsprinzip und Globalprinzip

Das Völkerrecht kennt den **Grundsatz der Ubiquität**, um solche Rechte zu erfassen, die nicht eindeutig einem Staat zuzuordnen sind. Ubiquität im rechtlichen Sinne bedeutet, dass Rechte sich nicht eindeutig lokal bestimmen lassen, vielmehr überall genutzt werden können.

> **Beispiel 9:** Nicht ubique sind Rechte an Grundstücken, denn diese sind eindeutig einem Territorium zuzuordnen. Anders sieht es dagegen bei gewerblichen Schutzrechten aus, die sich gerade nicht an Ländergrenzen halten, wie z. B. das Recht an einem Patent. Tätigt jemand eine Erfindung, so wird diese nach der Anmeldung in einem Land spätestens nach 18 Monaten offengelegt. D. h. jeder (ohne Einschränkung) kann den Stand der Technik recherchieren, um danach seine Forschungs- und Entwicklungsarbeiten auszurichten. Im Augenblick der Offenlegung wird die Erfindung weltweit zugänglich, also ubique.

---

[15] Grundsatz und Prinzip werden mit gleicher Bedeutung verwendet.

Die Frage ist nun, wie solche ubiquen Rechte geschützt werden können. Aus ökonomischer Sicht wäre der universelle Schutz anzustreben. Die Idee dahinter ist, dass der in einem Land begründete Schutz auch in allen anderen Ländern zum Tragen kommt. Dann ginge es in der Sache um *ein* Schutzrecht, das überall wirksam wäre. Tatsächlich stehen dem aber die Hoheitsrechte souveräner Staaten entgegen. So muss beispielsweise eine Erfindung für jedes Land, in dem es geschützt werden soll, dem Patentschutz unterworfen werden. Es entsteht somit eine *Vielzahl von Schutzrechten* an einer Erfindung.

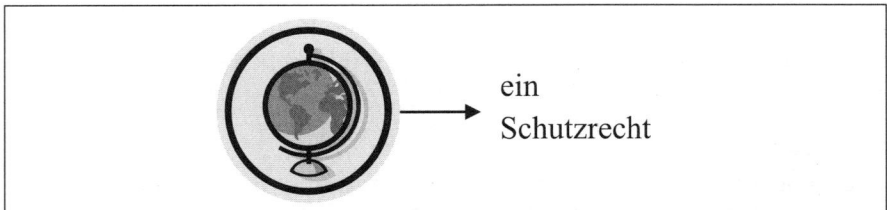

ein Schutzrecht

Schaubild: Ubiquität

Merksätze:

Während die Unternehmen ihre Produkte überall verbreiten wollen, stehen die Rechte souveräner Staaten einem einheitlichen Schutzrecht entgegen. Vielmehr verlangt jeder Staat einen auf sein Staatsgebiet bezogenen Schutz, so dass es für ubique Güter keinen entsprechenden einheitlichen Rechtsschutz gibt.

Bezogen auf einige Gebiete, etwa dem Internet als einem globalen Kommunikationsraum („Cyberspace"), wird das **Universalitätsprinzip** seit Jahren diskutiert. Rechtliche Fragestellungen lassen sich hier von der Sache her kaum auf ein Staatsgebiet beziehen.[16] Im internationalen Kontext gibt es zahlreiche spezifische Fragestellungen, die bisher noch nicht beantwortet wurden, allen voran die nach einem autonomen Cyberlaw (Nettiquette). Da solche Regelungen allenfalls freiwillig sein könnten, würden solche Bestimmungen allerdings nur begrenzte Wirkungen zeitigen. Wie oben schon angesprochen, sind geistige Schutzrechte ubique, also nicht ortsgebunden, was an sich für das Universalitätsprinzip spricht. Danach würde ein irgendwo entstehendes Schutzrecht weltweit Schutz genießen. Dieses Modell hat sich nicht durchgesetzt. Allerdings gibt es zahlreiche freiwillige Abkommen, die den Gedanken eines universellen Schutzrechts zugrunde legen, dabei aber keineswegs immer unumstritten sind.

Vor einigen Jahren hat das ACTA-Abkommen[17] für besondere Aufmerksamkeit gesorgt. Das Anti-Counterfeiting Trade Agreement (ACTA) hat in Europa

---

[16] Herdegen, Internationales Wirtschaftsrecht, §3 Rn. 84.

[17] Es handelt sich dabei um ein völkerrechtliches multilaterales Handelsabkommen, das bisher durch die USA, Japan, Südkorea, Mexiko, Marokko, Australien, Kanada, Neuseeland, Singapur, der EU, Österreich, Belgien, Bulgarien, die Tschechische Republik, Dänemark, Finnland, Frankreich, Griechenland, Ungarn, Irland, Italien, Lettland,

eine grundlegende Diskussion über den Schutz immaterieller Rechtsgüter entfacht, die schon vor einiger Zeit mit dem Versuch der besseren Durchsetzung geistigen Eigentums (Intellectual Property) in den USA begann. Die dortigen Versuche einer effektiven Rechtsdurchsetzung haben unter den Kurzbezeichnungen SOPA (Stop-Online-Piracy-Act) und PIPA (Protect-IP-Act) Schlagzeilen produziert, da die dortige Internet-Community besonders aktiv wurde.

Die Diskussion um das ACTA-Abkommen wurde wenig sachlich geführt und nahm vor allem das Procedere (Vorwurf der mangelnden Transparenz) kritisch ins Visier.[18] Verkennen darf man dabei nicht, dass dieses Abkommen keine unmittelbare Wirkung entfaltet. Zudem geht es nicht um inhaltliche Fragen etwa des Urheberrechts, sondern um die bessere Durchsetzung der maßgeblichen Schutznormen. Kritisiert wird dabei insbesondere Art. 27 Abs. 4 ACTA, der eine Pflicht zur Weitergabe von Nutzerdaten vorsieht. Danach können die Vertragsparteien dieses Abkommens ihre Behörden ermächtigen, den Rechteinhabern Ansprüche auf sog. Drittauskunft gegenüber Internet-Service-Providern zu gewähren. Voraussetzung dafür ist allerdings – und dies entspricht der deutschen Regelung in § 101 Abs. 9 UrhG –, dass die Urheberrechtsverletzung hinreichend geltend gemacht wurde und die Informationen zu dem Zweck eingeholt werden, diese Rechte zu schützen oder durchzusetzen.

Als erfolgreiches universelles Forum ist die **Uniform Domain Dispute Resolution Policy (UDRP)** zu nennen.[19] Dabei handelt es sich um ein von der ICANN (Internet Corporation for Assigned Names and Numbers) eingeführtes Schlichtungsverfahren zur Lösung von Domainstreitigkeiten. Zielrichtung der UDRP sind klassische Fälle des Domaingrabbing oder Cybersquatting, mithin solche Fälle, in denen evident gegen die Kennzeichenrechte verstoßen wird. Als ein zugelassener Streitbeilegungsanbieter fungiert die WIPO.

Das **WIPO Mediation and Arbitration Center** bietet ein universelles alternatives Streitlösungsmodell an.[20] Dort werden auf sämtlichen Gebieten des geistigen Eigentums alternative Streitlösungsverfahren durchgeführt.

Universelle Abkommen führen zu autonomem Recht, das also (zunächst) unabhängig von staatlichem Recht ist. Erst durch die Ratifizierung in nationales Recht erfolgt die Umsetzung auf nationaler Ebene. Diese internationalen Abkommen haben eine Zwitterstellung. Einerseits gewähren sie autonomes Recht, andererseits sind sie durch die Ratifizierung der Mitgliedstaaten aber auch nationales Recht.

> **Beispiel 10:** Deutschland ist Mitglied der Welthandelsorganisation (WTO). Die drei Hauptabkommen, namentlich über den freien Handel mit Waren, über den freien Dienstleistungsverkehr sowie über den Schutz geistigen

---

Litauen, Luxemburg, Malta, Polen, Portugal, Rumänien, Slowenien, Spanien, Schweden, das Vereinigte Königreich und der Schweiz unterzeichnet wurde.

[18] Das Europäische Parlament hat mit Beschluss vom 3.7.2012 die Ratifizierung des ACTA-Abkommens abgelehnt. Gleichwohl soll ein neuer Versuch eines internationalen Schutzabkommens, dann begrenzt auf Produktpiraterie, unternommen werden.

[19] Siehe www.udrp.de.

[20] Siehe www.wipo.int/amc/en/center/background.html.

Eigentums gelten „universell", also in allen Mitgliedstaaten gleichermaßen und sind insofern autonom. Zugleich wurden diese Abkommen durch die entsprechenden Ratifizierungsbeschlüsse des Deutschen Bundestages in das deutsche Recht transformiert. Deshalb sind die entsprechenden Regelungen nunmehr auch nationales Recht.

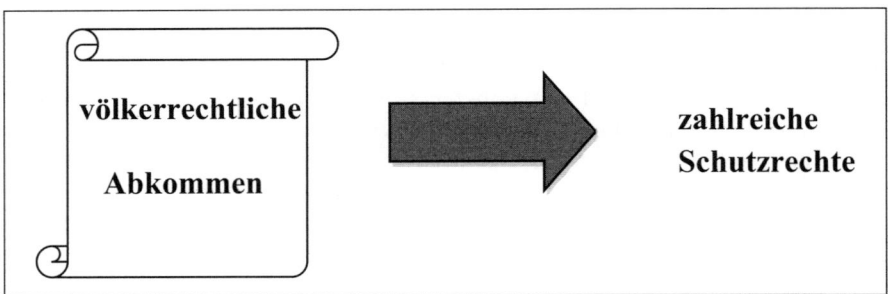

Schaubild: Universalität

Einen ähnlichen Ansatz wie das Universalitätsprinzip wählt das **Globalprinzip**, das im **internationalen Steuerrecht** („unrestricted tax liabilitiy") Anwendung findet. Für die Inanspruchnahme von Besteuerungsgewalt verlangt das Völkergewohnheitsrecht einen hinreichenden personalen oder territorialen Anknüpfungspunkt. Soweit die Steuerpflicht auf den inländischen Wohnsitz bzw. die Staatsangehörigkeit gestützt wird, legen die meisten Industriestaaten das **Welteinkommensprinzip** zugrunde. Danach werden sämtliche Steuereinkünfte der nationalen Steuer unterworfen, was allerdings in den meisten Fällen zur Doppelbesteuerung führt. Daher haben viele Staaten sog. Doppelbesteuerungsabkommen (DBA) als völkerrechtliche Abkommen geschlossen, die die Steuereinnahmen verteilen. Territorial begrenzt ist dagegen die Besteuerung, die bei der Quelle der Einkünfte ansetzt (Quellenprinzip, Ursprungsprinzip), wonach Steuerpflichtige nur mit ihrem inländischen Vermögen und im Inland erzielten Einkünften der Besteuerung unterliegen.[21] Die Besteuerung internationaler Unternehmen wie etwa Google gerät immer mehr in den Focus öffentlicher Kritik, weil etwa die in Europa erzielten Gewinne durch hohe Lizenzgebühren für die Namensnutzung an die Muttergesellschaft in Kalifornien (USA) „verrechnet" werden. Allerdings hat Google etwa in Groß-Britannien im Jahr 2016 erhebliche Steuernachzahlungen für die vergangenen Jahre geleistet.

Beispiel 11: Ein deutscher Staatsbürger hat in Deutschland Einkünfte aus selbständiger Tätigkeit. Daneben erzielt er noch Einkünfte aus der Vermietung eines Appartements in Spanien. Sämtliche Einkünfte, auch die in Spanien, unterliegen zunächst der deutschen Einkommensteuer. Die in Spanien gelegene Immobilie wäre eigentlich auch der spanischen Besteuerung zuzuführen. Um solche Doppelbesteuerungen zu vermeiden haben Deutschland und Spanien ein DBA abgeschlossen, das die Einkünfte aus selbständiger

---

[21] Herdegen, Internationales Wirtschaftsrecht, § 19 Rn. 2 ff.

Tätigkeit nur in Deutschland, dagegen die aus dem in Spanien gelegenen Appartement in Spanien besteuert.[22]

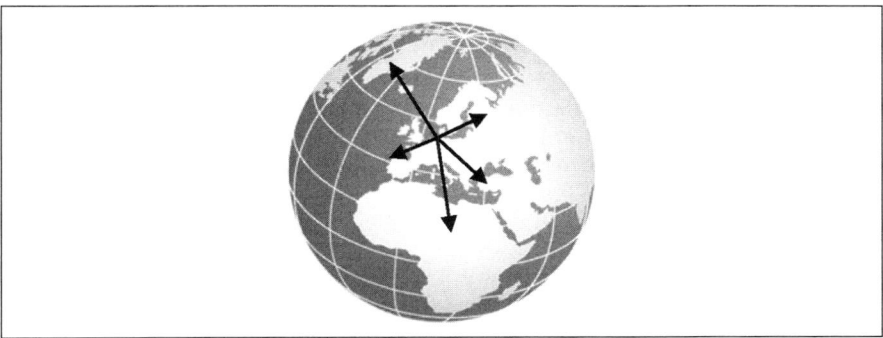

Schaubild: Globalprinzip

Merksätze:

Das Universalitätsprinzip geht davon aus, dass Rechte universell gelten, was in der Rechtswirklichkeit wegen der staatlichen Hoheitsrechte kaum Anwendung findet. Immerhin sorgen aber internationale Abkommen dafür, dass gewisse internationale Standards gesetzt werden. Bei den direkten Steuern, wie etwa den Einkommensteuern, wird das Globalprinzip dadurch verwirklicht, dass sämtliche Einnahmen im In- und Ausland einbezogen werden. Die damit einhergehende Doppelbesteuerung wird durch zahlreiche Doppelbesteuerungsabkommen (DBA) vermieden.

1.2.2 Territorialitätsprinzip, Personalitätsprinzip und Prinzip der Inländerbehandlung

Territorialität bedeutet, dass die maßgeblichen Schutzrechte (z. B. materielles Eigentum oder gewerbliche Schutzrechte) als Ausdruck staatlicher Hoheitsgewalt jeweils auf das Gebiet eines bestimmten Landes begrenzt sind und damit im Widerspruch zum Grundsatz der Ubiquität stehen. Die Gesetze des maßgeblichen Schutzlandes bestimmen die Grundlagen und den Umfang der Eigentumsrechte oder sonstiger Rechte. International gilt das **Territorialitätsprinzip**, wodurch zum Ausdruck kommt, dass souveräne Staaten für sich in Anspruch nehmen, die Schutzrechte gebietsbezogen und für ihre jeweiligen Staatsangehörigen **(Personalitätsprinzip)** zu regeln, was völkerrechtlich auch allgemein anerkannt ist. Weiterhin ist dann noch der Unterschied zwischen **aktiver** und **passiver Personalität** zu beachten. Während das aktive Personalitätsprinzip den Staatsbürger auch im Ausland mit erfasst, richtet sich das passive Personalitätsprinzip auf Handlungen ausländischer Staatsbürger im Inland.

---

[22] Doppelbesteuerungsabkommen gibt es mit zahlreichen Ländern. Da diese DBA jeweils einem ähnlichen Schema folgen, hat die Organisation für ökonomische Zusammenarbeit und Entwicklung (Organisation for Economic Co-operation and Development, OECD) ein Musterabkommen entwickelt, das von den meisten Staaten mit kleinen Anpassungen übernommen wird; siehe www.oecd.org.

Die passive Personalität hat aber nicht nur eine verpflichtende Seite. Vielmehr ist völkerrechtlich schon seit vielen Jahren anerkannt,[23] dass sich Ausländer im Inland auf inländische Schutzrechte berufen können (Prinzip der **Inländerbehandlung**, *national treatment*). Damit soll der **Ausländerdiskriminierung** entgegengetreten werden.

> **Beispiel 12:** Früher wurde die im Ausland begangene Straftat eines deutschen Staatsbürgers generell auch nach deutschem Strafrecht verfolgt (aktive Personalität). Diese Auffassung ist inzwischen überholt.[24] Nach § 5 StGB[25] sind Auslandsstraftaten Deutscher nur dann dem deutschen Strafrecht unterworfen, wenn diese sich gegen inländische Rechtsgüter richten, etwa beim Organhandel (§ 5 Nr. 15 StGB in Verbindung mit § 18 Transplantationsgesetz). Umgekehrt, wenn ein Ausländer in Deutschland gegen eine Strafnorm verstößt, ist deutsches Strafrecht als Ausdruck der Territorialität maßgeblich (§ 3 StGB), was auch als passive Personalität bezeichnet wird.

Für alle gewerblichen Schutzrechte und für das Urheberrecht gilt das Territorialitätsprinzip. Darunter versteht man die Tatsache, dass Schutzrechte nur in dem Staat gelten, der sie verliehen hat. Selbst wenn in mehreren Staaten identische Schutzrechte bestehen, handelt es sich rechtlich nicht um ein Schutzrecht in mehreren Staaten, sondern um **mehrere Schutzrechte in mehreren Staaten**.[26] Vorgänge außerhalb des Schutzverleihenden Staates haben in diesem Staat grds. keine Auswirkungen.[27]

> **Beispiele 13:** Ein deutscher Erfinder überlegt, ob er seine Erfindung nur in Deutschland oder auch im Ausland schützen soll. Nimmt dieser lediglich eine Patentanmeldung in Deutschland vor, so ist der Patentschutz auch nur auf Deutschland bezogen. Denn das maßgebliche deutsche Patentgesetz kann nur für das deutsche Hoheitsgebiet und zunächst auch nur für einen deutschen Staatsbürger den Patentschutz regeln, was eben Ausdruck der Territorialität ist. Diese Vorgehensweise hat den Vorteil der relativ günstigen Kosten und der relativ schnellen Eintragung, die dann zum Patentschutz führt. Allerdings besteht kein Schutz im Ausland. Nunmehr kann aber ein Franzose, der dieselbe Erfindung für sich in Anspruch nimmt, diese im Ausland, z. B. in Frankreich benutzen. Kommt für den deutschen Erfinder eine Verwertung im Ausland, etwa in Frankreich, später in Frage, so wäre ihm der Patentschutz in Frankreich verwehrt. Hätte der deutsche Erfinder

---

[23] Basierend auf zahlreichen internationalen Abkommen wie dem der WTO, der Berner Übereinkunft sowie der Pariser Verbandsübereinkunft.

[24] Diese aktive Personalität ist heute nur noch in Ausnahmefällen zulässig.

[25] Den Gesetzestext des Strafgesetzbuches finden Sie in Beck-Texte im dtv, Strafrecht.

[26] EuGH, Slg. 1993, I-2701 „Kommission/Italien".

[27] Kilian/Wendt, Europäisches Wirtschaftsrecht, Rn. 266. Auch die Denkschrift der deutschen Bundesregierung zum WTO-Übereinkommen (BT-Drs. 12/7655, 355, 344) nimmt auf das Territorialitätsprinzip Bezug, welches den internationalen Schutz der Rechte des geistigen Eigentums beherrsche und zur Folge habe, dass sich der Schutz dieser Rechte in jedem Staat nach dessen Rechtsordnung richte. Allerdings könnten Unterschiede im Schutzniveau und in der Wirksamkeit der Durchsetzung der Schutzrechte in diesem System dieselbe Wirkung wie sonstige nicht tarifäre Handelshemmnisse haben.

dagegen die Patentanmeldung auch auf Frankreich erstreckt, so stünde ihm nunmehr auch in Frankreich der Patentschutz zu.

Beispiel 14: Ein ausländischer Erfinder möchte in Deutschland ein Patent anmelden. Dies wäre nach dem oben dargestellten Territorialitätsprinzip nicht zulässig, da der persönliche Anwendungsbereich nur Inländer erfasst. Allerdings wurde diese Begrenzung seit jeher nicht streng durchgeführt, da es allenfalls gewisse Benachteiligungen gegenüber Inländern gab. Inzwischen ist durch mehrere internationale Abkommen[28] die Ausländerdiskriminierung verboten. Sämtliche gewerblichen Schutzrechte stellen die Ausländer nicht schlechter als Inländer (Grundsatz der Inländerbehandlung). Allerdings gibt es immer noch Besonderheiten insofern, als jeder ausländische Staatsangehörige, sofern er im Ausland lebt, einen sog. Inlandsvertreter benötigt (§ 25 PatG)[29].

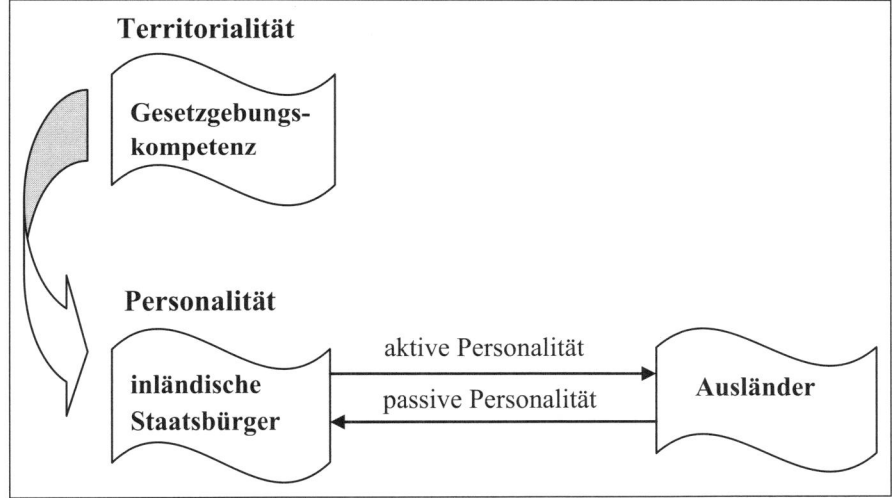

Schaubild: Territorialität/Personalität

Merksätze:

Das Territorialitätsprinzip betont die Rechtshoheit und Souveränität eines Staates, das Personalitätsprinzip ist Ausdruck der Verantwortlichkeit des Staates für seine Staatsbürger und für diejenigen, die sich in diesem Staat als Ausländer aufhalten.

---

[28] Etwa die Pariser Verbandsübereinkunft, die in Art. 2 Abs. 1 wie folgt lautet: „Die Angehörigen eines jeden der Verbandsländer genießen in allen übrigen Ländern des Verbandes in Bezug auf den Schutz des gewerblichen Eigentums die Vorteile, welche die betreffenden Gesetze den eigenen Staatsangehörigen gegenwärtig gewähren oder in Zukunft gewähren werden, und zwar unbeschadet der durch diese Übereinkunft besonders vorgesehenen Rechte. Demgemäß haben sie den gleichen Schutz wie diese und die gleichen Rechtsbehelfe gegen jeden Eingriff in ihre Rechte, vorbehaltlich der Erfüllung der Bedingungen und Förmlichkeiten, die den eigenen Staatsangehörigen auferlegt werden." Den Gesetzestext zur PVÜ finden Sie in Beck-Texte im dtv, Patentrecht- und Musterrecht.

[29] Das Patentgesetz finden Sie in Beck-Texte im dtv, Patent- und Musterrecht.

Gerade für letzteren Aspekt erlangt der Grundsatz der Inländerbehandlung Bedeutung. Wesentlicher Inhalt zahlreicher internationaler Abkommen, wie etwa denen der Welthandelsorganisation mit den Vereinbarungen zum freien Handel mit Waren, Dienstleistungen und dem Schutz handelsrechtlicher Aspekte des geistigen Eigentums, zu Letzterem auch die Pariser Verbandsübereinkunft, ist die rechtliche Gleichstellung von Ausländern in den jeweiligen Mitgliedstaaten.

1.2.3 Schutzlandprinzip und Ursprungslandprinzip

Nach dem **Schutzlandprinzip** ist das Recht des Landes anzuwenden, für dessen Gebiet Schutz begehrt wird. Es wird aus den Prinzipien der Territorialität sowie Personalität abgeleitet und macht deutlich, dass die am Wirtschaftsleben teilhabenden Rechtssubjekte, seien es Unternehmen, Arbeitnehmer, Erfinder oder Urheber ihre Rechte in jedem Land gesondert geltend machen müssen. Denn jeder Staat ist souverän und wird Rechtshandlungen in anderen Staaten grds. nicht akzeptieren. Wird ein Patent im Inland verletzt, so ist deutsches Recht maßgeblich. Dabei genügt es, wenn ein Teil der Handlung im Inland begangen wurde, etwa der Import eines im Inland patentierten Erzeugnisses. Nicht notwendig wäre auch die Herstellung im Inland. Eine (nur) im Ausland patentierte Erfindung entfaltet im Inland keine Wirkung. Sie dürfte folglich auch in Deutschland benutzt werden.

Beispiel 15: Wird ein amerikanisches Patent in Deutschland verletzt, das auch in Deutschland durch Eintragung in das Patentregister beim Deutschen Patent- und Markenamt eingetragen ist, so kommt deutsches Recht zur Anwendung. Da in Deutschland Schutz gegen eine Patentrechtsverletzung geltend gemacht wird, ist Deutschland das Schutzland, dessen Vorschriften dann maßgeblich sind.

Beispiel 16: Bei Arbeitnehmererfindungen bestimmt sich das Recht auf das europäische Patent nach dem Recht des Beschäftigungsortes (Art. 60 Abs. 1 S. 2 EPÜ).[30] So gilt für einen Arbeitnehmer, der in Deutschland eine (europäische) Erfindung entdeckt und entwickelt hat, das deutsche Arbeitnehmererfindungsgesetz. Dann steht ihm der Anspruch auf eine gesonderte Vergütung (neben der Gehaltszahlung) zu.

Dieses Schutzlandprinzip findet auch im Internationalen Privatrecht (IPR), etwa bei der Verfolgung einer unerlaubten Handlung im Zivilrecht (z. B. Anspruch auf Schadensersatz) Anwendung. Für den Schutz von Persönlichkeitsrechten ist in Deutschland Art. 40 EGBGB maßgeblich, der auf den Ort der unerlaubten Handlung abstellt. Das ist zunächst der Ort, an dem die Handlung begangen

---

[30] Art. 60 Abs. 1 S. 2 EPÜ hat folgenden Wortlaut: „Ist der Erfinder ein Arbeitnehmer, so bestimmt sich das Recht auf das Europäische Patent nach dem Recht des Staates in dem der Arbeitnehmer überwiegend beschäftigt ist; ist nicht festzustellen, in welchem Staat der Arbeitnehmer überwiegend beschäftigt ist, so ist das Recht des Staates anzuwenden, in dem der Arbeitgeber den Betrieb unterhält, dem der Arbeitnehmer angehört." Den Gesetzestext zum EPÜ finden Sie in Beck-Texte im dtv, Patent- und Musterrecht.

wurde (Handlungsort). Der Verletzte kann verlangen (als sog. Bestimmungs-recht), dass anstelle des Handlungsortes der Erfolgsort maßgeblich ist (Abs. 1 S. 2).

Beispiel 17: Wird ein deutscher Staatsbürger durch einen verleumderischen Bericht in seiner Ehre verletzt, der auf einer ausländischen Webseite abge-legt ist und ist dieser Bericht auch für den deutschen Leser bestimmt, so ist Erfolgsort dieser Ehrverletzung Deutschland. Somit ist (auch) deutsches Recht als Erfolgsort anwendbar (Art. 40 Abs. 1 S. 2 EGBGB).

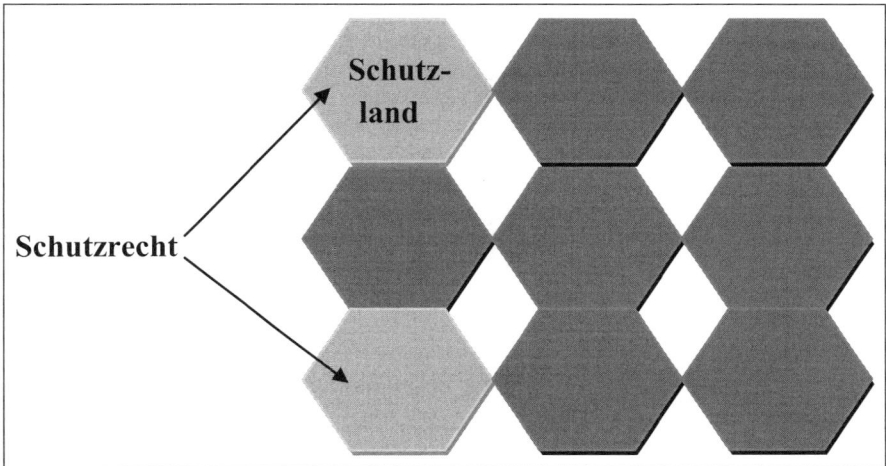

Schaubild: Schutzlandprinzip/Mosaiktheorie

Merksätze:
Das Schutzlandprinzip folgt aus dem Territorialitätsprinzip insofern, als die Inanspruchnahme von Schutzrechte nur territorial, also bezogen auf einzelne Staatsgebiete, erfolgen kann. Werden dann Rechtsverletzungen in verschie-denen Staaten durch einen Rechtsinhaber geltend gemacht, so ergibt sich ein „Mosaik" unterschiedlicher Schutzrechte je nach Ausgestaltung in den unterschiedlichen Staaten.

Dagegen stellt das **Ursprungslandprinzip** auf das Recht des Staates ab, in dem das zu betrachtende Schutzrecht, etwa das Patentrecht, entsteht. Hängt deren Begründung von einer Eintragung in ein Register ab, wie etwa beim Patent, so kann die Löschung nur von der Behörde in dem Staat (in Deutschland das Patent- und Markenamt) erfolgen, in dem die Eintragung durchgeführt wurde.

Beispiel 18: Wird etwa in Frankreich eine Erfindung durch illegale Herstel-lung verletzt, so wird zunächst darauf abgestellt, ob diese in Frankreich pa-tentiert wurde. Sollte der Patentverletzer im Inland seinen Wohnsitz haben und dadurch ein deutsches Gericht angerufen worden sein, so hat dieses Gericht etwa im Hinblick auf Unterlassungs- und Schadensersatzansprüche französisches Recht anzuwenden (lex loci protectionis). Allerdings kann das deutsche Gericht keine Entscheidung treffen, die ausländische Hoheitsakte darstellen, z. B. keine Löschung eines ausländischen Patents anordnen, was aus dem **Ursprungslandprinzip** folgt und insofern auch den Unterschied zum Schutzlandprinzip verdeutlicht.

Im Hinblick auf das **europäische Wirtschaftsrecht** hat das Ursprungslandprinzip insofern Bedeutung, als die in einem Mitgliedstaat der EU hergestellten Produkte unabhängig von abweichenden nationalen Vorschriften eines anderen Mitgliedstaates in dem anderen Mitgliedstaat vermarktet werden können.[31]

Beispiel 19: Die Einfuhr von Brot, dessen Salzgehalt in der Trockenmasse die Höchstgrenze um 2 % überschreitet, darf aus Gründen des Gesundheitsschutzes nicht verboten werden, wenn das Brot im Herstellerland rechtmäßig in Verkehr gebracht worden ist.[32]

Beispiel 20: Der Import von Bier darf nicht verboten werden, wenn es in einem Mitgliedstaat ordnungsgemäß in den Verkehr gebracht worden ist, auch wenn es 20 mg Schwefeldioxyd enthält.[33]

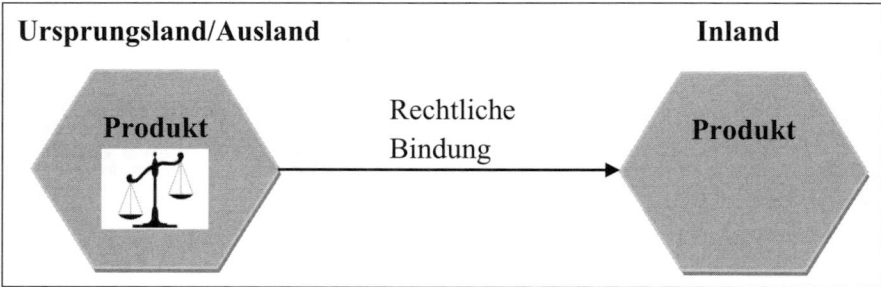

Schaubild: Ursprungslandprinzip

Merksätze:

Das Ursprungslandprinzip nimmt Bezug auf den Ort, an dem ein Recht originär entstanden ist. Dieses „ursprüngliche" Recht bleibt auch bei einem grenzüberschreitenden Vorgang im Ausland maßgeblich.

1.2.4 Marktortprinzip, Auswirkungsprinzip und Substitutionsprinzip

Das **Marktortprinzip** ist auf dem Gebiet des Wettbewerbsrechts von Bedeutung. Damit soll zum Ausdruck gebracht werden, dass der (objektive) Anknüpfungspunkt für die Frage der Anwendung des nationalen Rechts derjenige Ort ist, an dem sich eine Wettbewerbshandlung auswirkt, also der Marktort (Art. 6 ROM

---

[31] Kilian/Wendt, Europäische Wirtschaftsrecht, Rn. 269.
[32] EuGH, Slg. 1994, I-3537 „Van der Veldt".
[33] EuGH, Slg. 1992, I-3617 „Michael Debus".

II-VO). Da somit nicht der Handlungsort, sondern der Erfolgsort entscheidend ist, kommt es folglich auf die Auswirkung der Wettbewerbshandlung an.[34] Deshalb spricht man in diesem Zusammenhang auch vom **Auswirkungsprinzip** (effects doctrine), nach der das Unionsrecht bereits dann anwendbar ist, wenn das Verhalten eines Unternehmens tatsächlich oder jedenfalls potenziell einen Einfluss auf den Binnenmarkt hat.

Beispiel 21: Zwei Kaufleute treffen sich in Marrakesch (Marokko) und verabreden eine Preisabsprache ihrer Unternehmen, die auf dem deutschen Markt tätig sind. Für die Frage des anwendbaren Rechts besteht die „engste" Anknüpfung nicht zum marokkanischen Recht (also zu dem Ort, an dem die Vereinbarung getroffen wurde, Handlungsort), sondern zu dem Ort, an dem sich diese Vereinbarung auswirkt (Erfolgsort), und das ist Deutschland. Dort ist der Marktort. Es findet somit § 1 GWB in Verbindung mit Art. 101 AEUV über verbotene Kartelle Anwendung.

Beispiel 22: EU-Wettbewerbsrecht ist sogar dann einschlägig, wenn das Verhalten von Unternehmen sich nur mittelbar auf den Binnenmarkt auswirkt. So ist die EU-Kommission erfolgreich gegen die beabsichtigte Fusion zwischen den beiden amerikanischen Flugzeugherstellern McDonell-Douglas und Boeing sowie gegen die geplante Fusion zwischen GE und Honeywell vorgegangen, obwohl die amerikanischen Wettbewerbsbehörden zuvor jeweils ihre Genehmigung erteilt hatten.[35]

Das **Substitutionsprinzip** sagt aus, dass ausländische Rechtsakte (Rechtsinstitute) unter gewissen Voraussetzungen inländische Rechtsakte ersetzen können. Auswirkungs- und Substitutionsprinzip stehen insofern in enger Beziehung zueinander, als die mit der Auswirkung in Zusammenhang stehende Zuweisung zum Recht eines anderen Staates die Frage aufwirft, ob die dortige (ausländische) Rechtshandlung die inländische ersetzt

Beispiel 23: Die Gesellschafter einer in Deutschland gegründeten und ansässigen GmbH lassen vor einem schweizer Notar ihre GmbH-Satzung durch einstimmigen Gesellschafterbeschluss ändern. Fraglich ist nun, ob dieser Gesellschafterbeschluss formwirksam ist. Der für Formvorschriften maßgebliche Art. 11 Abs. 1 EGBGB stellt (als eine Option) auf den Ort der Auswirkung des Beschlusses ab. Da sich dieser Beschluss auf die deutsche GmbH auswirkt, sind folglich die deutschen Formvorschriften und somit die notarielle Beurkundung vor einem deutschen Notar notwendig (§ 53 Abs. 2 GmbHG §§ 36, 37 Beurkundungsgesetz). Der BGH[36] ist der Auffassung, dass die Beurkundung vor dem schweizer Notar einer Beurkundung in Deutschland entspricht und somit Wirksamkeit entfaltet.

---

[34] BGHZ 167, 91 „Internetapotheke".
[35] Zum europäischen Wettbewerbsrecht siehe 3.6.1.
[36] BGH, BGHZ 80, 76 (78).

Merksätze:

Marktortprinzip und Auswirkungsprinzip haben im Wettbewerbs- und Kartellrecht große Bedeutung und besagen, dass für die Anwendung des materiellen Rechts der Ort heranzuziehen ist, auf dessen Markt sich die maßgebliche Rechtshandlung auswirkt. Auswirkungsprinzip und Substitutionsprinzip stehen in enger Beziehung zueinander, da die Zuweisung zum ausländischen Ort der Auswirkung zwangsläufig zu der Frage führt, ob die ausländische Maßnahme im Inland als gleichwertig anerkannt wird.

Schaubild: Auswirkungsprinzip/Marktortprinzip

1.2.5 Herkunftslandprinzip

Das Herkunftslandprinzip ist ebenfalls aus dem Territorialitätsprinzips abzuleiten, setzt sich aber insofern darüber hinweg, als für inländische Sachverhalte nicht mehr auf das Recht des eigenen Territoriums abgestellt wird, sondern vielmehr auf die Rechte des Staates, das den Ausgangspunkt der maßgeblichen Rechte darstellt. Es macht durchaus Sinn, das Recht des Staates zur Anwendung zur bringen, von wo aus eine Rundfunksendung ausgestrahlt wird oder der Internet-Provider seinen Sitz hat. Dadurch erfolgt eine Quasi-Vereinheitlichung (Harmonisierung) des Rechts. Von der Idee her wird also nunmehr das Territorium der „Ausstrahlung" als einheitlicher Raum angesehen, der insofern das Gegenstück zum Schutzlandprinzip darstellt. Denn wenn auf alle maßgeblichen Sachverhalte das Recht des Herkunftsstaates angewendet wird, dann vermeidet man eben ein „Mosaik" unterschiedlicher Normen.

Allerdings zeigt sich in der Praxis, dass die Regel der rechtlichen Zuordnung zu einem Territorium durch die „Ausstrahlung" auf andere Staatsgebiete nur mit erheblichen **Ausnahmen** möglich ist, was auf die **Bogsch**[37]-**Theorie** zurückzuführen ist. Danach ist Ausgangspunkt das Sendeland als Herkunftsland. Da die reine Herkunftsbetrachtung von vornherein zu Missbräuchen einladen würde – man denke nur an die Anknüpfung an den Serverstandort –, ist nach dieser Theorie neben dem Recht des Sendelandes auch auf die Schutzrechte im Empfangsland (als Ort der ökonomischen Auswirkung) Rücksicht zu nehmen.

---

[37] Bogsch, ein ehemaliger Direktor der WIPO (Weltorganisation für den Schutz geistigen Eigentums), hat sich mit der rechtlichen Zuordnung von Sendungen, insbesondere über Satellit beschäftigt. Er war der Auffassung, dass nicht allein auf den Sendestaat abgestellt werden darf, vielmehr auch das Recht der Empfangsstaaten heranzuziehen sei.

Die Bezugnahme auf das Schutzland dient der Vermeidung von Gesetzesumgehungen. Bei Internet-Sachverhalten kann im Falle der öffentlichen Zugänglichmachung der Ort der Eingabe nicht maßgeblich sein, weil eine Verbreitung eines urheberrechtlich geschützten Werks ohne Beschränkung durch territoriale Grenzen möglich ist und somit die maßgebliche ökonomische Nutzung nicht mehr nur am Ort der Eingabe stattfindet.

Wird etwa ein Sendemast kurz hinter der Grenze aufgestellt und strahlt der Rundfunksender nur in das nahegelegene Grenzgebiet, so leuchtet ohne weiteres ein, dass dann nicht das Recht des Staates maßgeblich sein kann, auf dem der Sendemast steht. Der Herkunftsort würde ansonsten missbräuchlich gebraucht. Dies gilt in entsprechender Weise auch für „Piratensender".

> **Beispiel 24:** Nach dem Seerechtsübereinkommen der Vereinten Nationen vom 10.12.1982 (für die Bundesrepublik Deutschland am 16.11.1994 in Kraft getreten) bedeutet „nicht genehmigte Rundfunksendungen" (Art. 109 Abs. 1) „die Übertragung von Hörfunksendungen zum Empfang durch die Allgemeinheit von einem Schiff oder einer Anlage auf hoher See aus unter Verletzung internationaler Vorschriften" (Art. 109 Abs. 2). Wer solche Sendungen verbreitet, darf von den folgenden Staaten gerichtlich verfolgt werden: vom Flaggenstaat des Schiffes, dessen Angehöriger der Beschuldigte ist; von jedem Staat, in dem die Sendungen empfangen werden können, sowie von jedem Staat, in dem genehmigte Funkverbindungen dadurch gestört werden (Art. 109 Abs. 3).

Die Bogsch-Theorie ist aber nur dann zu vertreten, wenn das Schutzland präzise abgebildet werden kann. Schutzland ist nur der Staat, in dem eine **gezielte und beabsichtigte Ausstrahlung** ins Inland vorgenommen wird. Allein die mögliche Abrufbarkeit über das Internet im Inland zur Bejahung der Verletzung eines Schutzrechts genügt nicht. Denn sonst müsste der Anbieter von Cloud-Computing Diensten für alle Rechtsordnungen Lizenzen einholen (Mosaiktheorie). Maßgeblich ist vielmehr der hinreichende Inlandsbezug. Zur Konkretisierung des örtlichen Bezugs der verletzten Schutzrechte (etwa dem Urheberrecht als lex loci protectionis) sind maßgeblich:

- Sprache,
- Präsentation,
- Kontaktadressen,
- beworbene Produkte,
- Art der Top-Level-Domain
- Tätigkeitsbereich des Anbieters.

§ 3 Telemediengesetz (TMG) sowie Art. 3 **E-Commerce-Richtlinie** (2000/31/EG) verweisen innerhalb der Europäischen Union (EU) für den Bereich der Telemedien (Internet-Service-Provider) auf das **Herkunftslandprinzip**. Danach ist für die Anwendbarkeit deutschen Rechts die Herkunft der Telemedien maßgeblich. Bietet ein in Deutschland niedergelassener Anbieter von Telemedien seine Dienstleistung (geschäftsmäßig) auch im EU-Ausland an, so gilt gleichwohl deutsches Recht (§ 3 Abs. 1 TMG). Umgekehrt wird der freie Dienstleistungsverkehr von Telemedien des EU-Auslandes im Inland grds. nicht eingeschränkt (§ 3 Abs. 2 TMG).

Davon gibt es aber zahlreiche **Ausnahmen** mit der Folge des Vorrangs der jeweiligen nationalen Bestimmungen. Nach § 3 Abs. 5 TMG unterliegt die Erbringung von Telemedien EU-ausländischer Dienstanbieter den Einschränkungen innerstaatlichen Rechts, soweit dies dem Schutz der öffentlichen Sicherheit und Ordnung (Nr. 1), der öffentlichen Gesundheit (Nr. 2), den Verbraucherinteressen (Nr. 3) vor Beeinträchtigung oder ernsthafter und schwerwiegenden Gefahren dient. Die deutschen Arzneimittelgesetze (§ 21 AMG regelt das Verbot des Vertriebs der in Deutschland nicht zugelassenen Arzneimittel, § 3a HWG ordnet das entsprechende Werbeverbot an) schränken die Dienstleistungsfreiheit im Hinblick auf den Schutz der öffentlichen Gesundheit also insoweit ein, als es um den Internetvertrieb von in Deutschland nicht zugelassener Medikamente geht.

Weitere Einschränkungen des Herkunftslandprinzips betreffen das Internationale Privatrecht (IPR), etwa die freie Rechtswahl (Art. 3 ROM I-VO), Verbraucherschutzregelungen, besondere Regelungen über Grundstücksgeschäfte sowie den Datenschutz (§ 3 Abs. 3 Nr. 1 bis 4 TMG). Ausgenommen sind zudem Tätigkeiten von Notaren sowie von Angehörigen anderer Berufe, soweit diese ebenfalls hoheitlich tätig sind, die Vertretung von Mandanten und die Wahrnehmung ihrer Interessen vor Gericht, die Zulässigkeit nicht angeforderter kommerzieller Kommunikation durch elektronische Post, Gewinnspiele mit einem Geldwert darstellenden Einsatz bei Glücksspielen einschließlich Lotterien und Wetten, die Anforderungen an Verteildienste, das Urheberrecht, verwandte Schutzrecht sowie der Bereich des gewerblichen Rechtsschutzes, die Ausgabe elektronischen Geldes, Regelungen des Kartellrechts und weitere Bestimmungen zur Versicherungsaufsicht (§ 3 Abs. 4 Nr. 1 bis 9 TMG).

Beispiel 25: Ein EU-ausländischer Anbieter von Waren spricht auf seiner Webseite gezielt auch deutsche Kunden an. Das an sich geltende Marktortprinzip, das auf den Ort der angeworbenen Kunden abstellt, weist dann auf deutsches Recht hin. Da es aber um „Dienste der Informationsgesellschaft" geht, ist nicht der Marktort, sondern die Gesetze des Staates (innerhalb der EU) maßgeblich, in dem der Diensteanbieter seinen Sitz hat (Art. 3 E-Commerce-Richtlinie). Allerdings gibt es zahleiche Ausnahmen, die in Umsetzung des Art. 3 Abs. 3 und 4 E-Commerce-Richtlinie in § 3 Abs. 3 und 4 TMG vorgesehen sind. Greift eine solche Ausnahmebestimmung (etwa für das Gebiet des geistigen Eigentums), so ist wieder auf das Marktortprinzip abzustellen.

Bisher ist noch nicht die Frage geklärt, ob § 3 TMG sowie Art. 3 E-Commerce-Richtlinie als **Kollisionsnormen** anzusehen sind, die eine generelle Verweisung auf das Herkunftsland vornehmen. Immerhin besagt Art. 1 Abs. 4 E-Commerce-Richtlinie, dass das Internationale Privatrecht unberührt bleibt. Wenn dem so ist, dann gilt die Kollisionsregel des Marktortprinzips immer dann, wenn dies für den Diensteanbieter die günstigere Lösung ist. Denn der Handel soll nicht unnötig behindert werden. Dieses „Günstigkeitsprinzip" muss jedenfalls dann greifen, wenn es um die in § 3 Abs. 4 und 5 TMG (Art. 3 Abs. 3 und 4 sowie Anhang E-Commerce-Richtlinie) geregelten Ausnahmebereiche geht. Denn es wäre nicht nachvollziehbar, etwa den Schutz geistigen Eigentums (Ausnahmebereich gem. Anhang zu Art. 3 E-Commerce-Richtlinie) im Regelfall dem Recht des Markortes zu unterstellen, andererseits wenn der Marktort gerade kein spezielles Schutzrecht des geistigen Eigentums ausweist, dann wieder auf das möglicherweise strengere Recht des Herkunftslandes zurückzugreifen.

Beispiel 26: Bietet ein in Deutschland ansässiger Provider Waren unter einer Bezeichnung in Italien an, die zwar in Deutschland unter den Schutz der geographischen Herkunftsangaben (Schutz geistigen Eigentums) fallen würde, nicht aber in Italien, so bleibt es beim Marktortprinzip (als Ausnahmeregelung zum Herkunftsprinzip). Es gilt dann das weniger strenge Recht des „Ziellandes" Italien. Früher hätte ein deutscher Anbieter Käse unter der Ursprungsbezeichnung „Mozzarella" italienischen Kunden via Internet anbieten können, ohne dass italienisches Recht verletzt war, obwohl in Deutschland im umgekehrten Fall (etwa für „Harzer" Käse) Schutz als geographische Herkunftsangabe bestand. Inzwischen hat aber eine Rechtsangleichung (Harmonisierung) stattgefunden.

Merksatz:
§ 3 TMG ist nach überwiegender und richtiger Auffassung als Norm anzusehen, die die Anwendung des durch das Kollisionsrecht der Mitgliedstaaten zugeordnete Sachrecht beschränkt.

Im europäischen Wirtschaftsrecht ist die **Dienstleistungsrichtlinie** (RL 2006/123/EG) maßgeblich durch das Herkunftslandprinzip geprägt. Der Erbringer der Dienstleistung soll vom Grundsatz her nur dem Recht des Staates unterliegen, in dem er niedergelassen ist. Allerdings wurde dieses Prinzip immer mehr verwässert und mit zahlreichen Ausnahmen versehen.

Beispiel 27: Nach Art. 1 Abs. 6 RL 2006/123/EG umschließt deren Anwendungsbereich nicht gesetzliche und vertragliche Bestimmungen über Arbeits- und Beschäftigungsbedingungen etwa zu den Höchstarbeitszeiten oder Mindestlohnsätzen, sofern diese im Einklang mit dem Unionsrecht stehen. Abs. 2 enthält einen Katalog mit nicht erfassten Dienstleistungen, zu denen etwa Gesundheitsdienstleistungen und soziale Dienstleistungen zählen. Art. 17 sieht weitere Ausnahmebestimmungen für die Sektoren der Elektrizitäts-, Gas- und Wasserversorgung sowie Post und Abfall-/Abwasserbeseitigung vor.

Merksätze:
Das Herkunftslandprinzip gelangt im europäischen Medienrecht zur Anwendung. Maßgeblich für das anzuwendende Recht ist der Sitz des Medienanbieters, wie etwa Rundfunkanstalten oder Internetprovider. Allerdings haben die Mitgliedstaaten der EU zahlreiche Ausnahmen durchgesetzt, die jedenfalls in Teilbereichen wieder das Territorialitätsprinzip in den Vordergrund rücken.

Schaubild: Herkunftslandprinzip

1.2.6 Beschränkung des Rechtsraums durch Disclaimer

Die **Beschränkung des Anwendungsbereichs** des Rechtsraumes, etwa der Ausschluss der Anwendung deutschen Rechts, kann unter gewissen Voraussetzungen durch einen **Disclaimer** auf der Webseite des Anbieters erreicht werden. Gerade in Zusammenhang mit den zuvor geschilderten Prinzipien des Marktortes, der Auswirkung sowie der Herkunft spielt diese Gestaltungsmöglichkeit eine wichtige Rolle. Denn die Werbung im Internet, die sich an ausländische Kunden richtet und sich somit auf dem dortigen Markt auswirkt, führt normalerweise zur Anwendbarkeit der dortigen Normen. Soll nun durch einen Disclaimer ein potenzielles Zielland ausgeschlossen werden, so stellt dies eine wichtige Ausnahme zum Marktortprinzip dar. Durch die Möglichkeit, eine begrenzte Anzahl von Zielländern zu bestimmen, wird auch Einfluss auf die Marktorte (Orte der Auswirkung der Werbung) genommen. Das Herkunftslandprinzip ist insofern tangiert, als die oben geschilderten Ausnahmen des Telemediengesetzes gerade nicht greifen und somit wieder auf das Herkunftsland Bezug genommen wird.

Der BGH[38] hat entschieden, dass unter folgenden Voraussetzungen das Verbreitungsgebiet von Werbung eingeschränkt werden kann:

- der Disclaimer muss eindeutig gestaltet und formuliert,
- aufgrund seiner Aufmachung als ernst gemeint aufzufassen sein
- und vom Werbenden auch tatsächlich beachtet werden.

Beispiel 28: Eine holländische Internetapotheke wollte im Jahr 2001 ihr Angebot über Internet auf deutschsprachige Länder, namentlich die Schweiz und Österreich, außerhalb Deutschlands beschränken. Dies wurde vom BGH mit der Begründung abgelehnt, die Internetapotheke habe beim Vertrieb ihrer Produkte neben den Preisen in Euro auch DM-Preise bei der Produktwerbung angegeben. Weiter heißt es wörtlich: „Hätte die Beklagte (Internetapotheke) von ihrem an deutschsprachige Europäer gerichteten Angebot tatsächlich inländische Abnehmer herausnehmen wollen, hätte es wesentlich näher gelegen, statt der deutschen Währung die österreichische oder die schweizerische Währung anzugeben. Den eigenen Disclaimer hat die Beklagte also auch selbst nicht beachtet. Nach den Feststellungen des Berufungsgerichts ist sie den Liefersuchen nach Deutschland jedenfalls in zwei Fällen nachgekommen."

---

[38] BGH, BGHZ 167, 91 „Internetapotheke".

Merksatz:
Der Anwendungsbereich des maßgeblichen Rechts kann durch einen Disclaimer erreicht werden, der das Zielgebiet eindeutig zu erkennen gibt.

1.2.7 Prinzip des Ordre Public

Der **ordre public**-Vorbehalt ist ein allgemein gültiger völkerrechtlicher Grundsatz,[39] der auch im internationalen Privatrecht (etwa in Art. 6 EGBGB, Art. 21 ROM I-VO, Art. 26 ROM II-VO)[40] sowie im europäischen Wirtschaftsrecht Anwendung findet (Art. 45 Abs. 3, Art. 52, Art. 62 AEUV).[41] Dieser Grundsatz besagt, dass eine Rechtsnorm eines anderen Staates oder eines völkerrechtlichen Abkommens (bezogen auf das Transformationsgesetz, also die Umsetzung in das nationale Recht) dann nicht anzuwenden ist, wenn ihre Anwendung zu einem Ergebnis führt, das mit **wesentlichen Grundsätzen des nationalen Rechts offensichtlich** nicht in Einklang steht. Das gilt im Besonderen dann, wenn die Anwendung mit den Grundrechten unvereinbar ist. Da sich der deutsche Richter nicht zum „Sittenwächter über fremdes Recht" aufführen darf, wird ein **hinreichender Inlandsbezug** verlangt.[42] Dagegen ist der ordre public einer ausländischen Rechtsordnung nicht zu wahren. Im Familien- und Eherecht haben deutsche Richter nicht selten Fälle nach der „Scharia", also dem islamischen Recht, zu entscheiden. Sofern ein ausreichender Inlandsbezug besteht, greift der ordre-public-Vorbehalt, der dem ausländischen Recht Grenzen setzt. Soweit wie möglich sollte aber das ausländische Recht so ausgelegt werden, dass es sich mit dem Grundgesetz verträgt. Heiratet ein ausländischer Mann islamischen Glaubens mehrere Frauen in Deutschland, so stellt dies einen klaren Verstoß gegen deutsche Wertvorstellungen und Gesetze dar, die zu berücksichtigen sind (Verbot der Bigamie gem. § 1306 BGB). Anders dagegen, wenn die Mehrfachehe in einem islamischen wirksam ist.

Beispiel 29: Ein deutscher Unternehmer gewährt einem indonesischen Unternehmer ein Geldarlehen. Die Vertragspartner vereinbaren, dass die Erhebung von Zinsen verboten ist und verweisen auf das Recht der Scharia. Nach Auszahlung der Darlehensvaluta und Fälligkeit des Darlehens, verlangt der deutsche Kreditgeber die gesetzlichen Zinsen gem. § 246 BGB in Höhe von 4 %. Im Hinblick auf das Zinsverbot der Scharia greift Art. 6 EGBGB nicht. Eine solche Klausel würde auch in Deutschland als wirksam akzeptiert werden, da jedenfalls nicht offensichtlich wesentliche Grundsätze des deutschen Rechts verletzt sind. Dies gilt umso mehr, als § 246 BGB selbst keinen Zinsanspruch begründet, sondern nur die Zinshöhe regelt.[43]

Beispiel 30: Ein Tunesier heiratet in seiner Heimat drei Frauen, was nach dem dortigen Recht wirksam ist, aber gegen deutsches Familienrecht verstößt

---

[39] Vgl. Herdegen, Internationales Wirtschaftsrecht, § 3 Rn. 54.
[40] *Thorn*, in: Palandt, Bürgerliches Gesetzbuch, Art. 6 EGBGB Rn. 1.
[41] Siehe unten zu 3.5.3.
[42] *Thorn*, in: Palandt EGBGB Art. 6 Rn. 6.
[43] *Grüneberg*, in: Palandt § 246 BGB, Rn. 1.

(§ 1306 BGB). Danach zieht die gesamte Familie nach Deutschland. Nachdem zwei Frauen verstorben sind und kurz danach der Ehemann stellt sich die Frage, ob die überlebende dritte Ehefrau die Erbschaft antreten kann. Wegen der tunesischen Staatsangehörigkeit des Erblassers verweist der hier einschlägige Art. 25 EGBGB **(Qualifikation als Erbfolge)** zunächst auf tunesisches Recht. Nach dem **Personalstatut** (Art. 5 EGBGB) gilt das Recht, mit dem der Erblasser am engsten verbunden ist, also tunesisches Recht, das aber wieder auf deutsches Recht als dem Recht des letzten Wohnsitzes zurückverweist **(Renvoi** gem. Art. 4 Abs. 1 S. 2 EGBGB). Damit findet materielles deutsches Erbrecht Anwendung. Ob die dritte Frau tatsächlich nach deutschem Recht erbt, hängt von der selbständig anzuknüpfende **Vorfrage** ab, ob eine wirksame Ehe zwischen der Erbin und dem tunesischen Ehemann bestanden hat. Art. 13 EGBGB verweist diesbezüglich auf tunesisches Recht. Da dort eine Ehe mit drei Frauen wirksam ist, könnte die dritte Ehefrau nunmehr die Erbschaft nach deutschem Recht (§ 1931 BGB) antreten. Fraglich ist nun, ob dem der **ordre public-Vorbehalt (Art. 6 EGBGB)** entgegensteht. Der hier zu verlangende hinreichender Inlandsbezug ist in diesem Fall nicht erfüllt. Denn die Eheschließung erfolgte in Tunesien, womit die Versorgung der dritten Ehefrau von diesem Vorbehalt nicht betroffen ist. Die noch lebende dritte Ehefrau kann somit ihren verstorbenen Ehemann beerben.

Merksätze:

Der ordre public-Vorbehalt steht der Universalität sowie dem Herkunftslandprinzip insofern entgegen, als die nationalen Mitgliedstaaten sich jeweils das Recht vorbehalten, dem autonomen Recht eines völkerrechtlichen Abkommens oder einer sonstigen Verweisung auf ausländisches Recht die eigene „öffentliche Ordnung" entgegen zu halten. Jeder souveräne Staat hat in seinen nationalen Regeln einen ordre public-Vorbehalt, so dass dies auf der jeweiligen nationalen Basis geschieht. Auch die Volksrepublik China regelt in ihrem Gesetz über das Internationalen Privatrecht in Art. 5: „Wenn die Anwendung ausländischen Rechts das gesellschaftliche Allgemeininteresse der Volksrepublik China schädigen würde, wird das Recht der Volksrepublik China angewendet."

1.2.8 Aufgabe 1 („Pietra di Soln")

Ein italienischer Anbieter verwendet auf seiner Webseite bei einem an deutsche Abnehmer gerichteten Angebot eine geographische Herkunftsbezeichnung („Pietra di Soln")[44], die nach deutschem Recht für inländische Anbieter („Solnhofer Platten") geschützt ist. I ist der Auffassung (im Prozessverfahren vor einem deutschen Gericht), dass italienisches Recht anwendbar sei. Italien hat das Recht der geographischen Herkunftsangaben nicht so umfassend geschützt wie in Deutschland. Hat I Recht?

---

[44] BGH, GRUR 2007, 67 „Pietra di Soln"; „Solnhofen" ist in Deutschland als geographische Herkunftsangabe für „Solnhofer Platten" geschützt gem. §§ 126 ff. MarkG; „Pietra (= Steine) di Soln" tangiert den Schutz als verkürzte geographische Herkunftsangabe bezogen auf den Ort Solnhofen.

1) Erläutern Sie an Hand dieses Falles die grds. betroffenen Prinzipien.
2) Auf welches Prinzip beruft sich I?
3) Wie ist der Fall zu lösen, wenn ein deutscher Anbieter mit denselben Produkten auf seiner Webseite italienische Kunden bewirbt? Kann sich dann der deutsche Anbieter auf die günstigeren Regelungen des italienischen Rechts berufen?

Frage 1)

Der *Grundsatz der Ubiquität* ist insofern betroffen, als die geographische Herkunftsangabe zum geistigen Eigentum zählt, das sich von seiner Natur her nicht an Grenzen hält, somit ubique ist. Zudem geht es hier noch um die Verwendung der geographischen Herkunftsbezeichnung auf einer Webseite, die sich als Teil des World Wide Web (Internet) nicht einem Staatsgebiet zuordnen lässt.

Territorialität/Personalität sind insofern tangiert, als das maßgebliche Schutzrecht für die geographische Herkunftsbezeichnung, namentlich in den §§ 126 ff. des deutschen Markengesetzes, Ausdruck deutscher Hoheitsgewalt sind. Denn das maßgebliche Gesetz hat der Deutsche Bundestag erlassen.

Nach dem *Schutzlandprinzip* ist das Recht des Staates anzuwenden, für dessen Gebiet Schutz aus dem Immaterialgüterrecht (also geistigen Schutzrechten) begehrt wird. Die im vorliegenden Fall geltend gemachten Ansprüche aufgrund von Rechtsverletzungen (deliktische Handlungen) unterliegen dem Recht des Staates, in dem der Handlungserfolg eingetreten ist (Art. 4 ROM II-VO). Eine relevante Benutzungshandlung liegt deshalb in Deutschland, weil der italienische Anbieter Kunden in Deutschland anspricht (Anbieten der Ware). Dadurch werden deutsche Anbieter in ihren Rechten aus der geographischen Herkunftsangabe verletzt. Ebenso gibt es einen Bezug zum *Ursprungslandprinzip*, denn die Herkunftsangabe hat ihren Ursprung gerade in Deutschland (Solnhofen).

Marktort- und Auswirkungsprinzip sind vorliegend deshalb maßgeblich, weil sich die Internetwerbung auf dem deutschen Markt auswirkt. Der BGH hat in seiner Entscheidung maßgeblich auf den Marktort abgestellt und dazu wie folgt ausgeführt: *„Nach den nicht angegriffenen Feststellungen des Berufungsgerichts war der Internet-Auftritt von der Beklagten zielgerichtet für den deutschen Markt bestimmt und konnte von der Klägerin in Deutschland abgerufen werden. Darin liegt ein hinreichender Inlandsbezug, der zur Anwendung deutschen Wettbewerbsrechts führt.“*[45]

Nach dem sog. Kollisionsrecht also der Entscheidung darüber, welches Recht Anwendung findet, erfolgt eine Verweisung zum deutschen Recht (gem. Art. 6 Abs. 1 ROM II-VO).[46] Dieses (Zwischen-)Ergebnis könnte durch vorrangige andere Regelungen, hier der E-Commerce-Richtlinie (2000/31/EG), noch eine Änderung erfahren, namentlich durch das Herkunftslandprinzip (siehe zu Frage 2) sowie Art. 25 Abs. 1 ROM II-VO.

---

[45] BGH, GRUR 2007, 67 Rn. 18.
[46] Dazu im Einzelnen 2.3.4.

Frage 2)

I beruft sich auf das Herkunftslandprinzip, das für „Angebote" im Internet, wie hier durch I, das Recht des Landes der „Ausstrahlung" als das Herkunftsland (Herkunft der Telemedien) für maßgeblich ansieht (§ 3 Abs. 1 TMG).

Davon gibt es aber zahlreiche Ausnahmen, wovon hier § 3 Abs. 4 Nr. 6 TMG (gewerbliche Schutzrechte) zur Anwendung kommt. Der Schutz der geographischer Herkunftsangabe „Solnhofer Platten" wird durch die an deutsche Kunden gerichteten Webseite des I mit der Bezeichnung „Pietra di Soln" als gewerbliches Schutzrecht (geographische Herkunftsangabe gem. §§ 126 ff. MarkG) tangiert. Dann aber greift diese Ausnahmeregelung, wonach deutsches Recht anwendbar ist, was sich vom Ergebnis her mit dem Marktortprinzip deckt. I hat nicht Recht, es findet deutsches Recht Anwendung.

Frage 3)

Würde man § 3 Abs. 1 TMG und den dahinterstehenden Art. 3 Abs. 2 E-Commerce-Richtlinie als Ausdruck der Kollisionsnorm ansehen, dann wäre nach dem Herkunftslandprinzip deutsches Recht anzuwenden, was aus Sicht des deutschen Anbieters eine ungünstige und nicht akzeptable Lösung darstellt. Denn für den Schutz geistigen Eigentums gilt die oben zur Lösung der Frage 2) genannte Ausnahmeregelung, die zur Anwendbarkeit des Marktortprinzips führt. Deshalb wurde schon vor Jahren das „Günstigkeitsprinzip" vertreten, wonach es dem Anbieter vorbehalten bleibt, in solch einem Fall die für ihn günstigere Lösung, also hier das Recht des Marktortes, zu bestimmen. Nur dieses Ergebnis deckt sich mit Art. 1 Abs. 4 E-Commerce-Richtlinie, wonach das Internationale Privatrecht und somit das Marktortprinzip unberührt bleibt. § 3 TMG ist nach überwiegender und richtiger Auffassung als Norm anzusehen, die die Anwendung des durch das Kollisionsrecht der Mitgliedstaaten zugeordnete Sachrecht beschränkt.[47] Somit ist italienisches Recht anzuwenden.

---

[47] Die Zuordnung des Art. 3 Abs. 2 E-Commerce-Richtlinie zum Sachrecht wurde vom EuGH, MMR 2012, 45 nunmehr für die Persönlichkeitsrechtsverletzungen im Internet ausdrücklich bestätigt; siehe auch die Vorlage durch den BGH, GRUR 2010, 261 www.rainbow.at.

Die Ausführungen zu den allgemeinen Prinzipien des Internationalen Wirtschaftsrechts haben die Bedeutung des Internationalen Privatrechts bereits deutlich werden lassen. Deshalb sollen wichtige Grundsätze zunächst herausgearbeitet werden, um danach in eine systematische Erläuterung des Stoffes einzutreten. Ziel kann es allerdings nicht sein, eine umfassende Darstellung des IPR zu erarbeiten, vielmehr geht es um wichtige Zusammenhänge im Kontext wirtschaftsrelevanter Entscheidungen.

So werden der allgemeine Teil des IPR (Art. 3 bis 6 EGBGB) sowie das Recht der natürlichen Personen und der Rechtsgeschäfte (Art. 7 bis 12 EGBGB)[48] nur soweit behandelt, als dies zum Verständnis wirtschaftlicher Sachverhalte unbedingt notwendig ist. Die Regelungen zum Familienrecht (Ehe- und Kindschaftsrecht Art. 13 bis 24 EGBGB) sowie zum Erbrecht (Art. 25 bis 26) werden nicht berücksichtigt.

Der Schwerpunkt der nachfolgenden Ausführungen liegt auf der Behandlung allgemeiner Grundsätze des IPR (2.1), dem IPR des Vertragsrechts (2.2), dem IPR der außervertraglichen Schuldverhältnisse (2.3) sowie dem Verfahrensrecht (2.4).

2.1 Allgemeine Grundsätze des IPR

Die allgemeinen Grundsätze umschließen das Ziel und die Grundbegriffe des IPR (2.1.1), das IPR juristischer Personen und Gesellschaften (2.1.2) sowie das Prüfungsschema für IPR-Fälle (2.1.3).

2.1.1 Ziel und Grundbegriffe des IPR

Ziel des IPR ist es, die Anwendung des „richtigen" materiellen Rechts (Sachrecht, lex causae) bei Sachverhalten mit Auslandsbezug zu ermöglichen. Auf ein Rechtsverhältnis soll das Recht der Rechtsordnung angewendet werden, mit der es am **engsten verbunden** ist. Daher wird das Sachrecht (materielles Recht) auch vom Kollisionsrecht getrennt. Letzteres hat alleine die Aufgabe, eine Rechtszuweisung zum materiellen Recht vorzunehmen.

Da die Kollisionsnormen eine zentrale Rolle im jeweils nationalen IPR einnehmen, soll zunächst die Struktur dieser Normen näher untersucht werden. Der Tatbestand der Kollisionsnorm setzt sich aus einem Anknüpfungsgegenstand und einem Anknüpfungspunkt zusammen. Der **Anknüpfungsgegenstand** umschreibt einen Systembegriff des Privatrechtssystems (z. B. Vertrag, Ehe, Verfahrensrecht etc.) und damit diejenige Materie, für welche die einschlägigen Sachnormen Anwendungen finden sollen. Ein Sachverhalt mit Auslandsbe-

---

[48] Den Text des EGBGB finden Sie in Beck-Texte im dtv, Bürgerliches Gesetzbuch.

rührung ist daraufhin zu untersuchen, wie der entsprechende Teilbereich zu qualifizieren ist **(Qualifikation)**. Geht es etwa um die „Verjährung" so muss geklärt werden, was das jeweilige Rechtssystem hierunter versteht. Qualifikation ist die Subsumtion des Sachverhalts unter den Anknüpfungsgegenstand der Kollisionsnorm.

> **Beispiel 31:** Ein in New York City ansässiger Kaufmann macht gegen einen deutschen Einzelhändler vor einem deutschen Gericht (am Geschäftssitz des Einzelhändlers) den Anspruch auf Zahlung einer Kaufpreisschuld geltend. Dem hält der deutsche Händler entgegen, dass die Forderung „verfristet" sei. Tatsächlich ist die maßgebliche deutsche Verjährungsfrist abgelaufen. Fraglich ist nun, wie der beschriebene Sachverhalt zu verstehen ist. Das Recht des Staates New York sieht die Verjährung (Limitation) als Teil des Prozessrechts (lex fori). Da der Prozess aber in Deutschland anhängig ist und somit der Anknüpfungspunkt nach Deutschland weist und das in der Sache maßgebliche Recht (Sachrecht) in New York keine materielle Regelung trifft, würde an sich keine Verjährung eintreten. Nach überwiegender Meinung ist das Recht des Staates New York City entsprechend den deutschen Auslegungsregeln (§§ 133, 157 BGB) zu qualifizieren, und zwar als materielles Verjährungsrecht.[49] Dann aber ist Verjährung eingetreten, da die Verjährungsfrist abgelaufen ist und der Einzelhändler die entsprechende Einrede erhoben hat.

Der **Anknüpfungspunkt** führt zu der Rechtsordnung, die den angesprochenen Bereich des Tatbestands regeln soll.

Folgende Anknüpfungspunkte sind von Bedeutung:
- **gewöhnlicher Aufenthalt:** dieser ist vor allem im Schuldvertragsrecht (Art. 4 Abs. Abs. 1 ROM I-VO) und für den Verbraucherschutz (Art. 6 Abs. 1 ROM I-VO) von Bedeutung (eine Definition gibt es in Art. 19 ROM I-VO); als Unteranknüpfung kommt die **charakteristische Leistung** in Frage. Beim Kaufvertrag wird zwar grds. an den gewöhnlichen Aufenthalt angeknüpft, aber für den Fall, dass ein Vertrag nicht einem der Katalogverträge des Art. 4 Abs. 1 ROM I-VO zugeordnet werden kann, wird auf den gewöhnlichen Aufenthalt des Erbringers der Leistung abgestellt, die dem Vertragstyp seine Eigenart verleiht (Art. 4 Abs. 2 ROM I-VO), z. B. die Forderungsabtretung beim Forderungskauf.
- **Handlungsort:** Hauptanwendungsbereich sind Formfragen an den Vornahmeorten des Geschäfts (Art. 11 EGBGB regelt dafür einen eigenen Anknüpfungspunkt) und für die Vollmacht, wobei dann der Gebrauchsort entscheidet;
- **Erfolgsort:** bei unerlaubten Handlungen wird auf das Recht des Staates verwiesen, in dem der Erfolgsort liegt, also das schadensbegründende Ereignis eingetreten ist (Art. 4 Abs. 1 ROM II-VO), ähnliche Anknüpfungspunkte haben der Marktort bzw. der Auswirkungsort;

---

[49] Es handelt sich hier um eine unselbständige Anknüpfung, weil die Verjährung dem Vertragsstatut unterliegt, das die jeweilige Forderung beherrscht.

- **Belegenheitsort** (lex rei sitae): maßgeblich bei beweglichen und unbeweglichen Sachen, also im Sachenrecht (Art. 43 EGBGB);
- **Gerichtsort:** ist der Gerichtsort Anknüpfungspunkt, so wird stets auf die lex fori verwiesen, also das Recht des Gerichtsstandortes.

In der **Rechtsfolge** verweist die Kollisionsnorm auf das anzuwendende Recht. Man spricht hier auch von einem **Statut**.

> **Merksatz:**
> Erfolgt die Verweisung zu einem Teilgebiet einer Rechtsordnung, so wird dies als Statut bezeichnet, z. B. der Verweis auf das Vertragsrecht zum Vertragsstatut.

Erst nach der Verweisung, also als **Rechtsfolge der Anknüpfung**, stellen sich sog. **Vorfragen**. Es handelt sich dabei um Fragen nach dem Bestehen eines präjudiziellen Rechtsverhältnisses, das vom Kollisionsrecht oder materiellen Recht (lex causae) der berufenen Rechtsordnung aufgeworfen wird. Die Vorfrage ist anhand der Kollisionsnorm des lex fori zu beantworten, denn für ein Rechtsverhältnis sollen im IPR stets einheitliche Kollisionsnormen gelten (*unselbständige Anknüpfung*).

> **Beispiel 31:** Geht der ausländische Vertragspartner gegen den inländischen Vertragspartner aus rückständigen Zahlungsansprüchen vor und beruft sich Letzterer auf vermeintliche Gegenansprüche, so stellt sich die Vorfrage der Zurechnung der Gegenansprüche zum Hauptanspruch, was nach ganz überwiegender Meinung zu bejahen ist.[50] Dies gilt auch für die Verjährung vertraglicher Ansprüche im Verhältnis zum Vertragsstatut, wobei die Verjährung auch die Verwirkung mit einschließt.

Nur ausnahmsweise gibt es eine *selbständige Anknüpfung*, was etwa dann der Fall ist, wenn

- das Staatsangehörigkeitsrecht oder Namensrecht geklärt werden müssen, da hier ein besonderer öffentlich-rechtlicher Bezug besteht (Art. 10 EGBGB) oder
- bei überwiegendem Auslandsbezug (etwa für die Frage der Abstammung, Art. 19 EGBGB).

Nur dann würde eine gesonderte Anknüpfung notwendig sein. D. h. nur für die Vorfrage könnte etwa das Sachrecht eines anderen Staates zur Anwendung gelangen.

2.1.2 IPR der juristischen Personen und Gesellschaften

Das **Internationale Kollisionsrecht**, insbesondere das IPR juristischer Personen, ist in einigen bilateralen (zweiseitig verpflichtenden) völkerrechtlichen Verträgen, etwa im Freundschafts-, Handels-, und Schifffahrtsvertrag mit den USA aus dem Jahre 1964 oder im Niederlassungsvertrag mit Spanien aus dem Jahre 1970 festgeschrieben.

---

[50] *Thorn*, in: Palandt, ROM I-VO Art. 12, Rn. 5.

Im **nationalen Kollisionsrecht** regelt Art. 7 EGBGB die Rechtsfähigkeit sowie die Geschäftsfähigkeit in der Weise, dass diese Fragen dem Recht des Staates unterliegen, dem die Person angehört. Nicht geregelt werden dagegen die Fragen der Entstehung der Rechtsfähigkeit juristischer Personen und damit auch nicht das eigentliche materielle Gesellschaftsrecht. In Art. 1 Abs. 2 lit. f) ROM I-VO heißt es dazu, dass „Fragen betreffend das Gesellschaftsrecht, das Vereinsrecht und das Recht der juristischen Personen, wie die Errichtung durch Eintragung oder auf andere Weise, die Rechts- und Handlungsfähigkeit, die innere Verfassung und die Auflösung von Gesellschaften, Vereine und juristischen Personen sowie die persönliche Haftung der Gesellschafter und der Organe für die Verbindlichkeiten einer Gesellschaft, eines Vereins oder einer juristischen Person" vom Anwendungsbereich der ROM I-VO ausgenommen sind.

Allerdings hat das Bundesjustizministerium am 7.1.2008 einen Gesetzesentwurf für ein Gesetz zum Internationalen Privatrecht der Gesellschaften, Vereine und juristischen Personen vorgelegt,[51] der im Wesentlichen folgende Neuregelungen (in Art. 10 bis 10b EGBGB-Entwurf) vorsieht:

- Gesellschaften, Vereine und juristische Personen sollen dem Recht des Staates unterliegen, in dem sie in ein öffentliches Register eingetragen sind (Art. 10 EGBGB-Entwurf).
- Die Umwandlung einer Gesellschaft, eines Vereins oder einer juristischen Person, vorrangig Fälle von Unternehmenszusammenschlüssen, richten sich nach dem Recht des Gründungsstaates (Art. 10a EGBGB-Entwurf).
- Die Gesellschaft kann unter Wahrung ihrer Identität dem Recht eines anderen Staates unterstellt werden, wenn die betroffenen Rechtsordnungen dies zulassen (Art. 10b EGBGB-Entwurf).

Art. 10 EGBGB-Entwurf führt aus deutscher Sicht zum Wechsel von der bisher (und immer noch) geltenden **Sitztheorie** zur Gründungstheorie. Nach der Sitztheorie ist das Recht des Staates anzuwenden, in dem die juristische Person ihren tatsächlichen Sitz der Hauptverwaltung (Verwaltungssitz) hat.[52] Für diese Theorie sprechen das Gläubigerinteresse und das Kontrollbedürfnis des Sitzstaates (Territorialität). Nachteile folgen aus dem Problem der tatsächlichen Bestimmung des Sitzes sowie der Sitzverlegung. Letztere führt zu einem Statutenwechsel. Danach besteht die juristische Person nur dann fort, wenn dies kumulativ im Recht des bisherigen Staates und dem Recht des neuen Staates geregelt ist.

Für die **Gründungstheorie** spricht die größere Flexibilität bei der Sitzverlegung, bei der alleine das Recht des Gründungsstaates maßgeblich bleibt und somit den internationalen Handelsverkehr fördert. Nachteile ergeben sich aus der Missbrauchsgefahr, denn eine Gesellschaft kann formal mit einem für die Gesellschaft günstigen Recht gegründet werden, während die Geschäfte

---

[51] Vgl. www.bmj.de; siehe auch Franz, Internationales Gesellschaftsrecht und deutsche Kapitalgesellschaften im In- bzw. Ausland, BB 2009, 1250.

[52] Die Sitztheorie wird neben Deutschland noch in Österreich, Frankreich, Belgien, Luxemburg, Portugal Spanien, Polen, Griechenland, Ungarn und der Türkei vertreten. In folgenden Staaten gilt die Gründungstheorie: Großbritannien, USA, Schweiz, Liechtenstein und Niederlande.

tatsächlich in einem anderen Staat betrieben werden (Briefkastenfirmen). Es entsteht ein regelrechter Wettbewerb der Gesellschaftsrechte mit der (in den USA durchaus positiv gesehenen) Möglichkeit, sich das Gesellschaftsrecht eines Staates zu wählen, der den geringsten Gläubigerschutz gewährt, wie etwa in den USA das Gesellschaftsrecht des Bundesstaates Delaware.

Merksatz:
Die Existenz der Gesellschaft in Deutschland wird als Vorfrage vom deutschen Sachrecht aufgeworfen.

Ist eine Verweisung auf das Gesellschaftsstatut vorzunehmen, so handelt es sich um eine **Gesamtverweisung** (Art. 4 Abs. 1 S. 1 EGBGB). Folgt also ein Staat der Gründungstheorie so ist diese auch bei einer Sitzverlegung maßgeblich.

Unterschieden wird demnach zwischen Fällen des Wegzugs und des Zuzugs. Aus Sicht der in Deutschland (noch) vertretenen **Sitztheorie** stellt sich die Situation wie folgt dar:

Wegzugsfälle bedeuten, dass eine nach deutschem Recht gegründete Gesellschaft von Deutschland ins Ausland verlegt wird, was nach der Sitztheorie grds. zur Abwicklung und Auflösung der Gesellschaft führt. Folgt der neue Sitzstaat ebenfalls der Sitztheorie und geht man von der Annahme aus, dass in der Regel die Gründungsvorschriften des neuen Staates nicht eingehalten sind, ist eine Neugründung notwendig. Folgt der neue Staat dagegen der Gründungstheorie, wird auf deutsches Recht zurückverwiesen, da die Gesellschaft nach deutschem Recht gegründet wurde (Art. 4 Abs. 1 S. 2 EGBGB).[53]

Beispiel 32: Eine in Deutschland gegründete GmbH, die dort auch ihren Verwaltungssitz hat, verlegt ihren Sitz nach England. Da nach deutschem IPR (Sitztheorie) dann eine Gesamtverweisung auf englisches Recht zu beachten ist, das englische Recht aber auf den Gründungsort abstellt, erfolgt eine Rückverweisung auf deutsches Recht, das die Sache dann endgültig behält (Art. 4 Abs. 1 S. 2 EGBGB).

Zuzugsfälle sind solche, in denen der tatsächliche Sitz einer ausländischen Gesellschaft nach Deutschland verlegt wird, was zu einem Statutenwechsel führt. Wegen des numerus clausus der Gesellschaftsformen werden ausländische Gesellschaften in Deutschland grds. nicht anerkannt, was zu einer Neugründung führt, wenn diese nicht als rechts- und parteifähige Personengesellschaften anerkannt werden. Nach der sog. **neuen Sitztheorie** des BGH[54] ist eine ausländische Gesellschaft mit Verwaltungssitz in Deutschland als Personengesellschaft anzusehen und damit rechts- und parteifähig. Voraussetzung dafür ist allerdings, dass das inländische Rechtsinstitut mit dem ausländischen im

---

[53] Nach §§ 4a GmbHG, 5 AktG dürfen Kapitalgesellschaften ihren Verwaltungssitz auch im Ausland wählen. Personengesellschaften werden allerdings aufgelöst.

[54] BGH, BGHZ 151, 204 = NJW 2002, 3539; BGH, NJW 2009, 289 (291); siehe auch Lieder/Kliebisch, Nichts Neues im Internationalen Gesellschaftsrecht: Anwendbarkeit der Sitztheorie auf Gesellschaften aus Drittstaaten, BB 2009, 338, 341; Verse/Wiersch, Die Entwicklung des europäischen Gesellschaftsrechts 2014–2015, EuZW 2016, 330.

Wesentlichen vergleichbar ist. Dann aber wäre die „Umqualifizierung" einer ausländischen Kapitalgesellschaft in eine inländische Personengesellschaft gerade nicht möglich. Diese Auslegung verstößt allerdings im EU-Raum gegen die Niederlassungsfreiheit (Art. 49, 54 AEUV).[55]

Das **europäische Kollisionsrecht** wird maßgeblich durch Entscheidungen des EuGH bestimmt.[56] Diese sollen durch jeweils einen aktuellen Wegzugsfall und Zuzugsfall erläutert werden. Eine neuere Entscheidung des BGH zum Zuzug runden diese Ausführungen ab.

Beispiel 33: In einer neueren Entscheidung des EuGH[57] wurde die Gesellschaft **Cartesio** in der Rechtsform einer Kommanditgesellschaft in Ungarn gegründet, die ihren Sitz auch in Ungarn hatte. Nach der Sitzverlegung nach Italien wurde beim zuständigen Handelsregistergericht in Ungarn beantragt, die Verlegung des Verwaltungssitzes zu bestätigen sowie die Sitzangabe zu ändern. Dies lehnte das ungarische Registergericht ab, da der Wegzug nach Italien nach der in Ungarn maßgeblichen Sitztheorie die Auflösung der Gesellschaft zur Folge habe. Der EuGH hatte nun zu klären, ob das Vorgehen des ungarischen Gerichts gegen die Niederlassungsfreiheit verstößt. Der EuGH hielt an der früher erlassenen Daily Mail-Entscheidung[58] mit der Begründung fest, dass eine Gesellschaft jenseits der nationalen Rechtsordnung, die ihre Existenz und Gründung regle, keine „Realität" mehr habe. Wenn die Gesellschaft bei einem Wegzug nach dem Recht des Wegzugsstaates nicht fortbestehe, könne sie sich auch nicht auf die Niederlassungsfreiheit berufen. Zuzugs- und Wegzugsfälle seien insofern unterschiedlich zu behandeln. Die Niederlassungsfreiheit stehe der Weigerung des ungarischen Registergerichts auch nicht entgegen, den italienischen Verwaltungssitz einzutragen.

Beispiel 34: Die Entscheidung **Überseering**[59] betraf einen Zuzugsfall. Die Gesellschaft Überseering war nach holländischem Recht wirksam gegründet worden. Die Gesellschaft erwarb ein Grundstück in Düsseldorf und gab einen Bauauftrag an eine deutsche Baufirma. Nachdem deutsche Gesellschafter die Anteile an Überseering erworben hatten, führten sie diese Gesellschaft (mit Sitz) in Deutschland fort. Wegen schlechter Bauausführung des Bauunternehmens verklagte Überseering das Bauunternehmen vor dem LG Düsseldorf auf Schadensersatz für die Mängelbeseitigung. Besonderheit dieses Fall ist zunächst, dass Deutschland die Sitztheorie zugrunde legt, dagegen die Niederlande der Gründungstheorie folgt. Nach der Sitztheorie ist deutsches Recht anzuwenden. Tritt eine ausländische Gesellschaft in Deutschland als Klägerin auf, so ist als Vorfrage zunächst deren Existenz (aus deutscher Sicht) zu klären. Der EuGH ist der Auffassung, dass die Versagung der Rechtsfähigkeit, die das LG Düsseldorf angenommen hatte, gegen die Niederlassungsfreiheit verstößt. Vielmehr ist das Recht des Gründungsstaa-

---

[55] EuGH, NJW 2003, 1461 „Überseering"; siehe dazu sogleich zum europäischen Kollisionsrecht.

[56] Nähere Ausführungen sind dem Europäischen Wirtschaftsrecht unter 3.5.8 zur Niederlassungsfreiheit zu entnehmen.

[57] EuGH, NJW 2009, 570 Rn. 104, 109 „Cartesio".

[58] EuGH, C-81/87, EuGHE 1988, 5483 „Daily Mail".

[59] EuGH, C-208/00, NJW 2003, 1461 „Überseering".

tes im Zuzugsstaat anzuerkennen, woraus folgt, dass die Sitztheorie insofern gegen die Niederlassungsfreiheit verstößt, als die Gründungsvorschriften des Sitzstaates eine in einem anderen Mitgliedstaat gegründete Gesellschaft nicht anerkennen.

Beispiel 35: Ein weiterer Zuzugsfall betraf den Wechsel einer in der Schweiz ansässigen Aktiengesellschaft nach Deutschland.[60] Der BGH hat aus der Überseering-Entscheidung gefolgert, dass das Recht des neuen Sitzstaates die Rechtsform des Gründungsstaates anzuerkennen hat, wenn der Gründungsstaat dem Wegzug zustimmt, was hier der Fall war, allerdings als Personengesellschaft.

2.1.3 Prüfungsschema für IPR-Fälle

Das nachfolgende Prüfungsschema ist auf Fälle des Internationalen Wirtschaftsrechts abgestellt, geht also nicht auf die Besonderheiten anderer Gebiete, wie das des Familien- und Erbrechts ein.

Prüfungsschema für IPR-Fälle:[61]

1. Sachverhalt mit Auslandsberührung
2. Vorrang völkerrechtlicher Abkommen (Art. 3 Nr. 2 EGBGB), z. B. UN-Kaufrecht, CMR (internationales Abkommen über den Güterverkehr)
3. Ermittlung der maßgeblichen Kollisionsnormen
   - Vorrang der europäischen Kollisionsnormen, also der ROM I-VO sowie der ROM II-VO (siehe Art. 3 Nr. 1 EGBGB)
   - Kollisionsnormen des EGBGB (deutsches autonomes Recht, etwa Art. 3 bis 12 EGBGB als allgemeiner Teil des IPR)
4. Anwendung der Kollisionsnorm
   - Abgrenzung und Auslegung des angesprochenen Teilgebiets, z. B. Vertragsrecht
   - Qualifikation (Subsumtion des Lebenssachverhaltes oder einer Rechtsfrage unter den Anknüpfungsgegenstand)
5. Ermittlung des Anknüpfungspunkts
   - Rechtswahl (subjektive Anknüpfung) oder
   - objektive Anknüpfungspunkte (gewöhnlicher Aufenthaltsort etc.)
6. Rechtsfolge der Kollisionsnorm. Welcher Bereich welcher Rechtsordnung (Statut) ist in dem maßgeblichen Fall heranzuziehen?
   - Verweisung auf das eigene Recht
   - Verweisung auf ausländisches Recht (als Sachnormverweisung Art. 3a Abs. 1 EGBGB) oder als Gesamtverweisung (Art. 4 Abs. 1 S. 1 EGBGB).
7. Anwendung des Sachrechts
   - Ermittlung des ausländischen Rechts
   - Prüfung von Vorfragen

---

[60] BGH, NJW 2009, 289 (291) „Trabrennbahn".
[61] Siehe dazu *von Hein*, in: Münchener Kommentar zum BGB Bd. 10 IPR .

8. Schranken der Anwendung im Einzelfall
   - Unvereinbarkeit der ermittelten Rechtsnorm mit dem deutschen ordre public (Art. 6 EGBGB; siehe auch Beispiel 30)
   - Art. 40 Abs. 3 EGBGB im Deliktsrecht
   - Anwendung von Eingriffsnormen und Sonderanknüpfungen (international zwingende deutsche Sachnormen, Bsp. Art. 9 ROM I-VO für vertragliche Schuldverhältnisse).

2.2 IPR der Verträge

Die nachfolgenden Ausführungen gehen zunächst auf die Anwendbarkeit der vertragsrechtlichen Regelungen ein (2.2.1), behandeln sodann die freie Rechtswahl als subjektiven Anknüpfungspunkt (2.2.2), Grundfälle objektiver Anknüpfung (2.2.3), Spezialfälle objektiver Anknüpfung (2.2.4), den Geltungsbereich des Vertragsstatus und Formanknüpfung (2.2.5) sowie den Forderungsübergang und Abtretung (2.2.6).

2.2.1 Anwendbarkeit der vertragsrechtlichen Regelungen

Die bisher maßgeblichen Regelungen über vertragliche Schuldverhältnisse in Art. 27 bis 37 EGBGB, die auf das Europäische Schuldvertragsübereinkommen (EVÜ) aus dem Jahr 1980 (auch „Übereinkommen von Rom" genannt) zurückgehen, wurden aufgehoben. Stattdessen gelten seit dem 17.12.2009 die Regelungen der ROM I-VO (EG/593/2008). Allerdings bleibt für Dänemark die EVÜ weiterhin maßgeblich. Irland und Großbritannien haben von dem Vorbehalt des Art. 24 ROM I-VO Gebrauch gemacht, die ROM I-VO anzuwenden.

Weiterhin anwendbar bleiben Art. 7 ff. EGBGB (Recht der natürlichen Personen und Rechtsgeschäfte) sowie in Teilbereichen Art. 38 ff. EGBGB (außervertragliche Schuldverhältnisse) sowie Art. 43 ff. EGBGB (Sachenrecht).

Der **Anwendungsbereich** gilt für vertragliche Schuldverhältnisse in Zivil- und Handelssachen, die eine Verbindung zum Recht verschiedener Staaten aufweisen. Die ROM I-VO gilt nicht für Steuer- und Zollsachen sowie verwaltungsrechtliche Angelegenheiten (Art. 1 Abs. 1 Rom I).

Art. 1 Abs. 2 ROM I-VO regelt **zahlreiche Ausnahmetatbestände**, wie etwa den Personenstand sowie die Rechts-, Geschäfts-, und Handlungsfähigkeit von natürlichen Personen, unbeschadet des Art. 13 (lit. a); Schuldverhältnisse aus einem Familienverhältnis (lit. b); auch Fragen betreffend das Gesellschaftsrecht, das Vereinsrecht und das Recht der juristischen Personen (lit. f) sind ausgenommen.

Das nach dieser Verordnung bezeichnete Recht ist auch dann anzuwenden, wenn es nicht das Recht eines Mitgliedstaats ist (**universelle Anwendung**, Art. 2 ROM I). Es kann also auch eine Verweisung auf sog. Drittstaaten erfolgen, etwa das Recht der USA, bzw. sogar auf einzelne Staaten der Vereinigten Staaten, etwa N.Y.C. (Art. 22 Abs. 1 ROM I-VO).

2.2.2 Freie Rechtswahl als subjektiver Anknüpfungspunkt

Es gilt der Grundsatz der **freien Rechtswahl** (Art. 3 Abs. 1 ROM I-VO). Freie Rechtswahl heißt im Verständnis der ROM I-VO, dass gesetzliche Bestimmungen, und zwar nicht nur einer staatlichen Rechtsordnung, gewählt werden können. Aus dem Erwägungsgrund 13 folgt, dass die Vertragsparteien nicht gehindert sind, in ihrem Vertrag auf ein nichtstaatliches Regelwerk oder ein internationales Übereinkommen Bezug zu nehmen.

Ein Hinweis auf die *lex mercatoria* reicht mangels Bestimmtheit nicht aus, wohl aber die Vereinbarung der Anwendung der UNIDROIT Grundregeln der internationalen Handelsverträge aus dem Jahre 2004. Allerdings können diese Bestimmungen nur quasi als Allgemeine Geschäftsbedingungen einem Vertrag zugrunde gelegt werden. Es handelt sich dann aber nicht um eine kollisionsrechtliche Verweisung auf eine Rechtsordnung, also nicht um eine echte Rechtswahl.[62]

Die Rechtswahl darf nicht darüber hinwegtäuschen, dass eine Harmonisierung dadurch nicht gewährleistet ist. Ausgangspunkt ist vielmehr ein „Flickenteppich" unterschiedlicher Regelungen, der allerdings durch den Entwurf für ein „gemeinsames europäisches Kaufrecht zur Erleichterung grenzübergreifender Geschäfte im Binnenmarkt" der Europäischen Kommission vom 11.10.2011 in ein harmonisches Gebilde überführt werden soll. Gerade solch eine gemeinsame Regelung ist auf europäischer Ebene angestrebt, so wie es der Erwägungsgrund 14 der ROM I-VO zum Ausdruck bringt. Dort heißt es wörtlich: „Sollte die Gemeinschaft in einem geeigneten Rechtsakt Regeln des materiellen Vertragsrechts, einschließlich vertragsrechtlicher Standardbestimmungen, festlegen, so kann in einem solchen Rechtsakt vorgesehen werden, dass die Parteien entscheiden können, diese Regeln anzuwenden."

Rein **nationale Sachverhalte** führen zu keiner kollisionsrechtlichen Rechtswahl (Art. 3 Abs. 3 ROM I-VO), da die zwingenden Bestimmungen der abgewählten Regelungen wirksam bleiben.

Beispiel 36: Verkäufer (Unternehmer) und Käufer (Verbraucher) haben beide ihren gewöhnlichen Aufenthalt in Deutschland und tätigen das Verkaufsgeschäft einschließlich der Übereignung der Ware ausschließlich in Deutschland. Gleichwohl wird spanisches Recht vereinbart. Hier handelt es sich um einen materiellen Verweis auf spanisches Recht, der die zwingenden deutschen Normen unberührt lässt, also sämtliche Bestimmungen des Verbraucherschutzes, wie etwa §§ 312 ff. BGB.

Die **Binnenmarktklausel** des Art. 3 Abs. 4 ROM I-VO entspricht der zuvor beschriebenen Klausel über innerstaatliche Sachverhalte und besagt, dass wenn alle Elemente des Sachverhalts zum Zeitpunkt der Rechtswahl in einem oder mehreren Mitgliedstaaten der EU belegt sind, dass dann die Wahl des Rechts eines Drittstaats, etwa chinesisches Recht, nicht die Anwendung der Bestim-

---

[62] Vgl. Leible/Lehmann, Die Verordnung über das auf vertragliche Schuldverhältnisse anzuwendende Recht („Rom I"), RIW 2008, 528 (533).

mungen des Gemeinschaftsrechts ausschließlich, von denen nicht abgewichen werden darf.

> **Beispiel 37:** Eine in Deutschland ansässige GmbH beauftragt einen dänischen Handelsvertreter mit dem Vertrieb von Produkten in der EU. Die Vertragsparteien treffen eine Rechtswahl zugunsten kalifornischen Rechts, das – anders als das dänische und das deutsche Recht – keine nachvertragliche Entschädigung (Ausgleichsanspruch) des Handelsvertreters kennt. Nach Vertragsbeendigung verlangt der dänische Handelsvertreter unter Berufung auf Art. 17 und 18 der Handelsvertreterrichtlinie eine Entschädigung (Ausgleichsanspruch). Da Dänemark nicht Mitglied der ROM I-VO ist, würde Art. 3 Abs. 4 ROM I-VO an sich nicht greifen. Allerdings stellt Art. 1 Abs. 4 S. 2 ROM I-VO klar, dass alle Mitgliedstaaten der EU in den Anwendungsbereich fallen, somit auch Dänemark. Dann aber ist das Gemeinschaftsrecht anzuwenden, was allerdings ungenau ist. Besser wäre es gewesen, die Anknüpfung auf die Normen des konkret betroffen Mitgliedstaates zu beziehen, hier also die des dänischen Rechts. Jedenfalls hat der dänische Handelsvertreter Anspruch auf Entschädigung (Ausgleichszahlung).[63]

Obwohl keine kollisionsrechtliche Regelung, so hat die Rechtswahl gleichwohl im Vertriebsrecht große Bedeutung. §92c HGB ermöglicht als sog. „Öffnungsklausel" die **Abwahl deutschen Rechts**.

> **Beispiel 38:** Ein deutsches Unternehmen setzt im Vertrieb, auch außerhalb des Gebietes der EU und des Europäischen Wirtschaftsraumes, Handelsvertreter ein. Den in Deutschland tätigen Handelsvertretern steht nach Ablauf des Handelsvertretervertrages ein sog. Ausgleichsanspruch nach §89b HGB zu, der den Unternehmer finanziell erheblich belasten kann. Um Nachteile von deutschen Unternehmen gegenüber den nicht europäischen Konkurrenten, die einen solchen Ausgleichsanspruch nicht kennen (etwa in den USA/Kalifornien), abzuwenden, sieht §92c HGB vor, dass – sofern die Tätigkeit nicht innerhalb des Gebietes der EU oder der EWR ausgeübt wird – diese Regelung über den Ausgleichsanspruch abgewählt werden kann. Dies gilt im Wege der Rechtsfortbildung auch für Vertragshändler, die im Gegensatz zu Handelsvertretern im eigenen Namen auftreten, gleichwohl vom Unternehmer abhängig sind.[64]

Der Rechtswahlvertrag ist an sich ein vom Hauptvertrag, dessen Recht er bestimmt, unabhängiger Vertrag. Aus Art. 3 Abs. 5 ROM I-VO in Verbindung mit Art. 10 Abs. 1 ROM I-VO folgt aber, dass sein materielles Zustandekommen sich nach dem Recht bestimmt, dass auf den Hauptvertrag anzuwenden wäre, wenn die getroffene Rechtswahl wirksam ist. Die akzessorische Anknüpfung der Rechtswahl an das zu wählende Statut mag logisch fragwürdig sein, sorgt aber für Rechtssicherheit.[65]

---

[63] EuGH, C-381/98, Slg. 2000, I-9305 Rn. 14-26 „Ingmar GB".

[64] EuGH, C-203/09; BGH, BB 2011, 973; siehe auch Thume, Zur richtlinienkonformen Anwendung der §§84 ff. HGB im gesamten Vertriebsrecht, BB 2011, 1800.

[65] Vgl. Rauscher, Internationales Privatrecht, Rn. 1091.

Eine Rechtswahl ist auch durch **Allgemeine Geschäftsbedingungen** möglich. Problematisch ist aber die Rechtswahl durch nachgereichte Bestätigungsschreiben. Aus Art. 10 Abs. 2 ROM I-VO folgt, dass sich die andere Vertragspartei für die Behauptung, sie habe der Rechtswahlvereinbarung nicht zugestimmt, auf das Recht des Staates ihres gewöhnlichen Aufenthalts berufen kann.

> **Beispiel 39:** Ein Käufer mit Sitz in Deutschland reicht im Verlaufe von Vertragsverhandlungen dem Verkäufer mit Sitz in Frankreich seine (des Käufers) AGB nach, in denen die Rechtswahl zugunsten des deutschen Rechts getroffen wird. Diese Rechtswahlvereinbarung ist nicht wirksam, weil auch nach dem deutschen Vertragsstatut das Schweigen auf die AGB für den in Frankreich ansässigen Geschäftspartner keine rechtsgeschäftliche Bedeutung hat (Art. 3 Abs. 5 in Verbindung mit Art. 10 Abs. 2 ROM I-VO).

Die **Form der Rechtswahl** richtet sich nach Art. 11 ROM I-VO, sofern es sich nicht um Verbraucherverträge handelt. Für letztere Verträge gelten anstelle Art. 3 Abs. 1 bis 3 ROM I-VO die Formanforderungen des Staates, in dem der Verbraucher seinen gewöhnlichen Aufenthalt hat.

Die Rechtswahl bezieht sich auf die **materiellen Bestimmungen** der gewählten Rechtsordnung, womit eine Gesamtverweisung (einschließlich der Regelungen des ausländischen IPR) ausscheidet (Art. 20 ROM I-VO). Möglich ist eine Rechtswahl für Teile des Vertrages (**Teilrechtswahl**, Art. 3 Abs. 1 S. 3 ROM I-VO). Fraglich ist dabei, wie weit eine solche Spaltung des Vertragsstatuts gehen kann. Grenze ist jedenfalls eine willkürliche Teilverweisung. Vielmehr sind nur solche Teile abtrennbar, die nicht aus materiell-rechtlichen Gründen in einer unauflösbaren Wechselbeziehung stehen. Unproblematisch ist daher eine **horizontale Abspaltung** einzelner Teile des Vertrags oder Phasen der Vertragsdurchführung. Getrennte Zuweisungen könnten etwa für den Vertragsschluss, die Form oder Erfüllung des Vertrages vereinbart werden. Fraglich ist dagegen eine **vertikale Spaltung**, also die Herauslösung einzelner (gegenseitiger) Pflichten, etwa die Verpflichtung zur Lieferung einer Kaufsache, weil damit von vornherein Probleme mit der korrespondierenden Zahlungspflicht auftreten können. Allerdings wäre durchaus vorstellbar, einzelne selbständige Rechte aus der vertraglichen Pflichtverletzung abzuspalten.[66]

> **Beispiel 40:** Verkäufer mit Sitz in Frankreich und Käufer mit Sitz in Deutschland vereinbaren die Anwendung deutschen Rechts. Allerdings wird die Pflicht zur Zahlung von Schadensersatz aus einer Vertragsverletzung dem französischen Recht unterstellt, das im Gegensatz zum deutschen Recht keinen Verschuldensnachweis verlangt, vielmehr „force majeur" (höhere Gewalt) nachgewiesen werden muss, um eine Befreiung von der Pflicht zur Schadensersatzleistung zu erreichen. Eine solche vertikale Spaltung ist keineswegs willkürlich, sondern mit den angegebenen Gründen nachvollziehbar.

---

[66] Vgl. *Thorn*, in: Palandt, ROM I-VO Art. 3 Rn. 10.

Fraglich ist, ob auch eine **stillschweigende Rechtswahl** wirksam ist. In Art. 3 Abs. 1 S. 2 ROM I-VO heißt es dazu, dass die Rechtswahl ausdrücklich erfolgen oder sich „eindeutig" aus den Bestimmungen des Vertrages oder den Umständen des Falles ergeben muss. **Indizien** für eine konkludente Rechtswahl sind die Vereinbarung

- eines einheitlichen ausschließlichen Gerichtsstandes;
- eines einheitlichen Erfüllungsortes, insbesondere wenn dieser vom tatsächlichen Leistungsort abweicht;
- die Bezugnahme auf Rechtsvorschriften einer Rechtsordnung oder die Verwendung von Formularen, die auf eine solche Rechtsordnung hindeuten;
- die Einbettung eines Vertrages in Vertragsbeziehungen zwischen den Parteien, die einem bestimmten Recht unterstehen.

Die Rechtswahl kann auch **nachträglich vereinbart** werden. Ein solcher Statutenwechsel wirkt grds. ex nunc. Sollen aber im Nachhinein rechtliche Unklarheiten beseitigt werden, so würde dies für einen Statutenwechsel mit ex tunc-Wirkung sprechen. Ein rückwirkende Rechtswahl nimmt keinen Einfluss auf die **Formgültigkeit** eines Vertrages und lässt Rechte Dritter unberührt (Art. 3 Abs. 2 S. 2 ROM I-VO). Häufig gibt es eine nachträgliche Rechtswahl im Prozess, die aber zu Recht kritisch gesehen wird, da die Richter gerne auf das lex fori zurückgreifen.[6768]

> **Merksätze:**
>
> Die Rechtswahl als subjektiver Anknüpfungspunkt hat zahlreiche Facetten zu berücksichtigen. Eine echte Rechtswahl verweist insgesamt auf eine Rechtsordnung und nicht nur auf handelsrechtliche Regelungen wie etwa das UNIDROIT-Abkommen über den internationalen Handelskauf. Die Rechtswahl muss eindeutig erfolgen und vom realen Regelungswillen der Parteien getragen sein.

2.2.3 Aufgabe 2 („Jungpflanzen aus Österreich")

> Käufer K mit Wohnsitz in Deutschland bestellt bei einem Forstbetrieb U mit Sitz in Österreich Jungpflanzen für seinen Privatwald. Es wird ein schriftlicher Vertrag in deutscher Sprache verfasst. U weist in seinen Allgemeinen Geschäftsbedingungen, die auf der Rückseite des Vertragstextes abgedruckt waren, darauf hin, dass bei Rechtsstreitigkeiten das Landesgericht in Wien zuständig sei.[68] Nachdem K die bestellten und nach Deutschland gelieferten Pflanzen nicht bezahlt, erhebt U Zahlungsklage vor dem Landesgericht in Wien. Als der dortige Richter im ersten mündlichen Termin auf die nach seiner Sicht maßgeblichen Normen des österreichischen Zivilrechts Bezug

---

[67] Vgl. Rauscher, Internationales Privatrecht, Rn. 1092 ff.
[68] Eine solche Gerichtsstandsvereinbarung ist gem. Art. 19 Nr. 3 EuGVVO auch bei einem Verbrauchervertrag zulässig, wenn Verbraucher und Unternehmer zum Zeitpunkt des Vertragsschlusses ihren gewöhnlichen Aufenthalt in demselben Mitgliedstaat haben; siehe auch 2.4.2.

nimmt, trägt K in der Verhandlung vor, dass diese Bestimmungen nicht maßgeblich seien. Vielmehr würde alleine deutsches materielles Zivilrecht für die Entscheidung in der Sache gelten. Dem widerspricht U ausdrücklich. Welches Recht findet Anwendung?

Lösung:

1. Ein Sachverhalt mit Auslandsberührung liegt vor, da K und U in verschiedenen Ländern ihren gewöhnlichen Aufenthalt haben.
2. Als vorrangiges völkerrechtliches Abkommen (Art. 3 Nr. 2 EGBGB) kommt hier UN-Kaufrecht in Frage. Dann müsste dieses anwendbar sein. Zwar geht es um einen Kaufvertrag an beweglichen Sachen, deren Vertragsparteien ihre Niederlassungen in verschiedenen Staaten haben, namentlich Deutschland und Österreich, und die jeweils Mitglied des UN-Kaufrechtsabkommens sind (Art. 1 Abs. 1 lit. a) CISG). Allerdings liegt der Ausnahmetatbestand des Art. 2 lit a) CISG vor, weil K die Pflanzen für seinen persönlichen Gebrauch erwirbt. Somit findet UN-Kaufrecht keine Anwendung.
3. Die maßgebliche europäische Kollisionsnorm ist die für schuldrechtliche Verträge zuständige ROM I-VO (Art. 1 ROM I-VO).
4. Anknüpfungsgegenstand ist hier das Vertragsrecht, das keiner besonderen Qualifikation bedarf.
5. Anknüpfungspunkt ist hier möglicherweise die Rechtswahl (als subjektiver Anknüpfungspunkt). Dann müssten die Vertragsparteien gem. Art. 3 ROM I-VO eine „eindeutige" Rechtswahl getroffen haben. Eine ausdrückliche Regelung der Rechtswahl gibt es zwischen U und K nicht. In Frage kommt eine konkludente Vereinbarung. Indiz für eine freie Rechtswahl deutschen Rechts ist sicher nicht die Verwendung der deutschen Sprache, da diese in beiden Staaten gesprochen wird.
   Indiz für eine schlüssige Rechtswahl ist dagegen die ausschließliche Gerichtsstandvereinbarung, die den Rechtsstreit nach Österreich verweist. Dadurch, dass U seine AGB-Regelung über den Gerichtsstand im Kaufvertragstext zugrunde gelegt hat, wurden diese zum Vertragsbestandteil. Erwägungsgrund 12 der ROM I-VO bringt zum Ausdruck, dass die Wahl des ausschließlichen Gerichtsstands in einem Staat Berücksichtigung finden soll. Dies spräche in der Tat für die Wahl österreichischen materiellen Rechts, also auf das dortige Vertragsstatut. Allerdings hat K in der mündlichen Gerichtsverhandlung zu verstehen gegeben, dass er mit dieser „Auslegung" nicht einverstanden ist. Fraglich ist nun, ob dieser spätere Wille des K noch berücksichtigt werden kann. In der Tat ist das Verhalten der Parteien im Prozess durchaus zur Bestimmung der Rechtswahl maßgeblich. Ein solcher Parteiwille im Sinne einer eindeutigen Regelung greift hier aber gerade nicht, weil sich U und K nicht einig sind. Da es folglich an einer eindeutigen Bestimmung fehlt, fand hier zwischen den Parteien keine Rechtswahl statt. Nunmehr ist also eine objektive Anknüpfung vorzunehmen.
6. Nach Art. 4 Abs. 1 Abs. 1 lit. a) ROM I-VO ist bei Kaufverträgen über bewegliche Sachen – wie hier – ein Sachnormverweisung (Art. 3a Abs. 1 EGBGB) auf das Recht des Staates vorzunehmen, in dem der Verkäufer seinen

> gewöhnlichen Aufenthalt hat, und dies ist nach Art. 19 Abs. 1 S. 2 ROM
> I-VO der Ort der Hauptniederlassung, also in Österreich.[69]
>
> *Ergebnis:* Es findet also österreichisches Recht Anwendung.

2.2.4 Grundfälle objektiver Anknüpfung

Nur wenn keine Rechtswahl getroffen wurde, sind „objektive Anknüpfungs-punkte" maßgeblich (Art. 4 ROM I). Inhaltlich geht es um die Frage des anwend-baren (materiellen) Rechts.

Hauptanknüpfungspunkt ist der **gewöhnliche Aufenthalt**. Nach Art. 19 ROM I-VO ist der gewöhnliche Aufenthalt von Gesellschaften, Vereinen und juristi-schen Personen der Ort der Hauptverwaltung. **Ausnahmsweise** kommt es auf den gewöhnlichen Aufenthalt einer **Zweigniederlassung**, **Agentur** oder **sonsti-gen Niederlassung** an, wenn der Vertrag auf deren Tätigkeit beruht (Abs. 2). Bei natürlichen Personen, die im Rahmen ihrer beruflichen Tätigkeit handeln, ist der gewöhnliche Aufenthaltsort der Ort ihrer Hauptniederlassung. Für natür-liche Personen, die außerhalb ihrer beruflichen Tätigkeit handeln, sieht die Ver-ordnung keine Definition vor, es ist dann auf den tatsächlichen Daseinsmittel-punkt abzustellen.[70] Maßgeblich ist der Zeitpunkt des Vertragsschlusses (Abs. 3).

Prüfungsreihenfolge der Anknüpfungspunkte:

(1) Zunächst sind die vorrangigen Art. 5 bis 8 ROM I-VO zu prüfen (Beförde-rungsvertrag, Verbrauchervertrag, Versicherungsvertrag, Individualarbeits-vertrag).

(2) Ist das Ergebnis negativ, so ist der Katalog des Art. 4 Abs. 1 ROM I-VO her-anzuziehen. Greift einer der dort geregelten Fälle (**„Katalogvertrag"**), so ist das **Vertragsstatut** entsprechend **objektiv anzuknüpfen**, und zwar beim

- **Warenkauf** über bewegliche Sachen (lit. a), an das Recht des Staates, in dem der Verkäufer seinen gewöhnlichen Aufenthalt hat oder
- **Dienstleistungsvertrag** (lit. b), an das Recht des Staates an dem der Dienst-leister seinen gewöhnlichen Aufenthalt hat; nach dem Erwägungsgrund 17 der ROM I-VO umschließt der Begriff des Dienstvertrages auch den auf einen Erfolg gerichteten Werkvertrag sowie den Geschäftsbesorgungsvertrag, oder
- **Grundstücksvertrag** (lit. c und d); soweit es um schuldrechtliche Verträge mit dinglicher Besicherung geht, wird auf das Recht des belegenen Grundstücks abgestellt; ausgenommen sind Miet- und Pachtverträge mit Mietern- und Pächtern als natürliche Personen für deren persönlichen Gebrauch, die für maximal 6 Monate abgeschlossen werden. Dann entscheidet der Sitz des Ver-mieter bzw. Verpächters, sofern der Mieter bzw. Pächter seinen gewöhnlichen Aufenthalt in demselben Staat hat.

---

[69] Art. 6 ROM I-VO als Spezialfall objektiver Anknüpfung beim Verbrauchervertrag ist nur dann anzuwenden, wenn die Tätigkeit des österreichischen Unternehmers entwe-der auch in Deutschland ausgeübt wird, oder auf Deutschland ausgerichtet ist; siehe auch 2.2.5 und Beispiel 48.

[70] *Thorn*, in: Palandt, ROM I-VO Art. 19 Rn. 6.

Beispiel 41: Vermietung eines in Spanien gelegenen Appartements für höchstens 6 Monate für den persönlichen Gebrauch, wenn Vermieter und Mieter ihren gewöhnlichen Aufenthalt in Deutschland haben. Dann gilt deutsches Recht (Art. 4 Abs. 1 lit. d) ROM I-VO). Anders dagegen bei dauerhafter Vermietung, also über den Zeitraum von 6 Monaten hinaus, weil dann auf das Recht der belegenen Sache, also spanisches Recht abgestellt wird (lit. c).

- **Franchisevertrag** (lit. e); es ist das Recht am gewöhnlichen Aufenthaltsort des Franchisenehmers maßgeblich, was nicht etwa auf die charakteristische Leistung, sondern das besondere Schutzbedürfnis (strukturelle Unterlegenheit) dieses Vertriebspartners zurückzuführen ist;
- **Vertriebsvertrag** (lit. f); bei solchen Vertriebsverträgen wie dem Handelsvertretervertrag sowie dem Vertragshändlervertrag wird mit der gleichen Motivlage wie zum Franchisevertrag auf das Recht des Vertriebshändlers abgestellt;
- **Versteigerungskauf** (lit. g); für den Warenkauf im Rahmen von Versteigerungen greift diese Sonderreglung, wonach an den Ort der Versteigerung anzuknüpfen ist, bei **Internetversteigerungen** greift die Grundregel nach lit. a) also der gewöhnliche Aufenthaltsort (Sitz) des Providers.
- **Vertrag über Finanzinstrumente innerhalb eines multilateraler System** (lit. h); bei elektronischen Handelssystemen wird an das Recht des multilateralen Systems angeknüpft, dies ist in der Regel das Recht des aufsichtsführenden Staates, z. B. das Recht des Börsenplatzes.

(3) Liegt kein Katalogvertrag vor, so ist nach der **charakteristischen Leistung** zu fragen (Art. 4 Abs. 2 ROM I-VO) und an den gewöhnlichen Aufenthalt des Schuldners dieser charakteristischen Leistung anzuknüpfen. Charakteristisch ist die Leistung, die dem betreffenden Vertragstyp seine Eigenart verleiht, z. B. beim Forderungskauf die Abtretung der verkauften Forderung, beim Mietvertrag die Überlassung der Mietsache, beim Darlehen die Überlassung der Darlehenssumme.

Beispiel 42: Beim Verkauf einer durch Hypothek gesicherten Forderung (also einem Rechtskauf) ist das Recht am gewöhnlichen Aufenthalt des Verkäufers maßgeblich.[71]

Beispiel 43: Bei Verträgen zwischen Cloud Anbietern (von Software) im Internet und (gewerblichen) Nutzern kommt mangels einschlägigen Katalogvertrags Art. 4 Abs. 2 ROM I-VO zum Tragen, wonach auf den gewöhnlichen Aufenthaltsort des Erbringers der „charakteristischen Leistung" abzustellen ist. Befindet sich der Sitz des Cloudanbieters etwa in Frankreich, so wäre französisches Recht anzuwenden.

---

[71] Allerdings ist beim Factoring, dem Forderungsverkauf von Debitoren (Forderungen aus Lieferungen und Leistungen eines Unternehmens), das vorrangige UNIDROIT-Übereinkommen über das internationale Factoring vom 28.5.1988 (BGBl. 1998 II, 172) zu beachten.

(4) „**Ausweichklausel**": Aus der Gesamtheit der Umstände könnte sich eine **offensichtlich engere Beziehung** zu einem anderen Staat ergeben (Art. 4 Abs. 3 ROM I-VO). Von dieser Klausel darf nur sehr zurückhaltend Gebrauch gemacht werden. Im Einzelfall müssen eindeutige Umstände für eine andere als die Regelanknüpfung nach Art. 4 Abs. 1 und 2 ROM I-VO sprechen. Zu dem Ausweichort muss ein enger wirtschaftlicher Zusammenhang bestehen. Haupt- und Nebengeschäft müssen beim gemeinsamen Abstellen auf das Hauptgeschäft zwischen den gleichen Vertragsparteien abgeschlossen worden sein. Folgende Umstände können maßgeblich sein:

- Ort, an dem die Leistung zu erbringen ist (und dieser vom Sitz des Dienstleisters abweicht),
- jeweiliger Sitz der Parteien,
- Lageort des Vertragsgegenstands,
- vertraglich vereinbarte Währung,
- Mitwirkung amtlicher Stellen am Zustandekommen des Vertrages (z. B. Erteilung einer erforderlichen Genehmigung oder bei der Beurkundung).

> **Beispiel 44:** Verleger V mit Sitz in Österreich schließt mit Buchgroßhändler B mit Sitz in Deutschland einen Buch-Lieferungsvertrag. Einige Monate später vereinbaren dieselben Vertragsparteien als Teil des zuvor erwähnten Rahmenabkommens die Rückübertragung von beschädigten Büchern. Auch für den letzteren Vertrag gilt österreichisches Recht, da dies als Nebenabrede zum Hauptvertrag des Verlegers V einzustufen ist (Art. 4 Abs. 3 ROM I-VO). Das isoliert zu betrachtende deutsche Recht des B als „Rückverkäufer" kann hier nicht maßgeblich sein, denn der Hauptvertrag mit V als dem „Hauptverkäufer" weist eine engere Beziehung zum Recht dessen gewöhnlichem Aufenthalt auf, also zum österreichischen Recht.

(5) Lässt sich eine **charakteristische Leistung** nicht bestimmen, so erfolgt die Anknüpfung nach der Generalklausel des Art. 4 Abs. 4 ROM I-VO („engste Verbindung").

> **Beispiel 45:** Unternehmer A mit Sitz in Frankreich und Unternehmer B in Deutschland vereinbaren einen Grundstückstausch, der von einem Notar in Deutschland beurkundet wird. Dann ist auf den Sitz des Notars abzustellen, wenn sich die Grundstücke jeweils im Staat der Vertragspartner befinden. Denn auf die Belegenheit der Grundstücke nach lit. c) kann nicht Bezug genommen werden. Der „Schwerpunkt" dieses Tauschvertrages liegt vielmehr am Abschlussort, namentlich in Deutschland, dem Sitz des Notariats. Es findet deutsches Recht Anwendung.

2.2.5 Spezialfälle objektiver Anknüpfung

Art. 5 bis 8 ROM I-VO stellen insofern ein Korrektiv zur freien Rechtwahl dar, als gewisse **Mindestrechte** zugunsten der Verbraucher, Versicherungsnehmer sowie Arbeitnehmer immer erhalten bleiben sollen. Allerdings enthalten Art. 4 Abs. 3 Art. 5 Abs. 3 und Art. 8 Abs. 4 ROM I-VO wiederum Einschränkungen in der Weise, dass sich aus der Gesamtheit der Umstände keine engere Verbindung zu einem anderen Staat ergibt (**Ausweichklauseln**). Die hierfür zu betrachtenden

Umstände stimmen in der Regel mit denen für eine konkludente Rechtswahl (siehe oben 2.5.2) überein.

Art. 5 ROM I-VO regelt das anwendbare Recht für Verträge sowohl zur **Beförderung von Gütern** als auch von **Personen**.[72] Abs. 1 betrifft die Beförderung von Gütern. Befinden sich der gewöhnliche Aufenthaltsort des Beförderers und der Übernahme- oder der Ablieferungsort oder der gewöhnliche Aufenthaltsort des Absenders in einem Staat, so ist das Recht dieses Staates anzuwenden. Liegen die genannten Ort nicht in einem Staat, so ist das Recht des vereinbarten Ablieferungsorts anwendbar (Abs. 1 S. 2).

> **Beispiel 46:** Frachtführerin A mit Hauptverwaltungssitz in Gütersloh verpflichtet sich über die tschechische Zweigniederlassung, Güter einer britischen Handelskette von Prag nach Wien zu transportieren. Dann ist tschechisches Recht anzuwenden (Art. 5 Abs. 1 S. 1 in Verbindung mit Art. 19 Abs. 2 ROM I-VO).[73] Wurde der Frachtvertrag unmittelbar mit der Hauptverwaltung von A geschlossen, findet österreichisches Recht Anwendung.

Bei Personenbeförderungsverträgen (Art. 5 Abs. 2 ROM I-VO) schränkt der Abs. 1 S. 2 die Rechtswahlmöglichkeit auf die Rechtsordnungen bestimmter Staaten ein. Soweit keine Rechtswahl getroffen wurde, ist das Recht des gewöhnlichen Aufenthalts der zu befördernden Person anwendbar. Das Recht des Aufenthaltsstaats der zu befördernden Person findet dann Anwendung, wenn sich dort der Absende- oder der Zielort befindet. Andernfalls ist das Recht des Beförderers anzuwenden.

> **Beispiel 47:** A bucht einen Flug nach Mallorca mit einer irischen Billigfluglinie. Nach Art. 5 Abs. 2 UAbs. 1 S. 1 ROM I-VO unterliegt der Vertrag deutschem Recht.

Verbraucherverträge (Art. 6 ROM I-VO) erhalten einen besonderen Anknüpfungspunkt, wenn

- ein Verbrauchervertrag geschlossen wurde[74], also auf einer Seite ein Unternehmer, auf der anderen Seite ein Verbraucher steht und
- der Unternehmer im Aufenthaltsstaat des Verbrauchers eine berufliche oder gewerbliche Tätigkeit ausübt (lit. a) oder eine solche auf irgendeinem Weg auf diesen **ausrichtet** (lit. b) und der Vertrag in den Bereich dieser Tätigkeit fällt.

---

[72] Bei der Prüfung eines Falles ist daran zu denken, dass völkerrechtliche Abkommen gem. Art. 25 Abs. 1 ROM I-VO Vorrang vor diesen kollisionsrechtlichen Regelungen haben. Zu prüfen ist demnach, ob etwa das Übereinkommen vom 19.5.1956 über den Beförderungsvertrag im internationalen Straßengüterverkehr (CMR) (BGBl. II 1961, 1119, geändert durch das Protokoll vom 5.7.1978 BGBl. II 1980, 1443) Anwendung findet. Das ist regelmäßig dann der Fall, wenn ein unimodaler Straßentransport stattfindet, also durchgängig als Straßentransport, nicht aber beim multimodalem Transport, also zum Teil auf Schiene oder Flug. Denn dann gilt CMR gerade nicht, so dass alleine Art. 5 Abs. 1 ROM I-VO anzuwenden ist; siehe auch 4.3.2.

[73] Vgl. Leible/Lehmann, Die Verordnung über das auf vertragliche Schuldverhältnisse anzuwendende Recht („Rom I"), RIW 2008, 528 (536).

[74] Dazu zählen auch solche Verträge, deren Erfüllung direkt durch einen Download, etwa von Software, Musik, Filmen oder Büchern, erfolgt.

Zu letzterem Merkmal gibt der Erwägungsgrund 25 der ROM I-VO Auslegungshilfen. Es wird jede Aktivität dazu gezählt, die sich auf das Verhalten des Verbrauchers an seinem Aufenthaltsort auswirken kann. Nicht erforderlich ist jedenfalls eine Zweigniederlassung im Wohnsitzstaat des Verbrauchers.

Art. 6 Abs. 2 ROM I-VO sieht zwar die Möglichkeit der Rechtswahl vor, darf aber gegenüber der objektiven Anknüpfung nicht zu einem niedrigerem Schutzniveau führen.

Sind die Anforderungen an der Verbrauchervertrag (Art. 6 Abs. 1 lit. a) oder b) nicht erfüllt, bleibt es bei der allgemeinen subjektiven (Art. 3 ROM I-VO) oder objektiven Anknüpfung (Art. 4 ROM I-VO).

> **Beispiel 48:** Der Unternehmer mit Sitz in Frankreich bietet auf seiner Webseite Waren auch in deutscher Sprache an. Bestellt der deutsche Verbraucher Waren bei K ist Art. 6 Abs. 1 ROM I-VO maßgeblich. Denn es liegt ein Verbrauchervertrag vor und die Verkaufsaktivität ist auf den deutschen Markt **ausgerichtet.**[75] Es gilt dann deutsches Recht als das Recht am gewöhnlichen Aufenthaltsort des Verbrauchers.

> **Beispiel 49:** Im Verhältnis zwischen **Plattformbetreibern sozialer Netzwerke und Nutzern** sind die eingesetzten Allgemeinen Geschäftsbedingungen einer Inhaltskontrolle ausgesetzt.[76] Bei einer Wahl ausländischen Rechts kommt Art. 6 Abs. 1 ROM-I VO dann zum Tragen, wenn sich der Anbieter an deutsche Verbraucher wendet. Nach Art. 6 Abs. 2 S. 2 ROM-I VO darf die Rechtswahl dann nicht dazu führen, dass dem Verbraucher zwingende Vorschriften des deutschen Rechts vorenthalten werden. Entscheidend ist dabei, dass der Anbieter sozialer Netzwerke auf seiner Webseite auf Verbraucher in Deutschland ausgerichtet ist. Zwingende Vorschriften in diesem Sinne sind etwa die Regelungen zur AGB-Kontrolle (§§ 305 ff. BGB).

> **Beispiel 50:** Als Negativbeispiele gelten die sog. **„Gran-Canaria-Fälle"**, bei denen der Verbraucher sich in einen anderen Staat als den seines gewöhnlichen Aufenthaltes begibt und dort einen Vertrag mit einem Unternehmer abschließt, der ihn gegenüber dem Heimatrecht benachteiligt. Es gilt dann das Recht des Staates, in dem der Vertrag geschlossen wurde. In den nach der bekannten Ferieninsel benannten Fällen war mangels „Auswirkung" auf den Sitz des gewöhnlichen Aufenthaltes des Touristen spanisches Recht anzuwenden. Zwischenzeitlich ist das maßgebliche Recht, z. B. über den Kauf von Zeiteigentum aufgrund einer europäischen Richtlinie vereinheitlicht, so dass die betroffenen Verbraucher nicht mehr gegenüber den deutschen Verbraucherschutzregelungen benachteiligt sind.

---

[75] Im Erwägungsgrund 24 zur ROM I-VO heißt es in Übereinstimmung mit Art. 17 EuGV-VO (Brüssel Ia-VO) dazu, dass die Zugänglichkeit einer Webseite allein nicht ausreicht, um die Anwendbarkeit von Art. 17 zu begründen; vielmehr ist erforderlich, dass diese Webseite auch den Vertragsabschluss im Fernabsatz anbietet. In Übereinstimmung mit Art. 17 EuGVVO muss es aber nicht mehrtatsächlich zu einem Vertragsabschluss im Fernabsatz gekommen sein. Die auf der Webseite die benutzte Sprache oder die Währung sind nicht von Bedeutung. Siehe dazu auch 2.4.2.

[76] Vgl. Solmecke/Dam, Wirksamkeit der Nutzungsbedingungen sozialer Netzwerke, MMR 2012, 71.

Durch einen **Disclaimer auf der Webseite** kann die Anwendung des Rechts wirksam eingeschränkt werden, wenn der Unternehmer sich dann auch tatsächlich an die von ihm vorgegebene räumliche Begrenzung hält.[77]

Ausgenommen vom Anwendungsbereich sind gem. Art. 6 Abs. 4 ROM I-VO Verträge über die Erbringung von

- Dienstleistungen (lit. a), wenn die dem Verbraucher geschuldete Dienstleistung ausschließlich in einem anderen als dem Staat erbracht werden müssen, in dem der Verbraucher seinen gewöhnlichen Aufenthalt hat, z. B. Beherbergungsverträge mit ausländischen Hotels oder Unterrichtsverträge, die im Ausland erfüllt werden sollen;
- Beförderungsverträge (lit. b);
- bei Verträgen, die ein dingliches Recht an unbeweglichen Sachen oder die Miete oder Pacht unbeweglicher Sachen zum Gegenstand haben, mit Ausnahme der Verträge über Teilzeitnutzungsrechte an Immobilien (im Sinne der Richtlinie 94/47/EG). Nach Art. 4 Abs. 1 lit. d ROM I-VO führen diese Verträge zum Recht am Belegenheitsort des Grundstücks. Allerdings bleibt die Möglichkeit einer abweichenden Rechtswahl;
- Rechte und Pflicht in Zusammenhang mit Finanzinstrumenten im Kontext zu Emissionen etc. (lit. d); ausgenommen ist die Erbringung von Finanzdienstleistungen, auf die Art. 6 Abs. 1 und 2 ROM I-VO anwendbar sind;
- die in multilateralen Handelssystemen geschlossenen Verträge, etwa der elektronische Börsenhandel, für die gem. Art. 4 Abs. 1 lit. h) das Recht des aufsichtführenden Staates maßgeblich ist, z. B. das Recht des Börsenplatzes.[78]

Versicherungsverträge über sog. *Großrisiken*[79] unterliegen dem Recht des Staates, in dem der Versicherer seinen gewöhnlichen Aufenthalt hat (Art. 7 Abs. 2 ROM I-VO).[80] Für sog. *Massenrisiken* dürfen die Parteien nur in bestimmten unter Abs. 3 lit. a) bis lit. e) bezeichneten Fällen eine Rechtswahl treffen, womit letztlich die Versicherungsnehmer geschützt werden sollen. So gilt für Versicherungsverträge, dass die Vertragsparteien lediglich das Recht des Mitgliedsstaats wählen dürfen, in dem zum Zeitpunkt des Vertragsschlusses das Risiko belegen ist (Abs. S. 1 3 lit. a). Auf den Ort des gedeckten Risikos (innerhalb oder außerhalb der EU) kommt es grds. nicht an (Abs. 1 S. 1), allerdings gibt es die zuvor beschriebenen Besonderheiten (Abs. 3) bei der Rechtswahl. Soweit die Parteien keine Rechtswahl nach Abs. 3 getroffen haben, unterliegt der Vertrag dem Recht des Mitgliedstaats, in dem zum Zeitpunkt des Vertragsschlusses das Risiko belegen ist (Abs. 3 S. 3). Rückversicherungen sind aus dem Anwendungsbereich dieser Norm ausgenommen (Abs. 1 S. 2). Ist eine *Haftpflichtversicherung* gesetzlich vorgeschrieben wie etwa in Deutschland für Kraftfahrzeuge, so genügt der Versicherungsvertrag der Versicherungspflicht nur, wenn er den von dem die Versicherungspflicht auferlegenden Mitgliedstaat vorgeschriebenen besonderen

---

[77] Siehe dazu oben 1.2.6.

[78] Vgl. *Thorn*, in: Palandt, Rom I-VO Art. 6 Rn. 4 sowie Art. 4 Rn. 21.

[79] Vgl. *Thorn*, in: Palandt, Rom I-VO Art. 7 Rn. 4 und dem Gegenbegriff Massenrisiken Rn. 6.

[80] Wegen der Komplexität dieser Materie soll hier nicht auf Einzelheiten eingegangen werden.

Bestimmungen für diese Versicherung entspricht. Widerspricht sich das Recht des Mitgliedstaats, in dem das Risiko belegen ist, und dasjenige des Mitgliedstaats, der die Versicherungspflicht vorschreibt, so hat das letztere Vorrang (Abs. 4 lit a). Ein Mitgliedstaat kann abweichend von Abs. 2 und 3 vorschreiben, dass auf den Versicherungsvertrag das Recht des Mitgliedstaats anzuwenden ist, der die Versicherungspflicht vorschreibt (Abs. 4 lit. b).

Für **Individualarbeitsverträge** (Art. 8 ROM I-VO) gibt es zugunsten der Arbeitnehmer[81] dreifachen Schutz[82]:

- die Arbeitnehmerschutzvorschriften bleiben unabhängig vom gewählten Recht weiter bestehen; dazu gehören zahlreiche Arbeitnehmerschutzgesetze wie etwa das Allgemeine Gleichbehandlungsgesetz, das Bundesurlaubsgesetz etc.
- es bleibt bei den zwingenden Arbeitnehmerschutzvorschriften, wenn diese günstiger sind (Günstigkeitsprinzip);
- zur weiteren Absicherung gelten die zwingend Bestimmungen des Art. 9 als Eingriffsnormen, z. B. die Regelungen des Entsendegesetztes.[83]

Grundaussage des **Art. 8 Abs. 1** ROM I-VO ist, dass zwar eine **Rechtswahl** (subjektive Anknüpfung) gem. Art. 3 ROM I-VO möglich ist, die dann getroffene Rechtswahl aber nicht dazu führen darf, dass dem Arbeitnehmer der Schutz entzogen wird, den ihm die zwingenden Vorschriften der Rechtsordnung gewähren, die ohne die Rechtswahl maßgeblich gewesen wäre. Mit dieser Regelung soll verhindert werden, dass durch eine Rechtswahlklausel im Arbeitsvertrag die an sich zwingenden arbeitsrechtlichen Schutzvorschriften umgangen werden. Welches Recht bei Fehlen einer Rechtswahl maßgebend ist, regeln Abs. 2 bis 4. Nach **Abs. 2** erfolgt eine **objektive Anknüpfung** in der Weise, dass der Arbeitsvertrag dem Recht des Staates unterliegt, in dem oder von dem aus der Arbeitnehmer den Arbeitsvertrag erfüllt. Abgestellt wird dabei auf den Staat, in dem die Arbeit gewöhnlich verrichtet wird, was sich durch eine vorübergehende Auslandstätigkeit nicht ändert. **Abs. 3** verweist im Falle ständig wechselnder Tätigkeit auf das Recht der Niederlassung, mit der der Arbeitsvertrag abgeschlossen wurde. Schließlich ist **Abs. 4** als **Eingriffsnorm** zu verstehen, die bei einer engeren Verbindung zu einem anderen Staat, dessen Geltung anordnet.[84]

---

[81] Der EuGH C-66/85, Slg. 1986, 2121, NJW 1987, 1138 definiert das Arbeitsverhältnis wie folgt: „Das wesentliche Merkmal des Arbeitsverhältnisses besteht darin, dass jemand während einer bestimmten Zeit einem anderen nach dessen Weisung Leistungen erbringt, für die er als Gegenleistung eine Vergütung erhält."

[82] Vgl. Mauer/Stadtler, Die Vereinheitlichung des internationalen Arbeitsrechts durch die EG-Verordnung Rom I, RIW 2008, 544; Reichel/Spieler, Vertragsgestaltung bei internationalem Arbeitseinsatz, BB 2011, 2741 (2743).

[83] Gesetz vom 26.2.1996, BGBl. I, 227, neu gefasst durch Art. 10 des Gesetzes vom 16.12.1997 (BGBl, 2970) zur Umsetzung der Arbeitnehmer-Entsenderichtlinie 96/71/EG. Dieses umschließt Höchstarbeitszeiten, Mindestruhezeiten, Mindesturlaub etc.

[84] Diese Eingriffsnorm spielt für Grenzgänger eine große Rolle. Kriterien für eine engere Verbindung zum Wohnsitzstaat können die Zahlung des Gehalts, die Versteuerung der Einkünfte, die Sozialversicherungspflicht etc. jeweils im Wohnsitzstaat sein; vgl. EuGH C-64/12, EuZW 2013, 825 „Schlecker"; siehe auch Lüttringhaus, Die „engere Verbindung" im europäischen internationalen Arbeitsrecht, EuZW 2013, 821.

Beispiel 51: Eine Flugbegleiterin (Stewardess) ist bei einer US-amerika-nischen Fluglinie beschäftigt. In dem Arbeitsvertrag ist die Anwendung US-amerikanischen Rechts vereinbart. Es wurde also eine ausdrückliche Rechtswahl getroffen. Wurde die Flugbegleiterin von der Niederlassung in Frankfurt eingestellt, so ist das deutsche zwingende Arbeitsrecht gegenüber dem US-Recht vorrangig zu behandeln, etwa die Anwendung des deutschen Teilzeit- und Befristungsgesetzes. Wurde die Stewardess von der US-Zentrale eingestellt, ist fraglich, ob Art. 9 ROM I-VO als Eingriffsnorm anzuwenden ist. Der BAG hat dies verneint, weil § 8 Teilzeit- und Befristungsgesetz, der einen Anspruch auf Teilzeit gewährt, in der Hauptsache den Ausgleich (pri-vater) widerstreitender Interessen bezwecke, somit keine Sonderanknüpfung rechtfertige.[85]

Beispiel 52: Eine Stewardess deutscher Nationalität mit Wohnsitz in Deutsch-land ist bei einer US-amerikanischen Fluggesellschaft mit Sitz in Illinois/USA beschäftigt. Nachdem die Stewardess nunmehr in Frankfurt/Main stationiert ist und von dort aus Interkontinentalflüge in die USA durchführt fragt es sich, welches Recht Anwendung findet. Mangels Rechtswahl ist Art. 8 Abs. 2 ROM I-VO einschlägig. Da hier der Schwerpunkt der Arbeitsleistung innerhalb gewisser Staatsgrenzen nicht eindeutig bestimmt werden kann, bestimmt sich das anwendbare Recht nach Art. 8 Abs. 3 ROM I-VO, also dem Recht der Einstellungsniederlassung, namentlich das Recht des Bundesstaates Illinois (durch die Unteranknüpfung nach Art. 22 Abs. 1 ROM I-VO).[86]

Für das **kollektive Arbeitsrecht** gilt Art. 8 ROM I-VO nicht. Vielmehr ist für das internationale **Betriebsverfassungsrecht** das **Territorialitätsprinzip** heranzuzie-hen. Das deutsche Betriebsverfassungsgesetz gilt demzufolge unabhängig vom jeweiligen Arbeitsvertragsstatut für alle im Inland gelegenen Betriebe inländi-scher oder ausländischer Unternehmen.[87] Das auf **Tarifverträge** anwendbare Tarifvertragsstatut können die Parteien durch ausdrückliche oder konkludente Rechtswahl bestimmen. In Ermangelung einer Rechtswahl ist dasjenige Recht maßgeblich, zu dem die engste Verbindung besteht (Art. 4 Abs. 4 ROM I-VO). Maßgeblich ist danach, in wessen Bereich der Tarifvertrag seinen räumlichen Schwerpunkt hat bzw. ein davon abweichendes Aufenthaltsrecht der Parteien.

Neben Art 5 bis 8 ROM I-VO sind noch die **Eingriffsnormen (Art. 9 Rom I)** zu beachten. Dabei handelt es sich um zwingende Vorschriften, deren Einhaltung von einem Staat als so entscheidend für die Wahrung seines öffentlichen Inte-resses angesehen wird, dass sie allen anderen Regelungen vorgehen (Abs. 1). Zu den Eingriffsnormen im öffentlichen Recht zählen z. B. die Regelungen des Außenwirtschaftsrechts, Embargobestimmungen, das Devisenbewirtschaf-tungsrecht sowie das Berufs- und Gewerberecht.[88] Auf dem Gebiet des Son-derprivatrechts ist der Verbraucherschutz zu erwähnen, wobei dann allerdings ein Konkurrenzverhältnis zum vorrangigen Art. 6 Abs. 1 ROM I-VO besteht. Ein

---

[85] BAG, RIW 2008, 644.
[86] LAG Frankfurt/Main, IPrax 2001, 461.
[87] BAG, NZA 2000, 1119:
[88] Zur Zustimmungspflicht des Integrationsamtes im Falle der Kündigung eines Schwer-behinderten siehe BAG, RIW 2016, 375 „Seeleute auf Hochseeschiffen"; siehe auch 5.3. zu den internationalen Lizenzverträgen im Urheberrecht.

Anwendungsbereich bleibt etwa im Hinblick auf die Regelungen des Haustürwiderrufsgeschäfts. Auf dem Gebiet des Arbeitnehmerschutzrechts, das ebenfalls zu den zwingenden Normen zählt, wurden durch das Arbeitnehmerentsendegesetz[89] weite Bereiche zu Eingriffsnormen erklärt. Inländische Eingriffsnormen kommen im Wege der Sonderanknüpfung zum Tragen und führen zur Anwendung des Rechts des Gerichtsstands (Abs. 2).

> **Beispiel 53:** Eine deutsche Mandantin vereinbart mit ihrer Rechtsanwältin, die sowohl in den USA als auch in Deutschland zugelassen ist, ein Erfolgshonorar für die Abwicklung eines Nachlasses in Höhe von 10 % der ausgezahlten Nachlasssumme sowie die Anwendung des Rechts von New York City (N.Y.C). Nachdem der Nachlass auf den Mandant übergegangen war, verlangte die Rechtsanwältin von der Mandantin den entsprechenden Betrag. Demgegenüber wendet die Mandantin ein, dass eine solche Vereinbarung nach deutschem Recht unwirksam sei.[90] Hat die Mandantin Recht? Nach Art. 3 ROM I-VO liegt eine ausdrückliche Rechtswahl des Recht von N.Y.C. vor, wonach eine solche Honorarvereinbarung wirksam ist. Allerdings könnte hier die Eingriffsnorm des Art. 9 Abs. 2 ROM I-VO gegen die Anwendung dieser Vereinbarung stehen. Denn nach § 49b Bundesrechtsanwaltsordnung (BRAO) in Verbindung mit § 4a Rechtsanwaltsvergütungsgesetz (RVG) ist eine solche Honorarvereinbarung, die auf der erfolgreichen Abwicklung eines Geschäfts beruht, grds. unwirksam.[91] Die Idee dahinter ist, dass der Rechtsanwalt als Organ der Rechtspflege sich nicht (zu sehr) vom Mandanten abhängig macht. Daher ist die hier getroffene Vereinbarung nichtig (§ 134 BGB). Die Rechtsanwältin hat keinen Anspruch auf Zahlung des Erfolgshonorars.

Nach Art. 9 Abs. 3 ROM I-VO kann ausnahmsweise auch eine ausländische Eingriffsnorm zu Anwendung gelangen, wenn es um die Erfüllung eines Vertrages im Sinne eines Leistungserfolges geht. Zudem hat die Rechtsprechung berechtigte ausländische Eingriffsnormen etwa im Fall eines Verstoßes gegen die guten Sitten anerkannt.[92]

Die Schutzregelungen der Art. 5 bis 8 ROM I-VO gehen jeweils als *lex specialis* dem Art. 9 ROM I-VO vor.

Quasi als letzter „Filter" ist noch Art. 21 ROM I-VO (in Verbindung mit Art. 6 EGBGB) zu beachten, der den **„ordre-public" Vorbehalt** enthält.[93] Diese Regelung ermöglicht die Nichtanwendung ausländischen Rechts zum Schutz der öffentlichen Ordnung. Wie aus dem Erwägungsgrund 37 zur ROM I-VO ersichtlich, soll von diesem Vorbehalt allerdings nur unter außergewöhnlichen Umständen Gebrauch gemacht werden.

---

[89] Korrekturgesetz zum Arbeitnehmerentsendegesetz vom 19.12.1998 (BGBl. 3843).
[90] Vgl. OLG Frankfurt/Main, RIW 2001, 374 sowie BGH, NJW 2003, 3486.
[91] Ein solches Erfolgshonorar darf nur für den Einzelfall und nur dann vereinbart werden, wenn der Mandant aufgrund der wirtschaftlichen Verhältnisse ohne die Vereinbarung eines solchen Erfolgshonorars von der Rechtsverfolgung abgehalten würde. Im Einzelnen muss die Vereinbarung unter anderem enthalten: die voraussichtliche gesetzliche Vergütung sowie die Angabe, welche Vergütung bei Eintritt welcher Bedingung verdient werden soll. Diese Bedingungen waren in diesem Fall beide nicht erfüllt.
[92] BGH, BGHZ 34, 165.
[93] Siehe dazu oben 1.2.6.

Beispiel 54: Würde ein Arbeitnehmer durch Vereinbarung ausländischen Rechts auf den Kündigungsschutz verzichten, so stünde dies in erheblichem Widerspruch zu unserer Rechtsordnung und würde keine Anwendung finden.[94]

2.2.6 Aufgabe 3 („Online-Kauf in Frankreich")

K, ein Verbraucher mit Sitz in Jena, bestellt Ware online über die auch an deutsche Kunden gerichtete Webseite des V, der seinen Sitz in Paris hat. Auf dieser Webseite heißt es in einer Klausel der Allgemeinen Geschäftsbedingungen (AGB), dass französisches Recht zur Anwendung komme. V bestätigt die Bestellung und sendet die bestellte Ware nach Jena, wo diese auch bei K eintrifft. K widerruft 18 Tage nach Eingang der bestellten Ware seine Bestellung. Die gesetzliche Widerrufsfrist beträgt sowohl nach deutschem Recht als französischem Recht zwei Wochen, dagegen räumt V in seinen AGB eine Widerrufsfrist von vier Wochen ein. Nachdem K trotz Zahlungsaufforderung den Kaufpreis nicht zahlt, verklagt V den K vor dem zuständigen Gericht in Jena auf Kaufpreiszahlung. K wendet ein, dass er diesen Vertrag rechtzeitig widerrufen habe.

Welches Recht findet Anwendung?

Lösung:

1. Es handelt sich um einen Sachverhalt mit Auslandsberührung, weil die Vertragsparteien in verschiedenen Mitgliedstaaten ihren Sitz haben (Art. 3 S. 1 am Ende EGBGB, siehe auch Art. 46b EGBGB für Verbraucherschutzfälle).
2. Allerdings könnte hier die völkerrechtliche Regelung des UN-Kaufrechts (CISG) vorgehen (Art. 3 Nr. 2 EGBGB), die unmittelbar deutsches Recht geworden ist. Dann müsste UN-Kaufrecht anwendbar sein. Da V Unternehmer und K Verbraucher ist, es sich also um einen Verbrauchervertrag handelt, kommt gem. Art. 2 lit. a) CISG UN-Kaufrecht nicht zur Anwendung.
3. Die maßgebliche Kollisionsnorm ist die ROM I-VO, weil es im vorliegenden Fall um einen Kaufvertrag als schuldrechtliches Geschäft geht (Art. 3 Nr. 1 EGBGB).
4. Anwendung findet das Vertragsstatut. Qualifikationsfragen im eigentlichen Sinne stellen sich hier nicht, da die Zuordnung (Subsumtion) zum Vertragsrecht einfach gelagert ist.
5. Hier wurde subjektiv angeknüpft, denn die Vertragsparteien haben (zunächst) eine Rechtswahl, namentlich des französischen Rechts, getroffen (Art. 3 ROM I-VO).
6. Somit erfolgt eine Verweisung auf französisches Recht, und zwar als Sachnormverweisung auf ausländisches Recht ohne die Möglichkeit der Rückverweisung (Art. 3a EGBGB, Art. 20 ROM I-VO).

---

[94] BAG, NJW 1979, 1119.

7. Als Vorfrage ist zu klären, ob der Widerruf auch für die Rechtswahlvereinbarung gilt. Art. 3 Abs. 5 ROM I-VO verweist auf die Bestimmung des Art. 10 ROM I-VO. Letztere Norm regelt das Zustandekommen und die materielle Wirksamkeit eines Schuldverhältnisses oder einer seiner Bestimmungen und gilt auch für eine für diesen Hauptvertrag geschlossene Rechtswahlvereinbarung[95]. Diese Regelung bringt zum Ausdruck, dass sich die Wirksamkeit des Vertrages oder einer seiner Bestimmungen nach dem Recht richtet, das nach dieser Verordnung anzuwenden wäre, wenn der Vertrag oder die Bestimmung wirksam wären. Dann aber behielte die subjektive Anknüpfung, namentlich die durch Anwendung der AGB des V vereinbarte Rechtswahl des französischen Rechts sowie die dort genannte vierwöchige Widerrufsfrist weiterhin Bedeutung.

8. Allerdings könnte gegen diese Zuweisung eine Eingriffsnorm sprechen (Art. 9 Abs. 1 ROM I-VO), denn zu diesen unverzichtbaren Bestimmungen zählt der Verbraucherschutz, wie er in diesem Fall angesprochen ist[96]. Fraglich ist das Verhältnis des Art. 9 zu Art. 6 Abs. 1 ROM I-VO. Art. 6 ROM I-VO ist als *lex specialis* die vorrangig zu berücksichtigende Norm bei Verbraucherverträgen. Da die Webseite des V auch auf deutsche Verbraucher ausgerichtet ist (Abs. 1 lit. b) unterliegt dieser Vertrag dem Recht, in dem K seinen gewöhnlichen Aufenthalt hat, also deutschem Recht.

Allerdings regelt Art. 6 Abs. 2 ROM I-VO eine *Sonderanknüpfung*. Nach dieser Norm ist eine Rechtswahl (auch durch AGB) dann maßgeblich, wenn dem Verbraucher nicht der Schutz entzogen wird, der ihm das an sich zuständige deutsche Recht gewährt. Die Verbraucherschutzregelungen sind europaweit harmonisiert und stellen K nach französischem Recht nicht schlechter als in Deutschland. Zudem würde eine objektive Anknüpfung (also die Nichtbeachtung der AGB-Regelungen) den deutschen Verbraucher schlechter stellen als die vertraglich gewährte Frist von vier Wochen, was einen Verstoß gegen das *Günstigkeitsprinzip* im Verbraucherschutzrecht darstellen würde.

Als *Ergebnis* ist festzuhalten, dass französisches Recht gilt. Es ist also die subjektive Anknüpfung maßgeblich.

2.2.7 Geltungsbereich des Vertragsstatuts und Formanknüpfung

Nach **Art. 10 ROM I-VO** soll möglichst eine einzige Rechtsordnung über das Zustandekommen des Rechtsgeschäfts entscheiden. Nach **Abs. 1** bestimmt das Vertragsstatut insbesondere über Angebot und Annahme als äußerer Konsens, die Einbeziehung und Wirksamkeit von Allgemeinen Geschäftsbedingungen sowie die Beachtung von Willensmängeln.

> **Beispiel 55:** Ein englischer Kaufmann E bestellt beim deutschen Softwarehouse D eine Spezialsoftware durch Brief/E-Mail. Noch vor Absendung der Bestellbestätigung ruft E bei D an und widerruft die Bestellung. D be-

---

[95] *Thorn*, in: Palandt, ROM I-VO Art. 10 Rn. 1.
[96] *Thorn*, in: Palandt, ROM I-VO Art. 9 Rn. 8.

ruft sich auf die Bindungswirkung des Vertragsangebots (§ 145 BGB). Nach Art. 10 Abs. 1 ROM I-VO ist deutsches Recht anzuwenden, denn für die Frage der Übereinstimmung zwischen Angebot und Annahme (äußerer Konsens) ist deutsches Recht maßgeblich. Der zwischen den Parteien angestrebte Vertrag ist ein Dienstvertrag. Nach Art. 4 Abs. 1 lit. b) ROM I-VO ist auf den gewöhnlichen Aufenthalt des Dienstleisters, also D, abzustellen. Es gilt deutsches Recht, das für solch eine Bestellung im Gegensatz zu englischem Recht Bindungswirkung entfaltet.

Abs. 2 behandelt eine Ausnahme insofern, als die Zustimmung einer Partei unter gewissen Voraussetzungen nicht nur dem Vertragsstatut sondern auch (kumulativ) dem Aufenthaltsrecht dieser Partei unterliegt.

Beispiel 56: Das Schweigen auf ein kaufmännisches Bestätigungsschreiben wird nach deutschem Gewohnheitsrecht als Zustimmung angesehen. Wird ein solches Bestätigungsschreiben durch einen deutschen Vertragspartner einem französischen Vertragspartner zugesandt, so kann dies nach deutschem Recht nicht mit dieser Zustimmungswirkung bedacht werden. Ein Vertrag kommt dann nicht zustande.

Art. 11 ROM I-VO hat einen eigenständigen Anknüpfungspunkt für die Formgültigkeit zum Gegenstand. Grundsätzlich wird zwischen Platzgeschäften und Distanzgeschäften unterschieden.[97] Ein Vertrag zwischen Personen, die sich **in demselben Staat** befinden ist formwirksam, wenn dieser entweder die Formerfordernisse erfüllt, die sich aus dem „normalerweise" anzuwenden Recht ergeben oder die des **Staates, in dem der Vertrag geschlossen wird**.

Befinden sich die Vertragsparteien in verschiedenen Staaten, so ist der Vertrag formwirksam, wenn er die Formerfordernisse des nach ROM I-VO anzuwendenden Rechts erfüllt oder die eines der Staaten, in denen sich ein Vertragspartei befindet oder sie zum Zeitpunkt des Vertragsschlusses ihren gewöhnlichen Aufenthalt (Art. 19 ROM I-VO) hatte **(Art. 11 Abs. 2 ROM I-VO)**.

Art. 11 Abs. 3 ROM I-VO betrifft einseitige Rechtsgeschäfte. Bei Verbraucherverträgen ist nach **Art. 11 Abs. 4 ROM I-VO** das Recht des Staates maßgebend, in dem der Verbraucher seinen gewöhnlichen Aufenthalt hat. **Art. 11. Abs. 5 ROM I-VO** betrifft die Formgültigkeit von Immobilienverträgen. Sie unterliegen den Formvorschriften der Belegenheit des Grundstücks, wenn diese international zwingend sind, wozu § 311b Abs. 1 BGB allerdings nicht gehört.

Beispiel 57: Die deutschen Staatsbürger V und K schließen einen schriftlichen Kaufvertrag in Dänemark, wo die notarielle Form nicht vorgeschrieben ist, über ein in Deutschland belegenes Grundstück. Dies geschieht, um die in Deutschland anfallenden Notarkosten zu sparen. Die Formwirksamkeit richtet sich zwar grds. nach dem Recht der belegenen Sache, also deutschem Recht. Dies schreibt nach § 311b Abs. 1 BGB die notarielle Form vor, fällt gleichwohl nicht unter den Anwendungsbereich des Art. 11 Abs. 5 ROM I-VO, weil das deutsche Recht diesen Anspruch für schuldrechtliche Verträge über inlän-

---

[97] Clausnitzer/Woopen, Internationale Vertragsgestaltung – Die neue EG-Verordnung für grenzüberschreitende Verträge (Rom I-VO), BB 2008, 1798 (1805).

dische Grundstücke erhebt.[98] Somit kann dieser Kaufvertrag wirksam nach dänischem Recht (es genügt Schriftform) abgeschlossen werden. Die Umgehungsabsicht spielt keine Rolle, da der deutsche Gesetzgeber eine solche Umgehung bewusst in Kauf genommen hat (kein „fraudulentes" Geschäft).

Die **Geschäftswirkungen** folgen aus Art. 12 ROM I-VO, und zwar (nicht abschließend) für

- die Auslegung,
- die Erfüllung (mit Sonderanknüpfung des Rechts am tatsächlichen Erfüllungsort nach Art. 12 Abs. 2 ROM I-VO)
- die Nichterfüllung und Leistungsstörungen,
- das Erlöschen der vertraglichen Verpflichtungen einschließlich der Verjährung, dem Rechtsverlust durch Zeitablauf (Verwirkung) und der Aufrechnung (Art. 17 ROM I-VO)
- die Nichtigkeitsfolgen (insoweit geht das Vertragsstatut dem Bereicherungsstatut nach Art. 10 Abs. 1 ROM II-VO vor),
- die gesetzlichen Vermutungen und die Beweislast (Art. 18 ROM I-VO).

2.2.8 Forderungsübergang und Abtretung

Die **Forderungsabtretung** ist in Art. 14 ROM I-VO geregelt. Die Anknüpfung erfolgt unterschiedlich für das *Grundgeschäft* (das zwischen dem Altgläubiger und dem Neugläubiger vorliegt, z. B. Forderungskauf, Factoring), dem *Forderungsstatut* (das der Forderung zugrunde liegende Geschäft, z. B. ein Kaufvertrag) und dem *Verhältnis von Schuldner zum Neugläubiger*. Für das Grundgeschäft sind Art. 3 und 4 ROM I-VO maßgeblich (Art. 14 Abs. 1 ROM I-VO), für das Forderungsstatut sind gesondert Art. 3 oder 4 ROM I-VO heranzuziehen, im Verhältnis Schuldner zu Neugläubiger ist das Forderungsstatut anzuwenden (Art. 14 Abs. 2 ROM I-VO).

Der gesetzliche Forderungsübergang wird in **Art. 15 ROM I-VO** berücksichtigt. Zahlt etwa ein Bürge in Deutschland für eine Verbindlichkeit eines italienischen Hauptschuldners, so geht die Forderung gegen den Hauptschuldner kraft Gesetzes (§ 774 BGB) auf den Bürgen über. Dieser Abtretungsgrund (Zessionsgrund) ist für die Verpflichtung des Dritten (dem Bürgen) maßgebend. *Zessionsstatut* ist hier deutsches Recht, da der Bürge in Deutschland ansässig ist. Das *Forderungsstatut* (also die Frage, welche Einreden dem Schuldner zustehen) richtet sich nach italienischem Recht (Art. 1945 codice civile).

Für die **Aufrechnung** gem. **Art. 17 ROM I-VO** gilt das Recht der Hauptforderung, also derjenigen Forderung, gegen die aufgerechnet wird.

> **Beispiel 58:** Verkäufer mit Sitz in China verkauft einem deutschen Kaufmann Ware, die mit erheblicher Verspätung eintrifft. Der deutsche Kaufmann rechnet nunmehr seine Schadensersatzansprüche gegen den Anspruch auf Kaufpreiszahlung auf. Es findet chinesisches Recht Anwendung. Denn im Hinblick auf das grds. vorrangige UN-Kaufrecht liegt eine (externe) Lücke vor (die Aufrechnung ist dort nicht geregelt) und nach deutschem IPR wird

---

[98] *Thorn*, in: Palandt, ROM I-VO Art. 11 Rn. 16.

gem. Art. 4 Abs. 1 lit. a) ROM I-VO an das Recht des gewöhnlichen Aufenthalts (Sitz) des Verkäufers angeknüpft, das zum chinesischen Recht führt.

2.2.9 Aufgabe 4 („Bürge in Malaga")

Die Klägerin (eine Gesellschaft englischen Rechts mit Sitz in Gibraltar) schloss in Malaga/Spanien mit der R-GmbH (einer Gesellschaft mit Sitz in Deutschland) einen Vertrag über den Verkauf von 3.000 Jeans an die R-GmbH. Zwei Tage vor Vertragsschluss hatte der Notar Dr. H. in Berlin eine Bürgschaftserklärung des Beklagten (Alleingesellschafter und Geschäftsführer der R-GmbH) beurkundet. Danach übernahm der Beklagte für die der Klägerin zustehende Kaufpreisforderung die selbstschuldnerische Bürgschaft. Mit Einverständnis des Beklagten übermittelte der Notar der Klägerin zu Händen ihres gesetzlichen Vertreters an dessen Wohnsitz in Malaga/Spanien nach Abschluss des Kaufvertrages per Fax die beurkundete Bürgschaftserklärung. Die Original-Bürgschaftserklärung wurde der Klägerin nie ausgehändigt.[99] Haftet der Beklagte aus der Bürgschaft?

Lösung:

Ob der Beklagte als Alleingesellschafter und Geschäftsführer der R-GmbH aus der Bürgschaft haftet hängt zunächst davon ab, welches Recht zur Anwendung kommt.

1) Anwendbares Recht

Nach Art. 3 Nr. 1a) EGBGB geht die ROM I-VO über die vertraglichen Schuldverhältnisse den Regelungen des EGBGB in diesem Bereich vor. Nach Art. 1 Abs. 1 ROM I-VO ist der Anwendungsbereich für vertragliche Schuldverhältnisse in Zivil- und Handelssachen gegeben. Durch Art. 2 ROM-IVO kommt zum Ausdruck, dass auch eine Verweisung auf das Recht außerhalb eines Mitgliedstaates erfolgen kann (universelle Anwendung).

Nach Art. 3 ROM I-VO gilt der Grundsatz der freien Rechtswahl, wonach die maßgeblichen Vertragsparteien das anzuwendende Recht frei wählen können.

Im vorliegenden Fall geht es um einen Anspruch aus einer schuldrechtlichen Verpflichtung (Bürgschaftserklärung), die im Rahmen eines Bürgschaftsvertrages abgegeben wurde. Eine Regelung über das anwendbare Recht wurde allerdings nicht getroffen.

Da die speziellen Regelungen der Art. 5 bis 8 (Beförderungsvertrag, Verbrauchervertrag, Versicherungsvertrag, Individualarbeitsvertrag) nicht einschlägig sind, ist Art. 4 ROM I-VO heranzuziehen.

Ein Katalogvertrag nach Art. 4 Abs. 1 ROM I-VO, wie etwa der Kaufvertrag (lit. a) oder ein Dienstvertrag (lit. b) sind nicht zwischen der Klägerin (englische Gesellschaft mit Sitz in Gibraltar) sowie der R-GmbH (deutsche Gesellschaft mit Sitz in Deutschland) geschlossen worden. Demzufolge ist auf

---

[99] BGH, BGHZ 121, 224 (227).

die charakteristische Leistung nach Art. 4 Abs. 2 ROM I-VO abzustellen. Der Vertrag unterliegt also dem Recht des Staates, in dem die Partei in dem die charakteristische Leistung erbracht wird, ihren gewöhnlichen Aufenthalt hat.

Da der beklagte Bürge seinen gewöhnlichen Aufenthalt im Geltungsbereich der deutschen Rechtsordnung hat – die Bürgschaftsübernahme ist die charakteristische Verpflichtung – findet deutsches Recht Anwendung.

2) Besondere Regelungen zur Schriftform

Nach deutschem Recht wird für die Bürgschaftserklärung die Schriftform dann verlangt, wenn der Bürge nicht im Rahmen eines Handelsgeschäfts tätig wird. Zwar wurde hier vom Notar Dr. H. in Berlin die Bürgschaftserklärung beurkundet und somit (maior ad minus) sicherlich auch die Schriftform erfüllt, aber es erfolgt keine schriftliche Erteilung, denn der Bürge hat sich nicht der Original-Bürgschaftsurkunde „entäußert", was dazu führt (so der BGH),[100] dass die Bürgschaftserklärung der notwendigen Schriftform ermangelt. Denn es wurde lediglich ein Fax der Bürgschaftsurkunde übermittelt. Daran ändert auch der Umstand nichts, dass der Beklagte als Alleingesellschafter und Geschäftsführer tätig wurde. Wäre der Bürge als Kaufmann und damit die Bürgschaftserklärung als Handelsgeschäft anzusehen, so würde dieser nach deutschem Recht von dem Schriftformerfordernis befreit (§ 350 HGB). Gesellschafter und Geschäftsführer (Letzterer als Organ des Formkaufmanns R-GmbH, § 6 Abs. 2 HGB) werden aber nicht kaufmännisch tätig.

Die *Formwirksamkeit* könnte sich aber daraus ergeben, dass – isoliert für die Formfrage – das Recht eines anderen Staates anzuwenden wäre (gem. Art. 11 ROM I-VO). Es könnte auf den *Vornahmeort* (Abschluss des Geschäfts gem. Art. 11 Abs. 1 2. Fall ROM I-VO) abgestellt werden.

Bei einem Distanzgeschäft – wie vorliegend (der Notar übermittelt die Bürgschaftserklärung der Klägerin zu Händen ihres gesetzlichen Vertreters an dessen Wohnsitz in Malaga/Spanien) genügt es nach Art. 11 Abs. 2 ROM I-VO, wenn das *Ortsrecht* auch nur *einer der beteiligten Parteien* den Vertrag als wirksam erachtet. Dazu kommt noch Art. 11 Abs. 3 ROM I-VO in Betracht, der bei einseitigen Geschäften (wie hier die Bürgschaftserklärung, die also nur den Bürgen verpflichtet) zum Ausdruck bringen, dass das Recht des maßgeblichen Abschlussvertreters herangezogen werden kann (also der Vornahmeort).

Da der Bürgschaftsvertrag im vorliegenden Fall durch den in Spanien ansässigen Vertreter der Klägerin geschlossen wurde, kommt es auf spanisches Recht an.

Nach spanischem Recht ist es aber genau umgekehrt zur Rechtslage in Deutschland so, dass die zivilrechtliche Bürgschaftserklärung (im Gegensatz zu einer solchen im Rahmen eines Handelsgeschäfts) **keiner Form** bedarf.

Da der Alleingesellschafter und Geschäftsführer der R-GmbH also ohne Formeinhaltung nach spanischem Recht wirksam eine Bürgschaftserklärung abgeben konnte, war diese gegenüber der Klägerin wirksam abgegeben worden.

Ergebnis: Der Beklagte haftet als (selbstschuldnerischer) Bürge.

---

[100] BGH, BGHZ, 121, 224.

2.3 IPR der außervertraglichen Schuldverhältnisse

Auch außervertragliche Schuldverhältnisse haben im internationalen Wirtschaftsrecht Bedeutung, wenn auch nicht den Stellenwert, wie die vertraglichen Schuldverhältnisse. Es sollen daher einige Schwerpunkte gebildet werden, die den Interessen gerade kleiner und mittelständischer Unternehmen gerecht werden. Im Folgenden wird zunächst der Anwendungsbereich der ROM IIVO sowie der subsidiären Art. 40 bis 42 EGBGB bestimmt (2.3.1), danach erfolgt die Darstellung der Grundfälle subjektiver und objektiver Anknüpfung (2.3.2), weiterhin ist auf Sonderregeln einzelner Deliktstypen einzugehen (2.3.3), schließlich der Geltungsbereich des Deliktsstatuts (2.3.4) sowie die sonstigen Regeln (2.3.5) zu erörtern.

2.3.1 Anwendungsbereich der ROM II-VO

Der Anwendungsbereich der ROM II-VO bezieht sich auf außervertragliche Schuldverhältnisse einschließlich den Fällen der ungerechtfertigten Bereicherung (Art. 10 ROM II-VO), der Geschäftsführung ohne Auftrag (Art. 11 ROM II-VO) sowie dem Verschulden bei Vertragsverhandlungen (Art. 12 ROM II)[101] in Zivil- und Handelssachen, die eine Verbindung zum Recht verschiedener Staaten aufweisen (Art. 1 Abs. 1 Rom II, EG/864/2007). Sie gilt insbesondere nicht für Steuer- und Zollsachen, verwaltungsrechtliche Angelegenheiten oder die Haftung des Staates für Handlungen oder Unterlassungen im Rahmen der Ausübung hoheitlicher Rechte („acta iure imperii") außervertraglicher Schuldverhältnisse.

Art. 1 Abs. 2 ROM II-VO regelt zahlreiche **Anwendungsausschlüsse**. Von großer praktischer Bedeutung ist die Ausnahme der Verletzung der Privatsphäre oder der Persönlichkeitsrechte, einschließlich der Verleumdung (lit. g). Dann kommen Art. 40 bis 42 EGBGB (wieder) zur Anwendung, die gegenüber der ROM II-VO grds. subsidiär sind.

Für den Schutz außervertraglicher Rechte etwa bei der Verletzung von Persönlichkeitsrechten, ist in Deutschland Art. 40 EGBGB maßgeblich (Schutzlandprinzip), der auf den Ort der unerlaubten Handlung (Handlungsort) abstellt. Allerdings kann der Verletzte verlangen, dass anstelle dieses Rechts das Recht des Staates angewendet wird, in dem der Erfolg eingetreten ist (Bestimmungsrecht des Verletzten).

> **Beispiel 59:** Die New York Times Online veröffentlicht einen Bericht, der einen deutschen Staatsbürger D in seiner Ehre verletzt (verleumderische Äußerung). In Deutschland gibt es zahlreiche Abonnenten dieses Online-Dienstes. Wenn sich D gegen diesen Bericht zur Wehr setzen will, hat er die Wahl zwischen dem Recht des Staates New York City als dem Handlungsort

---

[101] Auf diese speziellen Fälle wird hier nicht weiter eingegangen. Immerhin ist nunmehr unstreitig, dass die Fälle des Verschuldens bei Vertragsabschluss dem außervertraglichen Recht zuzuordnen sind. Zu Einzelheiten siehe Erwägungsgründe 29 f.; zur autonomen Qualifizierung des Verschuldens bei Vertragsabschluss siehe *Thorn*, in: Palandt ROM II-VO Art. 12 Rn. 2.

(maßgeblich ist der Erscheinungsort) und deutschem Recht als dem Erfolgsort (dort kann unter regelmäßigen Umständen der Bericht abgerufen werden). Allerdings muss dieses Bestimmungsrecht durch D auch tatsächlich, und zwar bis zum Ende des frühen ersten Termins oder dem Ende des schriftlichen Vorverfahrens, ausgeübt werden (Art. 40 Abs. 1 S. 3 EGBGB, siehe auch Beispiel 74).

Wie auch bei der ROM I-VO, gilt die Regelung auch für Verweise auf das Recht dritter Staaten etwa das der USA (Art. 3 ROM II-VO, **universelle Anwendung**).

Beispiel 60: Macht ein deutscher Obstbauer Schadensersatzansprüche gegen einen US-amerikanischen Chemiekonzern aus Produkthaftung geltend, so beurteilt sich das anwendbare Recht trotz Drittstaatenbezug nach der ROM II-VO.[102]

2.3.2 Grundfälle subjektiver und objektiver Anknüpfung

Vorrangig ist die **Rechtswahlfreiheit** zu prüfen. Entsprechend Art. 3 Abs. 1 S. 2 Rom I-VO bestimmt diese Norm, dass die Rechtswahl ausdrücklich erfolgen oder sich mit hinreichender Sicherheit aus den Umständen des Falles ergeben muss (Art. 14 Abs. 1 S. 2 ROM II).[103] Sie ist grds. nur im Nachhinein, also nach Eintritt des Schadensereignisses, möglich (so auch Art. 42 EGBGB). Eine **vorherige Rechtswahl** ist nur zulässig, wenn alle Parteien einer „kommerziellen Tätigkeit" nachgehen. Diese Bezeichnung weicht von der sonst üblichen Differenzierung zwischen Unternehmer und Verbraucher deshalb ab, weil es um deliktisches Handeln geht. Das Delikt muss in Ausübung der kommerziellen Tätigkeit begangen worden sein.[104]

Die Rechtswahl darf nicht zu Lasten Dritter, zum Beispiel einer Versicherung, wirken (Art. 14 Abs. 1 lit. b) am Ende ROM II-VO, Art. 42 S. 2 EGBGB). Die weiteren Einschränkungen decken sich mit denjenigen von Art. 3 Abs. 3 und Abs. 4 ROM I-VO. Bei reinen **Inlandssachverhalten** oder **Binnenmarktsachverhalten** ist die Vereinbarung ausländischen Rechts keine echte Verweisung auf das Recht eines anderen Staates. Vielmehr bleiben die zwingenden nationalen Bestimmungen bzw. die des Rechts der Europäischen Union weiterhin anwendbar (Art. 14 Abs. 2 und 3 ROM II-VO), z. B. die des Produkthaftungsgesetzes und der Produkthaftungsrichtlinie.

Mangels einer subjektiven Anknüpfung durch Rechtswahl erfolgt die **objektive Anknüpfung** als allgemeiner Anknüpfungspunkt bei unerlaubten Handlungen. Es ist das Recht des Staates anzuwenden, in dem der Schaden eintritt, unabhängig davon, in welchem Staat das schadensbegründende Ereignis oder indirekte Schadensfolgen eingetreten sind. Es kommt also maßgeblich auf den **Handlungserfolg (Erfolgsort)** an, wobei es unerheblich ist, in welchem Staat der Handlungsort liegt (Art. 4 Abs. 1 ROM II). Demgegenüber stellt Art. 40 Abs. 1

---

[102] BGH, NJW 1981, 1606.
[103] Leible, Die Rechtswahl im IPR der außervertraglichen Schuldverhältnisse nach der Rom II-Verordnung, RIW 2008, 257; siehe oben zu 2.5.2.
[104] Rauscher, Internationales Privatrecht, Rn. 1292.

S. 1 EGBGB maßgeblich auf den Handlungsort ab, allerdings mit der Wahlmöglichkeit des Geschädigten zugunsten des Erfolgsorts.[105] Eine **Ausnahme** besteht dann, wenn Schädiger und Geschädigter ihren gewöhnlichen Aufenthaltsort in einem Staat haben (Art. 4 Abs. 2 ROM II-VO). Dann gelangt das Recht dieses Staates zur Anwendung.

> **Beispiel 61:** Der deutsche Unternehmer A wird auf einer Tagung in den USA (N.Y.C.) durch den Unternehmer B, der ebenfalls seinen gewöhnlichen Aufenthalt in Deutschland hat, am Köper verletzt. Dann findet deutsches Recht Anwendung, obwohl der Erfolgsort in den USA/N.Y.C liegt.

Nach der **Ausweichklausel** gem. Art. 4 Abs. 3 ROM II-VO kann der maßgebliche Schadenseintrittsort des Abs. 1 dann korrigiert werden, wenn der maßgebliche Sachverhalt eine **offensichtlich engere Verbindung** zu einem anderen Staat als dem des Erfolgsortes aufweist. Ein solcher Ausweichort kann der Ort des gewöhnlichen Abrufs bzw. der Handlungsort sein. Letzter wird dort gesehen, wo sich der Schädiger bei Vornahme seiner schädigenden Handlung befindet. Unter Umständen kann es geboten sein, das Deliktsstatut mit dem Statut des Vertrages parallel zu behandeln.

2.3.3 Aufgabe 5 („Cloud Computing")

Unternehmen S mit Sitz in Kalifornien bietet im Wege des Cloud Computing Software an, die auf verschiedenen Servern rund um den Globus gespeichert ist und je nach Bedarf dort abgerufen werden kann. Ein Unternehmenskunde K mit Sitz in Deutschland schließt mit S einen Softwarenutzungsvertrag ab (Software as a Service, SaS). D mit gewöhnlichem Aufenthalt in Frankreich zerstört eine in der Datenwolke gespeicherte Datei, die einen Text enthält. Im Moment der Schädigung befinden sich die ersten 20 % der Daten, aus welchen die Textdatei besteht, auf einem Server in Frankreich, die nächsten 30 % auf einem Server in Argentinien und die letzten 50 % auf einem Server in Griechenland. Welches Recht ist für die Geltendmachung von Schadensersatzansprüchen gegen D maßgeblich?

Lösung:

Im Hinblick auf eintretende *Schäden von Daten im Internet* gibt es besondere Probleme der Bestimmung des anwendbaren Rechts. Datenschäden können etwa dadurch eintreten, dass ein Dritter sich unautorisierten Zugang zu Daten verschafft und sie verändert oder löscht. Zu denken ist auch an das Einschleusen von Schadprogrammen durch E-Mails. Ansprüche aus *unerlaubter Handlung* unterliegen bei objektiver Anknüpfung dem Recht des *Schadeneintrittsorts* (Erfolgsort, Art. 4 Abs. Abs. 1 ROM II-VO). Eine Ausnahme besteht nur dann, wenn Schädiger und Geschädigter ihren gewöhnlichen Aufenthaltsort in einem Staat haben (Art. 4 Abs. 2 ROM II-VO). Dann gelangt

---

[105] Siehe oben 2.3.1.

das Recht dieses Staates zur Anwendung. Hier hat D seinen gewöhnlichen Aufenthalt in Frankreich, K seinen in Deutschland, so dass diese Ausnahme nicht greift. Die Grundanknüpfung an den Schadenseintrittsort (lex loci damni) ist eine Änderung von dem in Art. 40 EGBGB geregelten Recht des Handlungsortes mit Optionsrecht für das Erfolgsortrecht. Art. 40 EGBGB bleibt aber bei Fällen mit Bezug zu Tätern bzw. dem Taterfolg außerhalb der EU anwendbar. Im Fall von Datenschäden greift allerdings nicht die Ausnahmeregelung des Art. 1 Abs. 2 lit. g) ROM II-VO, namentlich bei Daten aus der Privatsphäre. Denn die Daten der „Cloud" bewegen sich zwar nicht im öffentlichen Raum, weil sie geschützt sind, gleichwohl stellt die Manipulation kein Vorgang in der Privatsphäre dar.[102]

Generell wird bei „Internetdelikten" auf den Schadenseintrittsort (Erfolgsort) abgestellt. Maßgeblich ist danach der *Lageort* des verletzten Rechtsguts. Die Bestimmung eines solchen Lageortes ist beim Cloud Computing schwierig, da es in der Regel keinen Zielrechner gibt. Denn die Datenverarbeitung findet in der „Wolke" statt und ist daher nicht eindeutig lokalisierbar. Vielmehr kann die zur Datenverarbeitung benötigte Rechenleistung nach anfallendem Bedarf von verschiedenen Orten aus herangezogen werden.

In diesem Kontext ist zwischen *Daten* und *Datenverarbeitungsanlage* (Rechner) zu unterscheiden. Nach einer Auffassung ist ein wie hier geschilderter Angriff als Schädigung von Daten zu sehen, die zu einer Fehlfunktion der Datenverarbeitungsanlage führen, woraus dann die Beschädigung des Zielrechners gefolgert wird.[103]

Fraglich ist nun, ob auf den Standort des Zielrechners oder den Lageort der geschädigten Daten abzustellen ist. Denn die Daten selbst sind von dem Rechner zu trennen.

Besonderheit des Cloud Computing ist aber der Umstand, dass die Datenwolke sich vorliegend auf zahlreiche Server unterschiedlicher Standorte erstreckt. K als Geschädigter könnte nach dem Mosaikprinzip 20 % seines Schadens nach französischem, 30 % nach argentinischem und 50 % nach griechischem Recht liquideren. Dass diese Lösung kaum zu realisierbaren Ergebnissen führt, leuchtet unmittelbar ein. Alleine schon der Nachweis der Zuteilung von Daten dürfte kaum gelingen.

Deshalb ist ein anderer Lösungsansatz zu bevorzugen, und zwar den der *Ausweichklausel* gem. Art. 4 Abs. 3 ROM II-VO. Danach kann der maßgebliche Schadenseintrittsort gem. Art. 4 Abs. 1 ROM II-VO dann korrigiert werden, wenn der Sachverhalt eine *offensichtlich engere Verbindung* zu einem anderen Staat als den des Erfolgsortes aufweist.

Ein solcher Ausweichort kann der Ort des gewöhnlichen Abrufs bzw. der Handlungsort sein. Letzterer wird dort gesehen, wo sich der Schädiger D bei Vornahme seiner schädigenden Handlung befindet. Aber auch diese

---

[106] Vgl. Nordmeier, Cloud Computing und Internationales Privatrecht, MMR 2010, 151 (153).
[107] Vgl. *Spickhoff*, in: Bamberger/Roth, Anhang Art. 42 EGBGB ROM-II VO Rn. 53.

Anknüpfung hängt von Zufälligkeiten, und zwar hier des Aufenthaltsortes zum Zeitpunkt der Tatbegehung, ab. Im Übrigen schließt Erwägungsgrund 15 ROM II-VO gerade diesen Handlungsort aus. Selbst wenn sich D im Zeitpunkt der schädigenden Handlung in Frankreich aufgehalten hat, kann gleichwohl nicht an französisches Recht angeknüpft werden.

Als stabiler Anknüpfungsort verbleibt somit beim Cloud Computing nur, die *vertragliche Beziehung* zwischen Anbieter und Nutzer festzustellen. Deshalb bietet sich die Lösung an, das Deliktsstatut mit dem Statut des Vertrages parallel zu behandeln.

Letztlich wird man an den *Sitz der Hauptverwaltung* des Cloud-Anbieters anknüpfen. Nur diese Lösung führt zu tragfähigen Lösungen.

Ergebnis: Es gilt also das Recht des Staates Kalifornien/USA.

2.3.4 Sonderregeln einzelner Deliktstypen

Art. 5 ff. Rom II regeln **besondere Deliktstypen**, namentlich die Produkthaftung (Art. 5 ROM II-VO), Wettbewerbsverstöße (Art. 6 ROM II-VO), Umweltschäden (Art. 7 ROM II-VO) sowie die Verletzung von Rechten des geistigen Eigentums (Art. 8 ROM II-VO).[108]

Die Produkthaftung wurde durch sekundäres Gemeinschaftsrecht in der EU eingeführt (Produkthaftungsrichtlinie 85/374/EWG) und in Deutschland durch das Produkthaftungsgesetz (vom 15.12.1989, BGBl. I, 2198) umgesetzt. Danach muss ein Hersteller dem Geschädigten (geschützt sind nicht nur Verbraucher, sondern auch geschäftliche Kunden) den aufgrund eines Fehlers eines Produktes entstehenden Schaden ohne Verschuldensnachweis ersetzen. Dadurch soll die Durchsetzung von Ersatzansprüchen gegen Hersteller (dazu zählen auch Importeure, wenn der Hersteller nicht festgestellt werden kann, etwa bei „No name"-Produkten) erleichtert werden. **Art. 5 Abs. 1 ROM II-VO** erklärt nun dasjenige Recht für anwendbar, indem unabhängig vom Sitz des Herstellers, die geschädigte Person ihren Aufenthalt hat. **Abs. 2** sieht eine Ausnahme nur dann vor, wenn eine „offensichtlich engere Verbindung" mit einem anderen Staat besteht, etwa aus einem bestehenden Rechtsverhältnis.[109]

> **Beispiel 62:** Frau F mit Wohnsitz in Deutschland kauft bei einem französischen Hersteller (über ihren Friseur) ein Haarfärbeprodukt. Trotz sachgemäßer Anwendung werden ihre Haare sowie die Kopfhaut in Mitleidenschaft gezogen. Es findet deutsches Recht Anwendung als Ort der Rechtsgutverletzung (Art. 5 Abs. 1 ROM II-VO, also das deutsche Produkthaftungsgesetz). Sollte der deutsche Friseur eigene Ansprüche geltend machen und mit dem französischen Hersteller in Geschäftskontakt stehen, so wäre französisches Recht als Erwerbsort zugrunde zu legen (Abs. 2).

---

[108] Schadensersatzansprüche aufgrund von Arbeitskampfmaßnahmen nach Art. 9 ROM II-VO werden hier nicht näher behandelt. Es wird auf das Recht des Staates verwiesen, in dem die Arbeitskampfmaßnahme erfolgen soll oder erfolgt ist.

[109] *Thorn*, in: Palandt ROM II-VO Art. 5 Rn. 7.

Für den Bereich des **Wettbewerbsrechts** unterscheidet **Art. 6 ROM II-VO** zwischen *marktbezogenen* (Abs. 1) und *konkurrentenbezogenen* Wettbewerbsverstößen (Abs. 2).

Die erste Fallgruppe unterliegt dem Recht des Marktortes. Es gilt das **Marktortprinzip**, das nicht auf den Handlungsort, sondern den Ort abstellt an dem sich die Handlung für Verbraucher (also dem Marktort) auswirkt (auch **Auswirkungsprinzip**).[110] Bei einem „Multistate-Wettbewerb", also dem Wettbewerb auf verschiedenen Märkten, führt Art. 6 Abs. 1 ROM II-VO zur Anwendung aller betroffenen Wettbewerbsrechte als den jeweiligen Schutzländern **(Schutzlandprinzip)**.[111]

> **Beispiel 63:** Unternehmen A in Frankreich und Unternehmen B in Deutschland sind Konkurrenten auf dem europäischen Markt. Wenn B illegal ein Produkt von A nachahmt, ist auf den Ort abzustellen, an dem der Verletzungserfolg eintritt. Wird der unerlaubte Nachbau in Deutschland getätigt bzw. dort die illegal hergestellten Produkte vertrieben, ist deutsches Recht maßgeblich.

Nach **Abs. 2** dieser Norm ist bei bilateralen sog. betriebsbezogenen Wettbewerbsverstößen das allgemeine Deliktstatut des Art. 4 ROM II-VO maßgeblich, das regelmäßig zur Anknüpfung an den Erfolgsort führt.

> **Beispiel 64:** Unternehmen A in Frankreich und Unternehmen B in Deutschland konkurrieren auf einem gemeinsamen Markt in Europa. Wenn B aktiv einen sehr guten Mitarbeiter von A abwirbt, dann kommt französisches Recht als das Land des betriebsbezogenen Wettbewerbsverstoßes zur Anwendung. Da die unerlaubte (wettbewerbswidrige Abwerbung) nicht nur in Frankreich geschah, sondern sich dort auch bei A nachteilig auswirkt, ist Frankreich der Erfolgsort.

Art. 6 Abs. 3 ROM II-VO enthält Anknüpfungsnormen für außervertragliche Schuldverhältnisse, die den Wettbewerb einschränken (Kartellrecht: etwa Preisabsprachen im Ausland, die sich auch für in Deutschland tätige Unternehmen auswirken) und erfasst Verstöße gegen nationales sowie europäisches Wettbewerbsrecht (§ 1 GWB und Art. 101 AEUV).[112]

Art. 6 Abs. 4 ROM II-VO schließt eine **Rechtswahlvereinbarung aus.**

Im Fall einer **Umweltschädigung (Art. 7 ROM II-VO)** wird dem Geschädigten zugestanden, für die Anknüpfung an das Recht des Handlungsortes zu optieren. Dahinter steckt der Gedanke, dass für die Ausübung dieses Optionsrechts die für den Schädiger strengste Schutzvorschrift zur Anwendung kommt (Erwägungsgrund 25).

> **Beispiel 65:** Ein Leck in einem Atomkraftwerk in Frankreich führt zu Umweltschäden in Deutschland. Dann kann der Geschädigte in Deutschland

---

[110] Siehe dazu oben 1.2.4.
[111] Siehe dazu oben 1.2.3.
[112] Siehe dazu oben 1.2.4 sowie unten 3.6.1 zum europäischen Wettbewerbsrecht.

wahlweise französisches oder deutsches Recht zur Anwendung bringen. Diese Option muss vor einem deutschen Gericht (als lex fori) zum Schluss der letzten mündlichen Verhandlung ausgeübt werden (§ 296a ZPO, wenn sich keine kürzere Frist nach § 282 ZPO ergibt).

Speziell für die **Verletzung der Rechte des geistigen Eigentums** ist **Art. 8 Abs. 1 ROM II-VO** als eine besondere Ausprägung der unerlaubten Handlung heranzuziehen.[113] Maßgeblich ist danach der Erfolgsort und nicht der Handlungsort, woraus ein „Mosaik" an internationalen Zuständigkeiten folgt, da ein in irgendeinem Staat entstandenes Immaterialgüterrecht ganz unterschiedlichen Schutz – eben je nach Schutzland – genießen kann (Mosaiktheorie).[114] Während grds. die Möglichkeit der Rechtswahl besteht, ist dies nach Art. 8 Abs. 3 ROM II-VO ausgeschlossen **(Ausschluss der Rechtswahl)**. Bei europaweit einheitlichen Rechten des geistigen Eigentums sind zunächst die gemeinschaftlichen Bestimmungen des Europarechts heranzuziehen, etwa die Gemeinschaftsmarkenverordnung, lediglich ergänzend auf nationales Recht zurückzugreifen (Art. 8 Abs. 2 ROM II-VO).

> **Beispiel 66:** Wenn Dateien eines Nutzers zerstört werden, dann ist im Hinblick auf außervertragliche (Schadensersatz-)Ansprüche zunächst zu prüfen, ob eine Rechtswahl gem. Art. 14 Abs. 1 ROM II-VO getroffen wurde. Allerdings ist bei Verstößen gegen geistige Schutzrechte gem. Art. 8 Abs. 3 ROM II-VO die Rechtswahl (auch die nachträgliche) ausgeschlossen, so dass alleine das Recht des Schutzortes (Schutzlandprinzip) maßgeblich ist (Art. 8 Abs. 1 ROM-II VO).[115]

Die Zuordnung muss durch Abwägung einzelner Gesichtspunkt bezogen auf den konkreten Fall erfolgen. In Einzelfall kann durch **Disclaimer** die Anwendung des Rechts auf einzelne Länder begrenzt werden.[116]

Merksätze:
Ausländische Verletzungshandlungen bezogen auf geistiges Eigentum sind für die EU nach Art. 8 Abs. 1 ROM II-VO zu behandeln. Sollte der Patentverletzer im Inland seinen Wohnsitz haben und dadurch ein deutsches Gericht angerufen worden sein, so hat dieses Gericht etwa im Hinblick auf Unterlassungs- und Schadensersatzansprüche das Recht des Staates anzuwenden, indem die Verletzungshandlung erfolgte (lex loci protectionis). Allerdings kann das deutsche Gericht keine Entscheidung treffen, die ausländische Hoheitsakte darstellen, z.B. keine Löschung eines ausländischen Patents anordnen, was aus dem Ursprungslandprinzip folgt und insofern auch den Unterschied zum Schutzlandprinzip verdeutlicht (siehe Beispiel 18).

---

[113] Kindler, Einführung in das neue IPR des Wirtschaftsverkehrs, S. 134 ff.
[114] Siehe oben zu 1.2.3; siehe auch Art. 13 ROM II-VO, der im Hinblick auf außervertragliche Schuldverhältnisse aus einer Verletzung von Rechten des geistigen Eigentums Art. 8 ROM II-VO zur Anwendung bringt.
[115] Siehe Nägele/Jacobs, Rechtsfragen des Cloud Computing, ZUM 2010, 281 (283 ff.).
[116] Siehe dazu oben unter 1.2.6.

2.3.5 Geltungsbereich des Deliktsstatus

Der Geltungsbereich des Deliktsstatuts ist in Art. 15 bis 17 ROM II-VO normiert. Die sachliche Reichweite **(Art. 15 ROM II-VO)** umschließt

- den Grund und den Umfang der Haftung (lit. a),
- Haftungsausschlüsse (lit. b),
- die Bemessung des Schadens (lit. c),
- deliktische Unterlassungs- und Schadensersatzansprüche (lit. d),
- die Übertragbarkeit des Schadensersatzanspruchs (lit. e),
- die anspruchsberechtigten Personen (lit. f),
- die Haftung für Dritte (lit. g),
- die verschiedenen Arten des Erlöschens von Schadensersatzpflichten (lit. h).

Entsprechend der Eingriffsnorm des Art. 9 ROM I-VO regelt **Art. 16 ROM II-VO** eine Sonderanknüpfung von „national zwingenden Bestimmungen". Das sind solche Vorschriften, deren Einhaltung als so entscheidend für die Wahrung der politischen, sozialen oder wirtschaftlichen Organisation des betreffenden Mitgliedstaats angesehen wird, dass ihre Beachtung für alle Personen, die sich im nationalen Hoheitsgebiet des Mitgliedstaats befinden, und für jedes lokalisierte Rechtsverhältnis vorgeschrieben ist.[117] Die Norm bestimmt lediglich die **inländische** Eingriffsnormen, also die des jeweiligen Gerichtes.[118]

Sicherheits- und Verhaltensregeln enthält **Art. 17 ROM II-VO**. Danach sind bei der Beurteilung des Verhaltens der Person, deren Haftung geltend gemacht wird, die Sicherheits- und Verhaltensregeln am Ort des haftungsbegründenden Ereignisses angemessen zu berücksichtigen.

> **Beispiel 67:** Zwei deutsche Urlauber kollidieren mit ihren Fahrzeugen, weil einer das Linksfahrgebot missachtet hat. Der Unfallverursacher darf sich nicht auf deutsches Recht berufen (§ 2 StVO-Rechtsfahrgebot), nur weil der gemeinsame Aufenthaltsort der Beteiligten in Deutschland liegt (Art. 4 Abs. 3 ROM II-VO). Denn hier ist gem. Art. 17 ROM II-VO das englische Recht, also das dortige Linksfahrgebot zu berücksichtigen.

Während nach dem Versicherungsstatut zu ermitteln ist, in welchem Umfang der Versicherer zur Leistung verpflichtet ist (Art. 7 ROM I-VO in Verbindung mit Art. 18 2. Alt. ROM II-VO), regelt Art. 18 1. Alt. ROM II-VO das Deliktsstatut für das Bestehen und die Modalitäten des Direktanspruchs, was für den Anspruchsteller oftmals die günstigere Lösung darstellt.

Art. 19 ROM II-VO regelt den gesetzlichen Forderungsübergang, etwa nach welchem Recht sich ein gesetzlicher Rückgriffsanspruch richtet.

> **Beispiel 68:** Wird ein deutscher Tourist im Urlaub von einem schweizerischen Touristen in der Schweiz verletzt (Sportunfall), so wird bei bestehender Auslandskrankenversicherung die deutsche Krankenversicherung den Krankenhausaufenthalt bezahlen. Gem. § 86 Versicherungsvertragsgesetz (VVG) geht

---

[117] EuGH, Slg. 1999, I-8453 Rn. 30.
[118] Siehe auch oben zu 2.2.4.

die Schadensersatzforderung des verletzten Touristen auf die Versicherung über. Die kollisionsrechtliche Zuweisung erfolgt also zum deutschen Recht gem. Art. 19 ROM II-VO in Verbindung mit Art. 7 ROM I-VO. Hinsichtlich der Schadensersatzforderung erfolgt die Verweisung nach Art. 4 Abs. 1 ROM II-VO auf das schweizer Recht.

2.3.6 Sonstige Regelungen

Sonstige Regelungen betreffen zunächst den gewöhnlichen Aufenthalt gem. Art. 23 ROM II-VO. Bei natürlichen Personen, die im Rahmen ihrer beruflichen Tätigkeit handeln, wird entsprechend Art. 19 ROM I-VO auf den Ort der Hauptniederlassung abgestellt (Abs. 2). Bei Gesellschaften, Vereinen oder juristischen Personen ist der Ort der Hauptverwaltung maßgeblich, das Recht einer sonstigen Niederlassung dann, wenn das schadensbegründende Ereignis oder der Schaden aus dem Betrieb der Niederlassung herrührt (Abs. 1).

Art. 20 ROM II-VO regelt im Hinblick auf den internen Ausgleichsanspruch, der aus einer Inanspruchnahme als Gesamtschuldner entsteht (§§ 830, 840 BGB), die Maßgeblichkeit der Hauptforderung.

> **Beispiel 69:** Die französischen Staatsbürger A und B verletzen den deutschen Staatsbürger C in Deutschland. Nachdem C nunmehr Schadensersatz gegenüber A und B geltend macht und A den gesamten Schadensbetrag an C gezahlt hat, verlangt A nun von B die Hälfte des gezahlten Betrages zurück. Da sich der interne Ausgleichsanspruch nach dem Recht des Staates der eigentlichen Schadensersatzforderung als Hauptforderung richtet, ist nach Art. 4 Abs. 1 ROM II-VO in Verbindung mit Art. 20 ROM II-VO deutsches Recht (Ausgleichsanspruch im Innenverhältnis, § 426 Abs. 2 BGB) anzuwenden. Denn der eigentliche Schadensersatzanspruch des C gegen A und B wird objektiv dem Ort des Schadenserfolges zugewiesen, also nach Deutschland (§ 823 in Verbindung mit §§ 830, 840 BGB).

Ebenso wie beim IPR der Verträge (Art. 20 ROM I-VO) findet eine **Sachnormverweisung** statt, womit dann Rück- und Weiterverweisungen ausgeschlossen sind (**Art. 24 ROM II-VO**). Wie schon in Art. 4 Abs. 3 EGBGB und Art. 22 ROM I-VO normiert, trifft Art. 25 ROM II-VO eine Regelung für interlokale Anknüpfungen in sog. Mehrrechtsstaaten wie z. B. USA, Spanien und Großbritannien.

Den **Ordre-Public-Vorbehalt** im Deliktsrecht enthält **Art. 26 ROM II-VO**. Insofern kann auf die Ausführungen zu Art. 9 sowie Art. 21 ROM I-VO (2.2.5) verwiesen werden.

> **Beispiel 70:** Erheben US-amerikanische Unternehmen eine auf Strafschadensersatz gerichtete Sammelklage nach US-amerikanischem Recht wegen angeblicher Kartellverstöße gegen deutsche Unternehmen vor einem deutschen Gericht, so ist gem. Art. 6 Abs. 3 lit. a) ROM II-VO US-amerikanisches Recht zwar grds. anwendbar. Gleichwohl bleibt dieses vor deutschen Gerichten nach Art. 26 ROM II-VO insoweit unberücksichtigt, als die Klage offensichtlich missbräuchlich ist (siehe auch Erwägungsgrund 32 zur ROM II-VO).

2.3.7 Aufgabe 6 („Geheimnisträger")

Arbeitnehmer A ist Geheimnisträger (durch explizite Geheimhaltungsklausel im Arbeitsvertrag) von Schaltplänen im Unternehmen U, das ihren Sitz in Frankreich hat. Nachdem A zu einem deutschen Konkurrenzunternehmen K gewechselt ist, sieht K sich mit dem Vorwurf konfrontiert, A habe das Geheimnis an den Schaltplänen von U an K verraten. Dafür spricht, dass die Schaltungen in den von K gebauten Geräten in wesentlichen Teilen den Schaltplänen von U entsprechen. Im Arbeitsvertrag zwischen U und A wurde die Anwendung französischen Rechts vereinbart. U nimmt K sowie A vor einem deutschen Gericht auf Unterlassung der Verwendung der geheimen Schaltkreise sowie auf Schadensersatz in Anspruch.

Findet französisches Recht Anwendung?

Lösung:

Ob französisches Recht Anwendung findet richtet sich zunächst danach, wie dieser internationale Sachverhalt zu *qualifizieren* ist. Legt man die Betonung auf das Vertragsrecht, so wäre ROM I-VO maßgeblich. Stellt man dagegen überwiegend auf den Geheimnisschutz (Know How) ab, so würde eine Verletzung des geistigen Eigentumsrechts des U vorliegen, die dann nach Art. 8 ROM II-VO dem Schutzlandprinzip folgt. Die Qualifikation ist autonom vorzunehmen und wird nach dem Schwerpunkt des geltend gemachten Anspruchs beurteilt. In der Sache steht nicht die Verletzung arbeitsvertraglicher Pflichten, sondern vielmehr das durch deliktische Regelungen geschützte Know How im Vordergrund. Vertragliche Ansprüche könnten ohnehin nur gegenüber A geltend gemachten werden, nicht aber gegen K, mit dem eine solche Beziehung nie bestand. Know How umschließt den Schutz betrieblicher Geheimnisse als Teil des geistigen Eigentums.[115] Dabei ist auch zu berücksichtigen, dass Art. 39 TRIPS-Abkommen die internationale Verpflichtung zum Know How-Schutz betont, woraus folgt, dass deutsches Recht als das Recht des Schutzlandes maßgeblich ist (Art. 8 Abs. 1 ROM II-VO). Eine Rechtswahl, wenn man eine solche aus der Arbeitsvertragsklausel mit A herleiten wollte, mag zwar grds. gem. Art. 14 ROM II-VO zulässig sein, für Fälle der Verletzung geistiger Schutzrechte – wie hier qualifiziert – ist eine Rechtswahl jedenfalls unzulässig (Art. 8 Abs. 3 ROM II-VO).

Ergebnis: Es findet somit deutsches Recht, und zwar § 823 Abs. 2 BGB in Verbindung mit §§ 17 ff. UWG sowie § 1004 BGB analog, Anwendung.

---

[119] Vgl. Enders, Know How Schutz als Teil des geistigen Eigentums, GRUR 2012, 25; siehe auch 4.1.5.

2.4 Verfahrensrecht

Nachfolgend werden einige wichtige Grundsätze des europäischen Verfahrensrechts erörtert. Nicht behandelt werden die Bestimmungen über die Anerkennung und Vollstreckung gerichtlicher Entscheidungen (Art. 36 bis 57 EuGVVO), da diese nicht vorrangig dem (internationalen) Wirtschaftsrecht zuzuordnen sind. Die Ausführungen konzentrieren sich vielmehr auf den Anwendungsbereich und die allgemeine Zuständigkeit (2.4.1), die besonderen und ausschließlichen Zuständigkeiten (2.4.2), das besondere Verfahrensrecht im Internet (2.3.4), die Gerichtsstandsvereinbarungen (2.4.4) sowie die Rechtshändigkeit und im Zusammenhang stehende Verfahren (2.4.5).

2.4.1 Anwendungsbereich und allgemeine Zuständigkeit

Nach der Brüssel Ia-Verordnung **(EU/Nr. 1215/2012, EuGVVO)**[120] werden Verfahrensfragen (lex fori) sowie der Vollstreckung innerhalb der EU entschieden.

Der Anwendungsbereich bezieht sich auf Zivil- und Handelssachen, ohne dass es auf die Art der Gerichtsbarkeit ankommt. Sie erfasst allerdings nicht Steuer- und Zollsachen sowie verwaltungsrechtliche Angelegenheiten **(Art. 1 EuGVVO)**. Ausgenommen sind zudem Personenstandsangelegenheiten, die Rechts- und Handlungsfähigkeit sowie die gesetzliche Vertretung von natürlichen Personen, die ehelichen Güterstände und das Erbrecht (Art. 1 Abs. 2 lit. a), Insolvenzverfahren (lit. b), die soziale Sicherheit (lit. c) sowie die Schiedsgerichtsbarkeit (lit. d).

Die Brüssel Ia-VO hat grds. **Vorrang** vor nationalem Zivilprozessrecht. Allerdings gehen solche Übereinkommen vor, denen die Mitgliedstaaten angehören und die Verfahrens- und Vollstreckungsregelungen für besondere Rechtsgebiete betreffen (Art. 71 EuGVVO) wie z. B. das des CMR (Übereinkommen über den Beförderungsvertrag im internationalen Güterstraßenverkehr). Nach Art. 31 Abs. 1 CMR kann der Kläger etwa die Gerichte eines Staates anrufen, auf dessen Gebiet der für die Ablieferung vorgesehene Ort liegt.[121] **Im Verhältnis** zu Island, Norwegen und der **Schweiz** (nicht Liechtenstein) gilt das Lugano-Übereinkommen (LugÜ), das früher inhaltlich im Wesentlichen dem EuGVÜ entsprach (Art. 73 EuGVVO). Durch das neue LugÜ vom 30.10.2007 ist eine Anpassung an die EuGVVO erfolgt. Für unerlaubte Handlungen entspricht **Art. 5 Nr. 3 LugÜ** wörtlich Art. 7 Nr. 2 EuGVVO.

Personen, die ihren Wohnsitz im Hoheitsgebiet eines Mitgliedstaats haben, sind ohne Rücksicht auf ihre Staatsangehörigkeit vor den Gerichten dieses Mitgliedstaats zu verklagen. Es handelt sich hier um die **allgemeine Zuständigkeit (Art. 4 EuGVVO)**. Die Regelung des allgemeinen Gerichtsstands am Beklagtenwohnsitz soll dem Beklagten die Verteidigung erleichtern.[122]

---

[120] Verordnung (EU) Nr 1215/2012 vom 12.12.2012 über die gerichtliche Zuständigkeit und die Anerkennung und Vollstreckung von Entscheidungen in Zivil- und Handelssachen, ABl. Nr. L 351 v. 20.2.2012, S. 1. Geändert durch Art. 1 ÄnderungsVO (EU) 542/2014 v. 15.5.2014 ABl. Nr. L 163, S. 1.

[121] Zum CMR-Abkommen siehe 4.3.2.

[122] Es gilt der Grundsatz „actor sequitur forum rei" (der Kläger muss dem Gerichtsstand des Beklagten folgen).

Die Frage, ob eine Partei im Hoheitsgebiet des Mitgliedstaats, dessen Gericht angerufen wird, einen **Wohnsitz** hat, wird nach dem Recht des Gerichtsstaates beantwortet (Art. 62 Abs. 1 EuGVVO). Hat eine Partei dagegen keinen Wohnsitz im Gerichtsstaat, so ist diejenige Rechtsordnung maßgeblich, in dessen Hoheitsgebiet der Wohnsitz liegen soll (Abs. 2). Der Sitz von **Gesellschaften** und **juristischen Personen** beurteilt sich alternativ nach dem satzungsmäßigen Sitz, der Hauptverwaltung oder der Hauptniederlassung (Art. 63 EuGVVO).

Ausnahmsweise können Personen, die ihren Wohnsitz innerhalb der EU haben auch vor den **Gerichten eines anderen Mitgliedstaats** aufgrund einer besonderen oder ausschließlichen Zuständigkeit nach Art. 7 bis 24 EuGVVO verklagt werden (Art. 5 Abs. 1 EuGVVO). Hat der **Beklagte keinen Wohnsitz im Hoheitsgebiet eines Mitgliedstaates der EU**, bestimmt sich die Zuständigkeit der Gerichte – ausgenommen sind die Regelungen über die ausschließliche Zuständigkeit und die über die Gerichtsstandsvereinbarungen (Art. 24 und 25 EuGVVO) – nach dessen eigenen Gesetzen **(Art. 6 Abs. 1 EuGVVO)**. Allerdings steht in solch einem Fall dem Kläger, der seinen Wohnsitz innerhalb der EU hat, das Recht zu, sich auf Zuständigkeitsvorschriften wie ein Inländer zu berufen. Dabei kommt es auf dessen Staatsangehörigkeit nicht an (Abs. 2).

2.4.2 Besondere und ausschließliche Zuständigkeiten

Eine Person, die ihren Wohnsitz in einem Mitgliedstaat der EU hat, kann in einem anderen Mitgliedstaat verklagt werden. In Abweichung zur allgemeinen Zuständigkeit nach Art. 4 EuGVVO regelt **Art. 7 EuGVVO besondere Zuständigkeiten**:[123]

- bei **vertraglichen Ansprüchen** ist das Gericht des **Erfüllungsortes** zuständig (Nr. 1); *unterschieden* wird zwischen der Erfüllung eines Kaufvertrages (lit. b), 1. Spiegelstrich), bei dem auf den **Lieferort** abgestellt wird und der Erfüllung eines „Dienstleistungsvertrages" (lit. b), 2. Spiegelstrich), bei dem der **Ort der Dienstleistung** herangezogen werden kann; bei **sonstigen Vertragstypen** (lit. a) entscheidet der Erfüllungsort nach Vertragsstatut, in Deutschland nach § 269 BGB.

Beispiel 71: Der in Deutschland wohnhafte D erhält über Internet eine Gewinnzusage eines ausländischen Unternehmens. Kann D diesen Anspruch vor einem örtlich zuständigen Gericht in Deutschland geltend machen? Bei einer einseitigen Gewinnzusage nach § 661a BGB richtet sich der Gerichtsstand nach dem Lieferungsort, also dem Ort an dem der Gewinn ausgezahlt werden soll. Obwohl hier nach deutschem Rechtsverständnis kein Vertrag vorliegt, wird dieses einseitige Versprechen gleichwohl den vertraglichen Ansprüchen zugeordnet. Der Anspruch aus dieser Zusage kann also vor dem zuständigen deutschen Gericht eingeklagt werden.[124]

---

[123] Im Gegensatz zur ausschließlichen Zuständigkeit des Art. 24 EuGVVO besteht bei der besonderen Zuständigkeit der Art. 7 bis 23 EuGVVO ein **Wahlrecht** des Klägers, um den strukturell schwächeren Prozessbeteiligten damit zu schützen. Denn dieser hat dann die Möglichkeit, sich dasjenige Gericht auszuwählen, in dessen Bezirk sich eine unerlaubte Handlung auswirkt, Gewährleistungsansprüche geltend gemacht werden sollen, Arbeitnehmerschutzrechte durchgesetzt werden etc.

[124] EuGH, RIW 2005, 225 „Engler".

- bei **unerlaubter Handlung** ist auf den **Erfolgsort** abzustellen (Nr. 2); zu den unerlaubten Handlungen zählen etwa Umweltschäden, Schäden aus fehlerhaften Produkten, Transportschäden, Kartellverstöße, unlauterer Wettbewerb und die Verletzung von Immaterialgüterrechten, nicht aber Ansprüche aus ungerechtfertigter Bereicherung; bei einer Haftung aus Verschulden bei Vertragsabschluss ist der Deliktsgerichtsstand nur gegeben, wenn deliktsähnliche Obhuts- und Erhaltungspflichten verletzt sind,

Beispiel 72: Ein Verhandlungspartner bricht Vertragsverhandlungen ohne Grund ab. Dieser Sachverhalt wurde vom EuGH[125] als „deliktsähnlich" angesehen und somit der unerlaubten Handlung zugerechnet.

- weitere besondere Zuständigkeiten sind in Nr. 3 bis 7 geregelt, von denen nur die über Streitigkeiten aus dem **Betrieb einer Zweigniederlassung, einer Agentur oder einer sonstigen Niederlassung** erwähnt werden soll (Nr. 5); zuständig ist dann das Gericht des Ortes, an dem sich diese Zweigniederlassung etc. befindet.

Weitere besondere Zuständigkeiten sind etwa für mehrere Beklagte, für Gewährleistungs- und Interventionssachen (Streitverkündung) und die Widerklage in Art. 8 Nr. 1 bis 4 EuGVVO sowie für Versicherungssachen in Art. 10 ff. EuGVVO normiert, sollen aber hier wegen der sehr spezifischen Probleme vernachlässigt werden.[126]

Die internationale **Zuständigkeit für Verbraucherstreitigkeiten** folgt aus **Art. 17 bis 19 EuGVVO**. Zunächst ist zu prüfen, ob es sich um eine Verbrauchersache handelt. Während auf der einen Seite eine gewerblich oder freiberuflich tätige (auch juristische Personen) steht, muss auf der anderen Seite der Verbraucher tätig sein, also eine natürliche Person,[127] die den Vertrag zu einem Zweck geschlossen hat, der nicht der beruflichen oder gewerblichen Tätigkeit zuzuordnen ist.

Der Verbrauchervertrag muss sich beziehen (Art. 17 Abs. 1 EuGVVO) entweder

- beim Kauf beweglicher Sachen auf Teilzahlung (lit. a),
- auf ein Ratendarlehen oder ein anderes Kreditgeschäft, das zur Finanzierung eines Kaufs bestimmt ist (lit. b), oder
- in allen anderen Fällen, wenn der andere Vertragspartner im Wohnsitzstaat des Verbrauchers seine berufliche oder gewerbliche Tätigkeit ausübt (lit. c) 1. Alt.) oder diese Tätigkeit auf den Wohnsitzstaat des Verbrauchers **ausgerichtet** ist (lit. c) 2. Alt.).

---

[125] EuGH, Slg. 2002, I-7357 „Tacconi".

[126] Vgl. dazu *von Hein*, in: Kropholler/von Hein, Europäisches Zivilprozessrecht, Art. 6 Rn. 1 a. F. (entspricht Art. 8 EGVVO n. F.); zur internationalen Zuständigkeit deutscher Gerichte, insbesondere der Haftpflichtversicherung bei Verkehrsunfällen im europäischen Ausland siehe Sendmeyer, NJW 2015, 2384.

[127] Dies steht zwar nicht ausdrücklich in Art. 15 EuGVVO a. F. (entspricht Art. 17 EuGVVO n. F.), wird aber aus der Notwendigkeit einer engen Auslegung gefolgt; siehe *von Hein*, in: Kropholler/von Hein, Europäisches Zivilprozessrecht, Art. 15 Rn. 6; siehe im Übrigen Erwägungsgrund 13 zum EuGVVO.

Ist das Angebot auf Verbraucher in einem Mitgliedstaat der EU **ausgerichtet**, so kann die Klage durch den Verbraucher in dem Wohnsitzmitgliedstaat des angesprochenen Verbrauchers erhoben werden.

Für die Frage, ob die Tätigkeit des Gewerbetreibenden auf den Wohnsitzmitgliedstaat des Verbrauchers ausgerichtet ist, sind nachfolgende nicht abschließend aufgezählte Gesichtspunkte zu berücksichtigen (Rn. 93):[128]

- der internationale Charakter der Tätigkeit,
- die Angabe von Anfahrtsbeschreibungen von anderen Mitgliedstaaten aus zu dem Ort, an dem der Gewerbetreibende niedergelassen ist,
- die Verwendung einer anderen Sprache oder Währung mit der Möglichkeit der Buchung und Buchungsbestätigung in dieser anderen Sprache,
- die Angabe von Telefonnummern mit internationaler Vorwahl,
- die Tätigung von Ausgaben für einen Internet-Referenzierungsdienst (Suchmaschine), um in anderen Mitgliedstaaten wohnhaften Verbrauchern den Zugang zur Website des Gewerbetreibenden oder seines Vermittlers zu erleichtern,
- die Verwendung eines anderen Domainnamens oberster Stufe (Top Level Domain, TLD) als desjenigen des Mitgliedstaats der Niederlassung des Gewerbetreibenden,
- die Erwähnung einer internationalen Kundschaft, die sich aus in verschiedenen Mitgliedstaaten wohnhaften Kunden zusammensetzt.

Art. 18 Abs. 1 EuGVVO regelt die **Klage des Verbrauchers** gegen den Unternehmer in der Weise, dass diese wahlweise am Gerichtsstand des Wohnsitzes des Unternehmers oder aber am Gerichtsstand des Wohnsitzes des Verbrauchers erhoben werden kann. Umgekehrt kann die **Klage des Unternehmers** gegen den Verbraucher nur vor den Gerichten des Mitgliedstaates erhoben werden, in dessen Hoheitsgebiet der Verbraucher seinen Wohnsitz hat (Abs. 2). **Abweichende Vereinbarungen** über die Zuständigkeit von Gerichten sind nach **Art. 19 EuGVVO** nur wirksam,

- wenn sie nach Entstehen der Streitigkeit getroffen werden (Nr. 1), oder
- wenn dem Verbraucher die Befugnis eingeräumt wird, andere Gerichte als die sich aus Art. 17 bis 19 EuGVVO ergebenden Gerichte anzurufen (Nr. 2), oder
- wenn Verbraucher und Unternehmer zum Zeitpunkt des Vertragsabschlusses ihren gewöhnlichen Aufenthalt in demselben Mitgliedstaat haben. Eine Ausnahme besteht nur für den Fall, dass das Recht des angerufenen Gerichtsstandes eine solche Vereinbarung nicht zulassen würde (Nr. 3).

Die besondere Zuständigkeit für **individuelle Arbeitsverträge** ist in **Art. 20 bis 23 EuGVVO** geregelt. Hier erfährt der Arbeitnehmer einen besonderen Schutz dadurch, dass selbst schon eine Niederlassung des Arbeitgebers im Hoheitsstaat

---

[128] EuGH, MMR 2011, 132 „Präsentation einer Reise auf einer Website – Pammer/Alpenhof", der nicht mehr darauf abstellt, ob eine Webseite passiv oder aktiv ausgestaltet ist, also die Möglichkeit einer Antwort durch Verbraucher vorsieht; siehe BGH, MMR 2013, 642 (643) „mobile.de" sowie OLG Koblenz, MMR 2009, 42 „Anwalt auf Webseite".

eines Mitgliedstaates genügt, um in diesem Mitgliedstaat Klage zu erheben (Art. 20 Abs. 2 EuGVVO).

Liegt der Wohnsitz des Arbeitgebers im Hoheitsgebiet eines Mitgliedstaates, kann die **Klage eines Arbeitnehmers** wahlweise erhoben werden (Art. 21 EuGVVO)

- vor den Gerichten des Mitgliedstaats, in dem er seinen Wohnsitz hat (Nr. 1), oder
- in einem anderen Mitgliedstaat (Nr. 2) vor dem Gericht des Ortes, an dem der Arbeitnehmer gewöhnlich seine Arbeit verrichtet oder zuletzt gearbeitet hat (lit. a), oder vor dem Gericht des Ortes, an dem sich die Niederlassung befindet (bzw. befand), die den Arbeitnehmer eingestellt hat (lit. b).

Die **Klage des Arbeitgebers** kann nur vor den Gerichten am Wohnsitz des Arbeitnehmers erhoben werden (Art. 22 Abs. 1 EuGVVO). **Gerichtsstandsvereinbarungen** zwischen Arbeitgeber und Arbeitnehmer sind wirksam erst **nach** Entstehung der Streitigkeiten (Art. 23 Nr. 1 EuGVVO).

Ausschließliche Zuständigkeiten (Art. 24 EuGVVO) – also ohne Rücksicht auf den Wohnsitz – gibt es im Hinblick auf

- **dingliche Rechte** an unbeweglichen Sachen sowie für Miete und Pacht unbeweglicher Sachen mit Ausnahme des lediglich privaten Gebrauchs für höchstens sechs Monate. Die Zuweisung erfolgt zum **Gericht der belegenen Sache (Nr. 1)** und
- **Gesellschaftssachen (Nr. 2):** Klagen über die Gültigkeit, die Nichtigkeit oder die Auflösung einer Gesellschaft oder juristischen Person oder die Gültigkeit der Beschlüsse ihrer Organe, sind den Gerichten des Mitgliedstaats zugewiesen, in dessen Hoheitsgebiet die Gesellschaft oder juristische Person ihren Sitz hat. Dabei wendet das angerufene Gericht bei der Entscheidung darüber, wo der Sitz sich befindet, die Vorschriften des (nationalen) IPR an.
- **Registersachen (Nr. 3):** maßgeblich ist das Gericht des Mitgliedstaats, in dessen Hoheitsgebiet das Register geführt wird.
- **Patentsachen, Markensachen, Designschutzsachen (Nr. 4):** zuständig sind die Gerichte des Mitgliedstaats, in dessen Hoheitsgebiet die Registrierung beantragt oder vorgenommen worden ist; bei Gerichtsverfahren betreffend das Europäischen Patent nach der Europäischen Patentübereinkunft sind die Gerichte eines jeden Mitgliedstaats ausschließlich zuständig. Hinsichtlich der Regelungen für ein Einheitliches Patentgericht siehe Art. 71a bis Art. 71c EuGVVO.[129]
- **Zwangsvollstreckungssachen (Nr. 5):** für Fragen der Zwangsvollstreckung sind die nationalen Gerichte des Mitgliedstaats zuständig, in dessen Hoheitsgebiet die Zwangsvollstreckung durchgeführt werden soll oder durchgeführt worden ist.

---

[129] Siehe auch unten zu 5.1.3.

> **Merksatz:**
> Folgt die lex fori (das Verfahrensrecht) im Gesellschaftsrecht der Sitztheorie (wie in Art. 24 Nr. 2 EuGVVO), dann sind bei einer Sitzverlegung in einen anderen Mitgliedstaat sowohl das IPR des bisherigen sowie das IPR des neuen Sitzstaates zu befragen.

2.4.3 Besonderes Verfahrensrecht im Internet und des geistigen Eigentums

Für Verletzungshandlungen im Internet kommt der Ort der unerlaubten Handlung in Betracht (Art. 7 Nr. 2 EuGVVO). Bei einer geltend gemachten Kennzeichenverletzung im Internet wird die Tatortzuständigkeit deutscher Gerichte – jedenfalls grds. – bereits durch die Abrufbarkeit des betreffenden Angebots im Internet begründet.

Im Falle einer Rechtsverletzung im Sinne einer unerlaubten Handlung, wozu etwa die Unterlassungsansprüche gem. § 97 UrhG, § 14 Abs. 5, § 15 Abs. 4 MarkG[130] zählen, stellt man national entweder auf den Handlungsort oder auf den Erfolgsort ab.[131] Letzterer Ort ist für das Internet von besonderer Bedeutung, weil sich der Geschädigte unter gewissen Umständen (siehe das nachfolgende Beispiel) das „günstigste" Gericht aussuchen kann.

> **Beispiel 73:** Wird an einem gewissen Ort eine Markenrechtsverletzung begangen, so kann der Markenrechtsinhaber als der Verletzte eine Klage nicht nur bei dem Gericht einreichen, in dessen Bezirk die Verletzungshandlung fällt (Handlungsort). Vielmehr ist dann wahlweise auch das Gericht des Abruforts im Internet, also regelmäßig an seinem Geschäftssitz, örtlich zuständig (Erfolgsort). Bei Internetdelikten reicht allerdings die bloße Abrufbarkeit der Internetseite mit rechtsverletzendem Inhalt nicht als Begehungsort aus. Vielmehr muss noch ein hinreichender Bezug zum Gerichtsort kommen, wie zum Beispiel der Aufenthaltsort des Klägers oder Beklagten, die bestimmungsgemäße Auswirkung, die Möglichkeit von Interessenkonflikten oder ähnliche Kriterien.[132]

Dies gilt auch international, so dass bei einer ausländischen Rechtsverletzung und der regelmäßigen Abrufmöglichkeit in Deutschland ein nationales Gericht angerufen werden kann. Sollte die ausländische Internetseite aber lediglich an ausländische Kunden (bei einem englischsprachigen Internetauftritt ist davon aber nicht ohne weiteres auszugehen) gerichtet sein, so ist die deutsche Gerichtsbarkeit nicht zuständig.[133]

---

[130] Das Markengesetz ist abgedruckt in Beck-Texte im dtv, Wettbewerbs- und Kartellrecht.
[131] Sog. fliegender Gerichtsstand: am *Handlungsort* ist die Tatbestandsverwirklichung der Verletzung begangen worden. *Erfolgsort* ist dagegen jeder Ort, an dem der Schädigende mit dem Eintritt des Erfolges rechnen musste, die Verletzung bewirkt wurde und an dem der Erfolg tatsächlich eingetreten ist; siehe Ströbele/*Hacker*, Markengesetz, § 140 Rn. 31; EuGH C-441/13, RIW 2015, 149 „Pez Hejduk".
[132] Vgl. Baumbach/Lauterbach/Albers/*Hartmann*, ZPO, § 32 Rn. 25.
[133] BGH, GRUR Int. 2005, 433 „Hotel Maritime".

Beispiel 74: Der BGH[134] war mit der Frage befasst, ob ein ehrverletzender Artikel in der **New York Times Online**, der primär nicht für den deutschen Markt bestimmt war, dennoch (über die analoge Anwendung des § 32 ZPO, §§ 823 Abs. 1, 1004 Abs. 1 S. 2 BGB) in einer solchen Weise sich auf Deutschland auswirke, dass die internationale Zuständigkeit (die auch unter der Geltung des § 545 Abs. 2 ZPO in der Revisionsinstanz zu prüfen sei) deutscher Gerichte gegeben sei. Der BGH hat dies mit der Begründung bejaht, dass eine Kenntnisnahme von der beanstandeten Meldung nach den Umständen des konkreten Falls im Inland erheblich näher liegt als es aufgrund der bloßen Abrufbarkeit des Angebots der Fall wäre und die vom deutschen Kläger behauptete Beeinträchtigung seines Persönlichkeitsrechts durch Kenntnisnahme von der Meldung auch im Inland eintritt. In diesem Zusammenhang unterscheidet der BGH zwischen „normalen" Internetdiensten, deren Inhalte regelmäßig nicht „verbreitet" würden und den hier zu behandelnden Pressediensten. New York Times Online hat die Inhalte eben nicht nur zum Abruf bereit gehalten. Es heißt dann in dem Urteil wörtlich:[135] „Entscheidend ist dabei, dass die als rechtswidrig beanstandeten Inhalte objektiv einen deutlichen Bezug zum Inland in dem Sinne aufweisen, dass eine Kollision der widerstreitenden Interessen – Interesse des Klägers an der Achtung seines Persönlichkeitsrechts einerseits, Interesse des Beklagten an der Gestaltung seines Internetauftritts und an einer Berichterstattung andererseits – nach den Umständen des konkreten Falls, insbesondere aufgrund des Inhalts der beanstandeten Meldung, im Inland tatsächlich eingetreten sein kann. Dies ist dann anzunehmen, wenn eine Kenntnisnahme von der beanstandeten Meldung nach den Umständen des Falls im Inland erheblich näher liegt als dies aufgrund der bloßen Abrufbarkeit des Angebots der Fall wäre."

Mit spezifischen Fragen der örtlichen Zuständigkeit für **Lizenzverträge** über **geistiges Eigentum** hatte sich der EuGH[136] zu beschäftigen.

Beispiel 75: Die Rechteverwalter des verstorbenen Sängers **Falco** haben ihren Sitz in Wien. Mit dem Lizenznehmer in Deutschland gab es Streit, weil Letzterer entgegen der Lizenzvereinbarung über die erlaubte Verbreitung von Videoaufnahmen eines Konzertes von Falco, auch Tonaufnahmen dieses Konzertes verbreitet habe. Die Rechteverwalter verlangten nun die Zahlung von Lizenzgebühren aus der Verletzung des Lizenzvertrages als Schadensersatzzahlungen, und zwar bezüglich der auch in Österreich vertriebenen Tonträger vor den österreichischen Gerichten. Zur Klärung der gerichtlichen Zuständigkeit legte der in letzter Instanz angerufene ÖGH die Fragen zur Auslegung der Art. 5 Nr. lit. b 2. Spiegelstrich EuGVVO a. F. Art. 7 Nr. 1 lit. b) 2. Spiegelstrich EuGVVO n. F. (weiterhin n. F.), u. a. des Begriffes der Dienstleistung, vor. Der EuGH kommt zum Ergebnis, dass dieser Lizenzvertrag nicht unter den Dienstleistungsbegriff des Art. 7 Nr. 1 lit. b) 2. Spiegelstrich EuGVVO falle. Auch die Einordnung als Kaufvertrag (Art. 7 Nr. 1 lit. b 1. Spiegelstrich EuGVVO) komme hier nicht in Frage. Damit ist aber gem. Art. 7 Nr. 1 lit. a) EuGVVO auf den Ort, an dem die vertraglichen Verpflichtungen zu erfüllen sind, abzustellen („allgemeine Verträge"). Der EuGH hat allerdings

---

[134] BGH, GRUR Int. 2010, 619 „New York Times Online".
[135] BGH, GRUR Int. 2010, 621.
[136] EuGH, GRUR Int. 2009, 848 „Falco".

lediglich einen Zwischenstreit über die Zuständigkeit des ÖGH entschieden. Wird der maßgebliche Ort in Deutschland als Erfüllungsort angesehen, dann wäre die Klage mangels Zuständigkeit der österreichischen Gerichte abzuweisen.[137]

Der EuGH[138] hat im Hinblick auf Art. 7 Nr. 2 EuGVVO entschieden, dass im Fall der Verletzung von Persönlichkeitsrechten auf einer Webseite der Verletzte sich entweder bei den Gerichten des Mitgliedstaates, in dem der Urheber der verletzenden Inhalte seinen Wohnsitz hat oder bei den Gerichten des Mitgliedstaates in dem der Mittelpunkt des Interesses (gewöhnlicher Aufenthalt) liegt, Klage auf den Gesamtschaden erheben kann. Wird zivilrechtliche Haftungsklage im Hoheitsgebiet erhoben, in dem der veröffentlichte Inhalt im Internet zugänglich ist, so kann nicht der gesamte Schaden, sondern nur **der Teil** geltend gemacht werden, der in dem entsprechenden Hoheitsgebiet verursacht wurde. Letzteres kann dann der Fall sein, wenn die Ausübung der beruflichen Tätigkeit einen besonders engen Bezug zu diesem Staat herstellt.[139]

Wörtlich heißt es dazu (Rn. 42):

„Zur Anwendung dieser beiden Anknüpfungskriterien bei Klagen auf Ersatz eines immateriellen Schadens, der durch eine ehrverletzende Veröffentlichung versursacht worden sein soll, hat der Gerichtshof entschieden, dass bei Ehrverletzungen durch einen in mehrere Vertragsstaaten verbreiteten Presseartikel der Betroffenen eine Schadensersatzklage gegen den Herausgeber sowohl bei den Gerichten des Vertragsstaats, in dem der Herausgeber der ehrverletzenden Veröffentlichung niedergelassen ist, als auch bei den Gerichten jedes Vertragsstaats erheben kann, in dem die Veröffentlichung verbreitet worden ist und in dem das Ansehen des Betroffenen nach dessen Behauptung beeinträchtigt worden ist; dabei sind die erstgenannten Gerichte für die Entscheidung über den Ersatz sämtlicher durch die Ehrverletzung entstandener Schäden und die letztgenannten Gerichte nur für die Entscheidung über den Ersatz der Schäden zuständig, die in dem Staat des angerufenen Gerichts verursacht worden sind."[140]

Im vorliegenden Verfahren kann der „Empfänger" der ehrverletzenden Äußerung, etwa in Deutschland, nur den Teil des Schadens geltend machen, der durch die Ehrverletzung in Deutschland verursacht wurde. Wird dagegen der gesamte Schaden beansprucht, so müsste Klage vor dem zuständigen Gericht des Herausgebers – hier in Österreich (www.rainbow.at) – erhoben werden.[141]

---

[137] Bei Streitigkeiten über Pflichten aus einem Vertrag über Softwareentwicklung im Ausland richtet sich die internationale Zuständigkeit gem. Art. 7 Nr. 1 b) EuGVVO nach dem Ort, an dem die Software schwerpunktmäßig entwickelt wurde; siehe OLG München, MMR 2010, 649; zur Zuständigkeit des Gerichts am Ort der Bildveröffentlichung im Internet EuGH C-441/13, RIW 2015, 149 „Pez Hejduk".

[138] EuGH MMR 2012, 45 „Persönlichkeitsrechtsverletzung im Internet".

[139] EuGH MMR 2012, 45 Rn. 49.

[140] So schon EuGH Slg. 1995, I-415 Rn. 20 und 21 „Shevill".

[141] Vgl. auch EuGH C-441/13, RIW 2015, 149 „Pez Hejduk".

2.4.4 Gerichtsstandsvereinbarungen

Gerichtsstandsvereinbarungen werden in **Art. 25 EuGVVO** erfasst. Sie begründen eine ausschließliche internationale Zuständigkeit (S. 2) durch Prorogation.[142]

Internationale Zuständigkeit bedeutet die Zuweisung zu den Gerichten eines Staates, ohne die örtliche Zuständigkeit damit zu bestimmen. Wird also lediglich die Zuständigkeit des Gerichts eines bestimmten Staates vereinbart, so würde sich die örtliche Zuständigkeit aus den nationalen Prozessregelungen ergeben.

> **Beispiel 76:** Vereinbaren ein französisches Unternehmen mit Sitz in Paris und ein deutsches Unternehmen mit Sitz in Berlin die Zuständigkeit eines deutschen Gerichts, so wäre die örtliche Zuständigkeit aus §§ 12 ff. ZPO zu ermitteln, also am Sitz des deutschen Unternehmens in Berlin (§ 17 Abs. 2 ZPO). Zudem geht Art. 25 Abs. 1 S. 1 EuGVVO davon aus, dass diese Wahl andere Gerichtsstände ausschließt. Denkbar wäre eine alternative Rechtswahl, von der aber ausdrücklich Gebrauch gemacht werden müsste.

Prorogation heißt, dass die Vertragsparteien sich **für ein bestimmtes Gericht** aussprechen. Eine solche Vereinbarung ist oftmals mit einer **Derogation** verbunden, also mit der Abwahl des an sich zuständigen Gerichts. Art. 25 EuGVVO gilt sowohl für die positive Wahl (Prorogation) als auch für die Abwahl des an sich zuständigen Gerichts.

> **Beispiel 77:** Vereinbaren ein französisches Unternehmen als Verkäufer und ein deutsches Unternehmen als Käufer die Lieferung von Ware nach Deutschland und einigen sich diese Vertragsparteien über die internationale Zuständigkeit eines französischen Gerichts, so findet nicht nur die positive Wahl des Gerichts in Frankreich statt, sondern zugleich auch die Abwahl des nach Art. 4 EuGVVO an sich zuständigen Wohnsitzgerichtsstandes und alternativ auch des nach Art. 7 Nr. 1 lit. b) 1. Spiegelstrich EuGVVO zuständigen Gerichtsstandes des Erfüllungsortes – beide in Deutschland – bei einem Kaufvertrag über bewegliche Sachen statt. Beides, sowohl die Prorogation als auch die Derogation, sind von Art. 25 EuGVVO abgedeckt.

Im Gegensatz zu Art. 23 Abs. 1 S. 1 EuGVVO a. F. verlangt der neue Art. 25 EuGVVO nicht mehr, dass mindestens eine Partei ihren Wohnsitz (siehe Art. 62 und 63 EuGVVO) im Hoheitsgebiet eines Mitgliedstaats hat. Allerdings sind rein innerstaatliche Sachverhalte ausgeschlossen.[143] Ohne Beteiligung eines EU-Mitgliedstaates bzw. eines Drittstaates kommen §§ 38 ff. ZPO zur Anwendung, die im Übrigen von Art. 25 ff. EuGVVO verdrängt werden.

> **Beispiel 78:** Der Verkäufer hat seinen Sitz in Peking/China, der Käufer in Bonn. Beide Vertragsparteien sind Kaufleute und vereinbaren, dass das zu-

---

[142] Vgl. Nordmeier, Internationale Gerichtsstandsvereinbarungen nach der EuGVVO n. F., RIW 2016, 331.

[143] Hartmann/Lauterbach/Albers/*Hartmann*, Zivilprozessordnung, Schlußanhang VC2 EuGVVO Art. 26 Rn 2.

ständige Volksgericht in Peking im Streitfall zuständig ist. Dann beurteilt sich die Wirksamkeit dieser Gerichtsstandsvereinbarung nach Art. 25 EuGVVO.

Haben beide Parteien ihren Wohnsitz außerhalb der EU, so kommt das Prozessrecht des Gerichtsstands zur Anwendung (Art. 4 EuGVVO). Ein möglicherweise in der Sache zuständiges Gericht eines anderen Mitgliedstaates kann die Sache dann nicht mehr an sich ziehen.

Beispiel 79: Ein chinesisches sowie ein US-amerikanisches Unternehmen vereinbaren im Falle einer Patentstreitigkeit die Zuständigkeit des Landgerichts Düsseldorf (was wegen der besonderen Kompetenz dieses Gerichts auf dem Gebiet des Patentrechts und der relativ niedrigen Prozesskosten gegenüber denen der USA häufig vorkommt). War die Patentrechtsverletzung in Frankreich begangen worden, wäre an sich die internationale Zuständigkeit französischer Gerichte gegeben, was aber durch Art. 5 Abs. 2 EuGVVO nun verhindert wird.

Eine Vereinbarung kann auch durch und im Rahmen **allgemeiner Geschäftsbedingungen** erfolgen. Die Einbeziehung muss dann durch ausdrücklichen Hinweis im Vertragstext geschehen.[144]

Die **Formanforderungen** regelt **Art. 25 Abs. 1 S. 3 EuGVVO** wie folgt:
- Schriftform (lit. a) Fall 1); auch die elektronische Übermittlung erfüllt das Schriftformerfordernis (Abs. 2), wenn damit eine dauerhafte Aufzeichnung der Vereinbarung ermöglicht wird, also etwa der Möglichkeit eines Ausdrucks auf Papier, was der Textform gem. § 126 b BGB entspricht,
- „halbe Schriftlichkeit" (lit. a Fall 2); es genügt also die schriftliche Erklärung lediglich von einer Seite, wenn sich die Parteien zuvor mündlich über die Zuständigkeit geeinigt haben,
- Gepflogenheiten der Parteien (lit. b); das sind Verhaltensweisen, die regelmäßig zwischen den Parteien beachtet wurden,[145]
- Handelsbrauch (lit. c); nicht nur in Deutschland findet das „kaufmännische Bestätigungsschreiben" Anwendung, sondern auch bei internationalen Handelsbeziehungen; schweigt der Empfänger eines Schreibens, das die zuvor geführten Vereinbarung über den Gerichtsstand bestätigt, so wird der dort genannte Gerichtsstand tatsächlich berücksichtigt.

Das **Bestimmtheitsmerkmal des Art. 25 Abs. 1 S. 1 EuGVVO** bezieht sich auf die Rechtsverhältnisse und auf das zur Entscheidung berufene Gericht. Dabei genügt es, dass bei Klageerhebung der Gerichtsstand aus den Umständen zu ermitteln ist. Jedenfalls muss ein örtlich zuständiges Gericht nicht benannt werden.[146]

Gem. **Art. 26 Abs. 1 EuGVVO** kann die **rügelose Einlassung** des Beklagten die internationale Zuständigkeit des an sich nicht zuständigen Gerichts begrün-

---

[144] BGH, NJW 1994, 2699; *von Hein*, in: Kropholler/von Hein, Europäisches Zivilprozessrecht, Art. 23 a. F. EuGVVO Rn. 28.
[145] *von Hein*, in: Kropholler/von Hein, Europäisches Zivilprozessrecht, Art. 23 a. F. Rn. 50.
[146] Baumbach/Lauterbach/Albers/*Hartmann*, EuGVVO Art. 25 Rn. 17.

den. Dies gilt sogar dann, wenn die Parteien eine Gerichtsstandsvereinbarung zugunsten eines Drittstaates getroffen haben.[147]

Nach Abs. 2 muss das Gericht sicherstellen, strukturell benachteiligte Personen als Beklagte wie etwa Verbraucher über ihr Recht, die Unzuständigkeit des Gerichts geltend zu machen und über die Folgen der Einlassung oder Nichteinlassung auf das Verfahren zu belehren.

Der *Standardtext des Europäischen Justiziellen Netzes* lautet wie folgt:

„Gegen Sie ist auf der Grundlage der Verordnung 1215/2012 Klage vor einem Gericht eines Mitgliedstaats der Europäischen Union erhoben worden.

Nach Art. 26 der Verordnung ist das Gericht grundsätzlich zuständig, wenn sich der Beklagte auf das Verfahren eingelassen hat, wenn die Zuständigkeit nicht aus anderen Bestimmungen der Verordnung abgeleitet werden kann. Dies gilt jedoch nicht, wenn der Beklagte sich einlässt, um den Mangel der Zuständigkeit geltend zu machen.

Wenn Sie sicher sind, dass das Gericht nicht aufgrund einer anderen Bestimmung der Verordnung zuständig ist, brauchen Sie sich auf das Verfahren nicht einzulassen. Wenn Sie Zweifel an der Zuständigkeit des Gerichts haben, sollten Sie die Zuständigkeit des Gerichts bestreiten, bevor Sie sich zur Sache einlassen."[148]

2.4.5 Rechtshängigkeit und im Zusammenhang stehende Verfahren

Die **Rechtshängigkeit** und **im Zusammenhang stehende Verfahren** werden in **Art. 29 bis 34 EuGVVO** behandelt. Nach allgemeinen prozessualen Grundsätzen ist eine Klage rechtshängig, wenn sie der Gegenseite tatsächlich zugestellt wurde. Bei Klageeinreichung ohne Zustellung an die Gegenseite spricht man von Anhängigkeit des Verfahrens. **Art. 32 EuGVVO** setzt unter gewissen Voraussetzungen die Rechtshängigkeit mit der Anhängigkeit der Klage gleich. Nr. 1 macht deutlich, dass für Zwecke „dieses Abschnitts" (Art. 29 bis 34 EuGVVO) ein Gericht als angerufen gilt, wenn das verfahrenseinleitende Schriftstück bei Gericht eingereicht worden ist und unter regelmäßigen Umständen mit einer Zustellung an den Beklagten zu rechnen ist (wenn also z. B. der Beklagte mit ladungsfähiger Anschrift angegeben wurde). Es geht in Nr. 1 um solche Schriftstücke, die (wie in Deutschland in §§ 253 Abs. 5, 271 Abs. 1 ZPO geregelt) vor der Zustellung an den Beklagten bei Gericht einzureichen sind. Nach Nr. 2 gilt dies entsprechend auch dann, wenn die Zustellung an den Beklagten vor Einreichung des Schriftstücks zu bewirken ist. Diese Vorgehensweise entspricht nicht dem deutschen System, das eine Zustellung gerade durch das Gericht verlangt.

Art. 29 EuGVVO besagt, dass im Fall der gerichtlichen Inanspruchnahme verschiedener Gerichte der Mitgliedstaaten wegen **desselben Anspruchs**, das später angerufene Gericht das Verfahren von Amts wegen so lange aussetzt, bis die Zuständigkeit des zuerst angerufenen Gerichts feststeht **(Art. 30 EuGVVO)**.

---

[147] EuGH C-175/15, RIW 2016, 294 „Taser International"

[148] Dieses Muster ist nicht bindend; vgl. Mankowski, Neues beim europäischen Gerichtsstand der rügelosen Einlassung durch Art. 26 Abs. EuGVVO n. F., RIW 2016, 245.

> **Beispiel 80:** Dazu hat sich im Patentrecht die **Praxis der „Torpedos"** etabliert. Befürchtet eine Person wegen Patentverletzungen verklagt zu werden, erhebt diese negative Feststellungsklage vor einem Gericht ihrer Wahl innerhalb der EU, um den Patentinhaber an der Anrufung eines zuständigen Gerichts seiner Wahl zu hindern. Ein solcher „Torpedo" kann die Durchsetzung der Rechte erheblich verzögern oder gar ganz verhindern. Entscheidend ist dabei die Frage, wann in einem Rechtsstreit **„derselbe Anspruch"** vorliegt. Nach der oben geschilderten Torpedopraxis betreffen negative Feststellung und positiver Anspruch (auch auf Schadensersatz) denselben Streitgegenstand. Denn für die Annahme, dass beide Klagen den gleichen Gegenstand haben genügt es, dass **Kernpunkt** beider Rechtsstreitigkeit ein bestehendes oder nicht bestehendes geistiges Schutzrecht ist.[149]

Neuerungen gibt es gem. **Art. 31 Abs. 2 EuGVVO** dann, wenn ein Gericht eines Mitgliedstaates aufgrund einer ausschließlichen Gerichtsstandsvereinbarung gem. Art. 25 EuGVVO zuständig ist. Bisher war es möglich, dass trotz ausschließlicher Gerichtsstandsvereinbarung eine Verfahrensverzögerung dadurch erreicht werden konnte, dass ein an sich nicht zuständiges Gericht angerufen wurde. In der alten Fassung der EuGVVO (Brüssel I-VO) hatte der vereinbarte Gerichtsstand keinen Vorrang gegenüber den alten Art. 27 und 28 EuGVVO (Litispendenzregeln). Das hat auch damit zu tun, dass das zuerst angerufene nicht vereinbarte Gericht u. U. auch über die Frage der Wirksamkeit der Abrede über die ausschließlich Lizenz zu entscheiden hatte. **Ziel der Änderung** ist es nunmehr, ausschließliche Gerichtsstandsvereinbarungen zu schützen und ihnen Vorrang vor dem Prioritätssystem in der Litispendenz zu verschaffen. Also gehen nunmehr Qualität und Zuständigkeitsgrund der zeitlichen Abfolge vor.[150] In einem Fall, dass ein Verfahren bei einem Gericht, das nicht in einer ausschließlichen Gerichtsstandsvereinbarung vorgesehen ist, anhängig gemacht wird **und später das vereinbarte Gericht wegen desselben Anspruchs zwischen den Parteien angerufen wird** (allerdings nur dann), muss das **zuerst angerufene Gericht das Verfahren aussetzen.**[151] Dies gilt so lange, bis das letztere Gericht erklärt, dass es gemäß der ausschließlichen Gerichtsstandsvereinbarung nicht zuständig ist. Insbesondere soll das vereinbarte Gericht das Verfahren unabhängig davon fortsetzen können, ob das nicht vereinbarte Gericht bereits entschieden hat, das Verfahren auszusetzen. Allerdings darf sich der Beklagte vor dem Erstgericht (forum derogatum) nicht rügelos eingelassen haben.

Einen ähnlichen Ausschlussgrund regelt das **europäische Markenrecht.** Für Klagen aus einer Gemeinschaftsmarke sowie einer identischen nationalen Marke besagt Art. 109 Abs. 2 und 3 Gemeinschaftsmarkenverordnung (GMV),[152] dass die Klage wegen Verletzung der einen Marke abzuweisen ist, wenn wegen der-

---

[149] Vgl. *von Hein*, in: Kropholler/von Hein, Europäisches Zivilprozessrecht, Art. 27 EuGVVO a.F. Rn. 11.

[150] *Mankowski*, Der Schutz von Gerichtsstandsvereinbarungen vor abredewidrigen Klagen durch Art. 31 Abs. 2 EuGVVO n. F., RIW 2015, 17, 19.

[151] Siehe **Erwägungsgrund 22** EuGVVO.

[152] Zu finden in Beck-Texte im dtv, Wettbewerbsrecht- und Kartellrecht.

selben Handlungen zwischen denselben Parteien bereits auf Grund der anderen Marke ein rechtskräftiges Urteil in der Sache ergangen ist.

Merksätze:

Entscheidend für die Aussetzung des Verfahrens wegen anderweitiger Rechtshändigkeit ist der Streitgegenstand, der einerseits aus dem Antrag, andererseits aus der Klagebegründung besteht. Es geht um denselben Anspruch, der im europäischen Verfahrensrecht sehr weit gefasst wird, so dass unterschiedliche Anträge die aber denselben Kern betreffen als ein Streitgegenstand angesehen werden.

2.4.6 Aufgabe 7 („Anwalt auf Kreta")

Der in Deutschland wohnhafte Kläger beabsichtigt zwei auf der Insel Kreta gelegene Eigentumswohnungen zu erwerben. Anlässlich der Besichtigung der Wohnungen kam er mit der Eigentümerin auf deren Vorschlag überein, dass der Beklagte, ein ortsansässiger griechischer Rechtsanwalt, der über deutsche Sprachkenntnisse verfügt, bei der Abwicklung des Geschäfts Hilfe leisten sollte. Der Kaufvertrag scheiterte, weil die Eigentümerin die Eigentumswohnung nicht mehr verkaufen wollte und der Beklagte es daraufhin ablehnte, von der ihm seitens der Eigentümerin erteilten Vollmacht der Objekte Gebrauch zu machen. Der Kläger nimmt den Beklagten auf Schadensersatz in Anspruch, weil dieser es pflichtwidrig unterlassen habe, die Vollmacht auszunutzen. Er hält die internationale Zuständigkeit deutscher Gerichte für gegeben, weil es sich um eine Verbrauchersache gem. Art. 17 Abs. 1 lit. c) EuGVVO handele; insbesondere habe der Beklagte dadurch, dass er auf der Internetseite der deutschen Botschaft in Athen, auf der Webseite des „Immobilien-K." sowie auf der Homepage dreier deutscher Rechtsschutzversicherungen als in Griechenland tätiger Rechtsanwalt aufgeführt sei, seine Tätigkeit auch auf die Bundesrepublik Deutschland ausgerichtet. Ist die internationale Zuständigkeit deutscher Gerichte gegeben?[153]

Lösung:

Inwiefern die internationale Zuständigkeit deutscher Gerichtet gegeben ist, hängt zunächst davon ab, ob die EuGVVO Anwendung findet. Nach Art. 1 EuGVVO kommt diese Regelung zur Anwendung, wenn es um eine Zivilsache geht, was hier der Fall ist. Ausschlusstatbestände nach Abs. 2 dieser Norm liegen hier nicht vor. Art. 17 EuGVVO regelt in Abweichung zu Art. 4 EuGVVO den besonderen Gerichtsstand in Verbrauchersachen. Nach Art. 18 Abs. 1 EuGVVO kann in solch einer Sache die Klage des Verbrauchers vor dem Gericht erhoben werden, an dem der Verbraucher seinen Wohnsitz hat. Dann müsste es sich gem. Art. 17 EuGVVO zunächst um eine Verbrauchersache handeln. Der Beklagte als Rechtsanwalt ist „beruflich", der Kläger

---

[153] OLG Koblenz, MMR 2009, 42; siehe auch EuGH, C-585/08 und C-144/09, MMR 2011, 132 „Pammer/Alpenhof".

dagegen nicht in beruflicher Eigenschaft tätig und somit Verbraucher. Nach Art. 17 Abs. 1 lit. c) kommt hier ein „anderer Verbrauchervertrag" in Frage, wozu auch Immobiliengeschäfte zählen. Die berufliche Tätigkeit des Beklagten muss dann im Wohnsitzstaat des Verbrauchers stattfinden (1. Alt.) oder auf den Wohnsitzstaat des Verbrauchers ausgerichtet sein (2. Alt.). Nur die zweite Alternative kommt in diesem Fall in Betracht. Die „Ausrichtung" kann auch im Fernabsatz via Internet erfolgen. Früher wurde verlangt, dass die Webseite des Anbieters, also hier des griechischen Rechtsanwalts als Beklagten, aktiv auf den Wohnsitzstaat des Klägers als Verbraucher gerichtet sein muss. Dagegen war die Zugänglichkeit einer nur passiven Webseite als solche und der Umstand, dass sich der Verbraucher des Angebots einer Dienstleistung oder der Möglichkeit, Waren zu kaufen, durch eine solche in seinem Mitgliedstaat zugängliche Webseite bewusst wird, nicht ausreichend, um den zuvor genannten Tatbestand zu erfüllen. Ob eine Webseite „interaktiv" ist oder lediglich passiv ausgestaltet ist, wird inzwischen nicht mehr als maßgeblich angesehen. Vielmehr ist alleine entscheidend, ob der Gewerbetreibende bereits vor dem eigentlichen Vertragsschluss seinen Willen zum Ausdruck gebracht hat, Geschäftsbeziehungen zu Verbrauchern eines oder mehrerer Mitgliedstaaten herzustellen. Das ist etwa dann anzunehmen, wenn über die Webseite eine Anfahrtsskizze aufgerufen werden kann, in die auch eine Wegbeschreibung ins Ausland eingezeichnet wäre.[150]

Der Beklagte selbst hat keine Webseite unterhalten, sondern seine Kontaktadresse lediglich durch Dritte auf deren Homepage als Serviceleistung für die eigenen Kunden bzw. Staatsangehörigen mitgeteilt. Auch wenn die Annahme nahe liegt, dass seine Erwähnung jedenfalls auf der Homepage der deutschen Botschaft nicht ohne seine Kenntnis und Zustimmung erfolgt ist, bleibt diese Fallgestaltung noch hinter der des Unterhaltens einer (eigenen) passiven Webseite zurück.

Darüber hinaus war für die Erfüllung des Merkmals „Ausrichten" der gewerblichen oder beruflichen Tätigkeit auf den Wohnsitzstaat des Verbrauchers erforderlich, dass er (der Kläger) dort zum Vertragsschluss zumindest motiviert worden ist, auch wenn der Vertragsschluss selbst nicht in dem Wohnsitzstaat erfolgen muss. Danach kann das Merkmal des „Ausrichtens" nicht angenommen werden, weil der Kläger nicht in Deutschland oder über das Internet auf den Beklagten aufmerksam geworden ist. Der Kläger kannte nicht einmal die von ihm erwähnten Webseiten, auf denen der Beklagte genannt ist. Somit ist diese Voraussetzung nicht erfüllt und folglich Art. 17 Abs. 1 lit. c) 2. Alt. EuGVVO nicht anwendbar.[155]

Ergebnis: Der vom Kläger in Anspruch genommene internationale Gerichtsstand Deutschlands ist nicht zuständig.

---

154 BGH, MMR 2013, 642 (643) „mobile.de" unter Berufung auf EuGH MMR 2011, 132 „Pammer/Alpenhof"; siehe auch EuGH C-509/09 und C-161/10, NJW 2012, 137 „eDate Advertising und Martinez".

155 Vgl. *von Hein,* in: Kropholler/von Hein, Europäisches Zivilprozessrecht, Art. 15 a. F. Rn. 23 ff.; EuGH C-585/08 und C-144/09, MMR 2011, 132 „Pammer/Alpenhof".

Europäisches Wirtschaftsrecht 3

Wichtiger Baustein für das Verständnis des internationalen Wirtschaftsrechts ist die Erfassung des europäischen Wirtschaftsrechts.[156] Zwar wird „Europarecht" in der Regel gesondert gelehrt und dargestellt, dabei aber der Schwerpunkt auf das institutionelle öffentliche Recht gelegt. Tatsächlich ist das Recht der Europäischen Union (EU) aber weitgehend dem internationalen Wirtschaftsrecht zuzuordnen.

Erst die Erfassung der wirtschaftlichen Dimension mit den Marktfreiheiten ermöglicht die (später vorzunehmende) Zuordnung zum autonomen Welthandelsrecht der WTO sowie dem „Wiener" Kaufrecht (UN-Kaufrecht). Zunächst sind aber solide Grundkenntnisse des Lissabon-Vertrages aus dem Jahre 2009 und der Grundfreiheiten unverzichtbar.

3.1 Allgemeine Grundsätze der Europäischen Union

Grundlage der Europäischen Union (EU) sind der Vertrag (EUV) und der Vertrag über die Arbeitsweise der Europäischen Union (AEUV). Beide Verträge sind rechtlich gleichrangig. Die EU tritt an die Stelle der Europäischen Gemeinschaft, deren Rechtsnachfolgerin sie ist (Art. 1 EUV). Als **grundlegende Werte** werden genannt: Achtung der Menschenwürde, Freiheit, Demokratie, Gleichheit, Rechtsstaatlichkeit und die Wahrung der Menschenrechte einschließlich dem Minderheitenschutz (Art. 2 EUV). **Ziel** der Union ist es, den Frieden, ihre Werte und das Wohlergehen ihrer Völker zu fördern. Die Union bietet ihren Bürgern einen Raum der Freiheit, der Sicherheit und des Rechts ohne Binnengrenzen, in dem unter anderem der freie Personenverkehr gewährleistet ist (Art. 3 EUV). Alle der Union nicht in den Verträgen übertragenen Zuständigkeiten bleiben gem. Art. 5 EUV bei den Mitgliedstaaten (Art. 4 EUV). Von besonderer Bedeutung ist der vom Europäischen Gerichtshof seit Jahren entwickelte Auslegungsgrundsatz der praktischen Wirksamkeit **(effet utile)** des Unionsrechts sowie das Gebot der Unionstreue bzw. der loyalen Zusammenarbeit (Art. 4 Abs. 3 EUV).

Weiterhin zu nennen ist der Grundsatz der **Subsidiarität**. In den Bereichen, die nicht in ihre ausschließliche Zuständigkeit fallen, wird die Union nach dem Subsidiaritätsprinzip nur tätig, sofern und soweit die Ziele der in Betracht gezogenen Maßnahmen auf Ebene der Mitgliedstaaten nicht ausreichend umgesetzt werden können und daher wegen ihres Umfangs oder ihrer Wirkungen besser auf Gemeinschaftsebene zu behandeln sind (Art. 5 Abs. 1 S. 2 EUV).[157]

---

[156] Zu dieser Bezeichnung siehe Kilian/Wendt, Europäisches Wirtschaftsrecht.
[157] Vgl. *Callies*, in: Callies/Ruffert, EUV/AEUV, Art. 5 EUV Rn. 19 ff.

3.2 Organe der EU

Mit dem Lissabon-Vertrag (2009) wurde der „Hohe Vertreter für Außen- und Sicherheitspolitik" (EU-Außenminister oder EU-Außenbeauftragter, *zur Zeit Frederica Mogherini*) geschaffen (Art. 18 EUV). Dieser ist zugleich Vizepräsident der Europäischen Kommission, Vorsitzender des Rates für Auswärtige Angelegenheiten und Außenbeauftragter des Europäischen Rates.

Der **Europäische Rat** besteht aus den Staats- und Regierungschefs der 28 Mitgliedstaaten, zusätzlich noch dem Präsidenten des Europäischen Rates und dem Präsidenten der Kommission. Er hat die Aufgabe, Leitentscheidungen (einstimmig) in allen politischen Fragen zu treffen. Der Präsident des Europäischen Rates (zur Zeit *Donald Tusk*)[158] wird nunmehr für 2 ½ Jahre gewählt.

Der **Rat** (Ministerrat) besteht aus je einem Vertreter jedes Mitgliedstaats auf Ministerebene, der jeweils die Regierung vertritt. Der Rat ist zusammen mit dem Europäischen Parlament zuständig zur **Rechtsetzung** innerhalb der EU und übt mit diesem die Haushaltsbefugnisse aus. Zu den weiteren Aufgaben gehören die Festlegung der Politik und deren Koordinierung nach Maßgabe der Verträge. Der Rat **beschließt** grds. mit qualifizierter Mehrheit. Ein Mitgliedstaat kann bis zum 30.10.2014 verlangen, dass hinter der qualifizierten Mehrheit mindestens 62 % der Bevölkerung der EU stehen. Seit dem 1.11.2014 gilt das System der doppelten Mehrheit. D. h. eine Mehrheit von 55 % der Mitglieder des Rates, gebildet aus mindestens 15 Mitgliedern, sofern die von diesen vertretenen Mitgliedstaaten zusammen mindestens 65 % der Bevölkerung der Union ausmachen. Für eine **Sperrminorität** sind mindestens vier Mitglieder des Rates erforderlich, andernfalls gilt die qualifizierte Mehrheit als erreicht. Bis zum 1.11.2017 gibt es allerdings Übergangsregelungen.

Die **Kommission** der Europäischen Gemeinschaft besteht aus einem Präsidenten, ein bis zwei Vizepräsidenten und 28 Kommissaren. Die Kommission wird für 5 Jahre ernannt und hat ihren Sitz in Brüssel. Seit dem 1.11.2014 wurde die Zahl der Kommissare auf ⅔ der Zahl der Mitgliedstaaten gesenkt. Dabei wurde ein System gleichberechtigter Rotation eingeführt. D. h. jeder Mitgliedstaat wird in einer von drei Amtszeiten keinen Kommissar stellen. Sie sind unabhängig von ihren jeweiligen Regierungen und dürfen keine Anweisungen von einer Regierung oder einer anderen Stelle anfordern noch entgegennehmen.

Die Kommission übt ihre Tätigkeit unter der politischen Führung ihres Präsidenten (zur Zeit *Jean-Claude Juncker)* aus (Art. 217 EGV). Sie ist Exekutivorgan der EU. Sie hat das Initiativrecht zum Erlass von EU-Richtlinien oder -Verordnungen sowie für den Erlass von Durchführungsbestimmungen. Sie ist zur Aufsicht im Wettbewerbs- und Beihilferecht (Kartell- und Fusionskontrolle) zuständig. Darüber hinaus stellt sie den Haushaltsplan auf, verwaltet die Strukturfonds und handelt internationale Abkommen (insbesondere Handelsabkommen) der Gemeinschaft mit außenstehenden Staaten aus.

---

[158] Siehe www.consilium.europa.eu/uedocs/cms_data/docs/pressdata/en/ec/133754.pdf.

Der **Gerichtshof der Europäischen Union** umfasst den Gerichtshof, das Gericht und Fachgerichte und hat seinen Sitz in Luxemburg. Dem **Gerichtshof** gehören ein Richter je Mitgliedstaat und acht Generalanwälte an, die durch die Regierungen der Mitgliedstaaten ernannt werden. Der Präsident des Gerichtshofes wird durch die Richter gewählt. Am Gerichtshof gibt es ein Plenum, dem alle Richter angehören, daneben tagt das Gericht in Kammern mit drei Richtern (Art. 251 AEUV). Weiterhin gibt es das **Gericht** (Art. 256 AEUV), das für Klagen erster Instanz über die Verfahren nach Art. 263, 265, 268, 270 sowie 272 AEUV zuständig ist. Ein Verfahren wird durch die Generalanwälte geführt, die unparteilich und unabhängig mit sog. Schlussanträgen die Entscheidungen der Richter des Europäischen Gerichtshofes vorbereiten. Diesem Gericht können Fachgerichte beigeordnet werden (Art. 257 AEUV). Der Gerichtshof ist als internationales Gericht für die Auslegung und Anwendung des gesamten Gemeinschaftsrechtes zuständig. Dabei geht es nicht nur um Klagen der EU-Kommission gegen die Mitgliedstaaten wegen Vertragsverletzungen, sondern auch um Klagen von einzelnen EU-Bürgern gegen EU-Mitgliedstaaten. Auch das Europäische Parlament hat Klagebefugnis, z. B. wenn seine Mitwirkungsrechte im Gesetzgebungsverfahren verletzt sind.

Ein weiteres Organ der EU ist die **Europäische Zentralbank** (Art. 282 ff. AEUV). Sie hat währungshoheitliche Befugnisse (Sitz: Frankfurt/Main) für den EURO-Raum. Der **Europäische Rechnungshof** (Art. 285 ff. AEUV) prüft die Rechtmäßigkeit und Ordnungsmäßigkeit der Einnahmen und Ausgaben der EU nach den Grundsätzen von Wirtschaftlichkeit und Effektivität und ist ebenfalls Organ der EU. Dazu zählt auch der **Wirtschafts- und Sozialausschuss,** der als Bindeglied zwischen dem Europäischen Parlament, dem Ministerrat und der Kommission (Art. 13 Abs. 4 EUV) fungiert und in der Hauptsache für die wirtschaftliche Entwicklung und für soziale Fragen (Sozialfonds) verantwortlich zeichnet (Art. 300 ff. AEUV). Zu nennen sind dann noch der **Ausschuss der Regionen**, in dem einzelne Untergliederungen der Mitgliedstaaten (z. B. Bundesländer) repräsentiert sein sollen (Art. 305 ff. AEUV) sowie die **Europäische Investitionsbank** (Art. 308 ff. AEUV) mit der Aufgabe, zu einer ausgewogenen und reibungslosen Entwicklung des Binnenmarktes im Interesse der Union beizutragen.

3.3 Europäische Rechtsgrundlagen

Nach den Verträgen von Maastricht (1992), Amsterdam (1997) und Nizza (2001) stellt nun seit 2009 der **Vertrag von Lissabon (Vertrag zur Reform der Europäischen Union)** anstelle des gescheiterten Verfassungsvertrages (2004) die wichtigste rechtliche Grundlage für die EU dar. Inzwischen (ebenfalls seit 2009) ist der Verfassungsvertrag in allen Mitgliedstaaten ratifiziert (die letzte Ratifizierung erfolgte in der Tschechischen Republik), somit insgesamt wirksam. Ein wesentlicher Bestandteil dieses Verfassungsvertrages ist die im Jahre 2000 verabschiedete **Charta der Grundrechte der EU** (GR-Charta), die über Art. 6 Abs. 1 Vertrag über die europäische Union (EUV) für alle Staaten der EU (bis auf Großbritannien und Polen) verbindlich ist. Im Einzelnen sind dies die nachfolgenden Grundsätze und Rechte als geschriebenes Recht, das vom EuGH (in zahlreichen Entscheidungen) konkretisiert wurde. Als „Eckpfeiler" der Wirtschaftsverfassung sind zu nennen:

- Recht auf Freiheit und Sicherheit (Art. 6 GR-Charta)
- Recht auf berufliche und wirtschaftliche Betätigung (Art. 15, 16 GR-Charta)
- Recht auf Eigentum (Art. 17 GR-Charta)
- Gleichheit (Art. 20 bis 26 GR-Charta).

Das Europäische Recht unterscheidet zwischen **primärem** und **sekundärem Recht**. *Primäres Unionsrecht* ist das originäre, durch Übertragung von Hoheitsrechten der Mitgliedstaaten an die supranationalen Organisation „Europäische Union" zustande gekommene Recht, namentlich der Vertrag über die Europäische Union (EUV)[159] sowie die Regelungen des Vertrags über die Arbeitsweise der Europäischen Union (AEUV) nebst den integrierten Erklärungen, Protokollen und Annexen sowie die in der Charta der Grundrechte der Europäischen Union enthaltene Rechte.[160] Schließlich sind hier auch die gewohnheitsrechtlichen sowie die ungeschriebenen Rechtsgrundsätze des Rechts der EU (Softlaw) zu erwähnen.

Zum *sekundären Unionsrecht* gehören Verordnungen („regulations"), Richtlinien („directives") sowie Entscheidungen, Empfehlungen oder Stellungnahmen (Art. 288 AEUV). Über die Hälfte der gesetzlichen Regelungen in den Mitgliedstaaten der EU gehen mittlerweile auf EU-Richtlinien zurück, bzw. gelten als Verordnungen unmittelbar in allen 27 Mitgliedstaaten.

Verordnungen sind in allen Mitgliedstaaten unmittelbar anzuwenden, ohne dass die jeweiligen nationalen Parlamente (z. B. der Bundestag) ein nationales Gesetz beschließen müssten (Art. 288 Abs. 1 AEUV). Zu nennen sind im Bereich des Internationalen Privatrechts die ROM I-VO über vertragliche Schuldverhältnisse sowie die ROM II-VO für außervertragliche Schuldverhältnisse.

Bei *Richtlinien* (z. B. Produkthaftungsrichtlinie) setzt die EU einen gesetzgeberischen Rahmen, der von den Mitgliedstaaten innerhalb eines festgelegten Zeitraums (meist 3 bis 5 Jahre) in nationales Recht umzusetzen ist (Art. 288 Abs. 2 AEUV). In Deutschland wurde die Produkthaftungsrichtlinie durch das Produkthaftungsgesetz (im Jahre 1990) umgesetzt.[161]

Merksätze:

Das formale Umsetzungsverfahren wird von der Kommission ständig überwacht. Die Mitgliedstaaten haben erfolgte Umsetzungen anzuzeigen.[156] Nach der Umsetzung bleiben die Richtlinien weiterhin bestehen und können dann auch als „Maßstab" für ein eventuelles Gerichtsverfahren zur Überprüfung der Umsetzung in nationales Recht herangezogen werden.

---

[159] Über Art. 6 Abs. 1 EUV gehört auch die Grundrechte-Charta der EU zum primären Recht. Zudem tritt die Union der Europäischen Konvention zum Schutz der Menschenrechte und Grundfreiheiten (EMRK) bei (Art. 6 Abs. 2 EUV).

[160] Weiter gehört zum primären Recht auch der Vertrag über die Europäische Atomgemeinschaft (EAG), der aber in diesem wirtschaftlichen Kontext nicht weiter behandelt wird.

[161] In der CELEX-Datenbank veröffentlicht die Kommission regelmäßig Übersichten über den Stand der Umsetzungsverfahren.

Unmittelbare Wirkung entfalten auch die Richtlinien ausnahmsweise dann, wenn die Umsetzungsfrist für die Mitgliedstaaten abgelaufen ist und die Richtlinie den Schutz der Bürger beabsichtigt.[162]

3.4 Rechtsschutz vor dem EuGH

Es gibt verschiedene Klagearten zum Europäischen Gerichtshof. In funktionaler Hinsicht wird der Gerichtshof zunächst als Verfassungsgericht tätig, und zwar beim Vertragsverletzungsverfahren, der Nichtigkeitsklage und der Untätigkeitsklage (EuGH als Verfassungsgericht, 3.4.1), darüber hinaus auch als Verwaltungsgericht[163] bei den Vorabentscheidungen (EuGH als Verwaltungsgericht, 3.4.2), schließlich noch als Zivilgericht bei der Schadensersatzklage (EuGH als Zivilgericht, 3.4.3).

Weitere Aufgaben des EuGH sind die Abgabe von Gutachten, die Überprüfung des Verfahrens bei Sanktionen gegen Mitgliedstaaten, Schiedsverfahren, Beamtenklagen (hier aber nur das Gericht des öffentlichen Dienstes), Markenrechtsklagen, einstweiliger Rechtsschutz, Rechtsmittel- und Überprüfungsverfahren.

3.4.1 EuGH als Verfassungsgericht

Durch das **Vertragsverletzungsverfahren** (Art. 259 AEUV) kann der EuGH von der Kommission und jedem Mitgliedstaat angerufen werden, wenn ein Verstoß eines Mitgliedstaates gegen die Verträge (also primäres Unionsrecht) vorliegt. Der EuGH kann die Zahlung eines Pauschalbetrages oder Zwangsgeld verlangen (Art. 260 Abs. 2 EGV).

> **Beispiel 81:** Klagegegenstand kann jeder Verstoß gegen primäres und sekundäres Gemeinschaftsrecht sein, wobei mitgliedsstaatlich jedes Handeln durch ein mit Hoheitsgewalt ausgestattetes Organ ist, etwa Handlungen des Bundestages, der Gerichte oder Gemeinden.

Die Nichtigkeitsklage (Art. 263 AEUV) kann von Mitgliedstaaten, des Rates, der Kommission oder der EZB wegen Unzuständigkeit, Verletzung wesentlicher Formvorschriften, Verletzung des AEUV oder einer bei seiner Durchführung anzuwendenden Rechtsnormen oder wegen Ermessensmissbrauchs erhoben werden. Auch jede natürliche oder juristische Person ist klagebefugt, soweit unmittelbar betroffen (Art. 263 Abs. 4 AEUV). Verklagt werden können der Rat, die Kommission, das Parlament und die EZB.

Eine weitere Klage der Mitgliedstaaten, der Organe der Gemeinschaft, der EZB und jeder unmittelbar betroffenen natürlichen oder juristischen Person gegen

---

[162] Zum Schadensersatzanspruch bei Nichtumsetzung innerhalb der vorgesehenen Frist siehe 3.4.3.

[163] Im Hinblick auf die Nichtigkeitsklage übernimmt der Gerichtshof dann auch verwaltungsgerichtliche Aufgaben, wenn etwa ein wegen eines Wettbewerbsverstoßes erlassener Bußgeldbescheid der Kommission angefochten wird; darüber hinaus ist noch die Beamtenklage gem. Art. 270 AEUV zu erwähnen; vgl. Herdegen , Europarecht, § 9 Rn. 37.

Rat, das Parlament oder Kommission ist auf die Feststellung der Untätigkeit gerichtet, wenn es unter Verletzung des Unionsrechts unterlassen wird, die notwendigen Maßnahmen, etwa die Umsetzung einer EU-Richtlinie, zu beschließen (**Untätigkeitsklage**, Art. 265 AEUV).

> **Beispiel 82:** Die Richtlinie 80/987/EG ordnet Mindestschutz für Arbeitnehmer an, insbesondere einen Anspruch auf Arbeitslohn im Falle der Insolvenz eines Unternehmens. Italien setzte diese Richtlinie nicht fristgerecht um. In der Zeit nach erfolglosem Ablauf der Umsetzungsfrist geriet ein in Italien ansässiges Unternehmen, bei dem Frau Francovic beschäftigt war, in die Insolvenz. Wegen der fehlenden Umsetzung der genannten Richtlinie erhielt sie nicht die in der Richtlinie vorgeschriebenen drei Monatsgehälter, die sie aber nun von dem italienischen Staat einforderte. Neben dem Anspruch auf Schadensersatz (siehe Beispiel 84) wurde Italien im Wege der Untätigkeitsklage unter Androhung eines Bußgeldes aufgefordert, nun zeitnah die Insolvenzrichtlinie in nationales Recht umzusetzen („Francovich"-Fall).[164]

3.4.2 EuGH als Verwaltungsgericht

Die häufigste Klageart ist die der **Vorabentscheidung** (Art. 267 AEUV). Der EuGH entscheidet nach Anrufung durch ein nationales Gericht über die Auslegung des Vertrages und über die Gültigkeit der Handlungen der EU-Organe. Die nationalen Gerichte sind dann an die Entscheidung des EuGH gebunden. Jedes nationale Gericht, das bei Anwendung des Unionsrechts Auslegungsprobleme hat oder an der Vereinbarkeit des Sekundärrechts mit dem Primärrecht zweifelt, kann sein Verfahren aussetzen und dem EuGH entsprechende Fragen zur Vorabentscheidung vorlegen.

Letztinstanzliche Gerichte sind zur Vorlage verpflichtet. Zwar können die Parteien des Ausgangsverfahrens die Vorlage grds. nicht erzwingen; eine Ausnahme besteht aber dann, wenn die Weigerung des Gerichts grob missbräuchlich und mutwillig ist (Verletzung des Gebots des gesetzlichen Richters).

> **Beispiel 83:** Ein Französischer „Steuerberater" beantragt eine Niederlassung in Deutschland. Wenn ihm dies durch die deutsche Steuerberaterkammer verwehrt wird, dann könnte das nach deutschem Recht zuständige Finanzgericht (§ 33 Abs. 1 Nr. 1 FGO) die Sache dem EUGH zur Vorabentscheidung vorlegen. Der BFH als letzte Instanz müsste die Frage vorlegen. Zu prüfen wäre dann, ob die Versagung gegen die Niederlassungsfreiheit des AEUV verstößt.

3.4.3 EuGH als Zivilgericht

Schließlich gibt es noch die **Schadensersatzklage** (Art. 268 ff. Art. 340 AEUV), die zunächst als Amtshaftungsklage ausgestaltet ist. Bei Verletzung von Rechten und Schädigung einer natürlichen oder juristischen Person durch Rechtsakt oder Untätigkeit eines EU-Organs kann ein Schadensersatzanspruch geltend gemacht werden. Gem. Art. 340 Abs. 2 AEUV richtet sich der Schadensersatz

---

[164] EuGH, C-6/90 und C-9/90, Slg. 1991, I-5357, NJW 1992, 165.

nach den allgemeinen Rechtsgrundsätzen, entsprechend den Rechtsordnungen der Mitgliedstaaten **gegen die EU** selbst (bei Verweis auf deutsches Recht greift die Amtshaftung gem. § 839 BGB, Art. 34 GG). Durch Rechtsfortbildung hat der EuGH dann auch Schadensersatzansprüche **gegen die Mitgliedstaaten** entwickelt. Art. 260 Abs. 2 und 3 AEUV sieht lediglich ein besonderes gerichtliches Verfahren der Urteilsvollstreckung vor. Diese Bestimmungen enthalten aber keine Regelungen zur Sanktionierung von Verstößen der Mitgliedstaaten gegen Unionsrecht, was aber dann durch die Entscheidungen „Francovich"[165] und „Brasserie du Pecheur"[166] festgestellt wurde.

> **Beispiel 84:** Eine italienische Arbeitnehmerin, die seit Monaten keinen Lohn erhalten hatte, verklagte den italienischen Staat, weil dieser es unterlassen hatte, in der vorgegebene Frist für die durch die Insolvenz-Richtlinie vorgeschriebene Insolvenzsicherung von drei Monatsgehältern zu sorgen. Dadurch, dass zum Zeitpunkt der Insolvenz des Unternehmens, in dem die Arbeitnehmerin beschäftigt war, keine Insolvenzsicherung bestand, war der Arbeitnehmerin ein Schaden in Höhe von drei (Brutto-)Monatsgehältern entstanden, die Italien nun ersetzen musste (Francovich-Fall, Beispiel 82).

Wird eine EU-Richtlinie nicht fristgerecht in nationales Recht umgesetzt, so hat der betroffene Verbraucher einen Schadensersatzanspruch. Dann müssen drei Voraussetzungen erfüllt sein:

(1) Der Inhalt des materiellen Anspruchs muss feststehen („was?")
(2) Der Gläubiger des Anspruchs muss sich aus der Richtlinie ergeben („wer?")
(3) Der Schuldner des geltend zu machenden Anspruchs muss ebenfalls feststehen („gegen wen?").

Nur wenn diese drei Voraussetzungen erfüllt sind, ist die Richtlinie selbst Anspruchsgrundlage für Zahlungsansprüche. Ist dies nicht der Fall, dann ist zu prüfen ob (sonstige) Schadensersatzansprüche begründet sind. Kann der Anspruch nicht auf die Richtlinie selbst gestützt werden, besteht möglicherweise ein Anspruch auf Schadensersatz als sog. Sekundäranspruch. Ein solcher Anspruch kommt nicht aus Art. 34 GG, § 839 BGB (Amtshaftung) in Frage, da nach deutschem Recht ein Haftung für legislatives Unrecht, insbesondere aus Unterlassen, nicht gegeben ist. Der EuGH aber hat das **Rechtsinstitut der „gemeinschaftsrechtlich gebotenen Staatshaftung"** geschaffen, um dem betroffenen Gemeinschaftsbürger einen Schadensersatzanspruch bei gemeinschaftswidriger Nichtumsetzung einer Richtlinie zu geben. Dazu sind folgende Voraussetzungen zu beachten:

(1) Verleihung (hinreichend) bestimmter Rechte durch die Richtlinie muss bezweckt sein. Es ist keine Verleihung subjektiver Rechte notwendig. Vielmehr genügt, wenn der materielle Gehalt einem bestimmten, abgegrenzten Personenkreis zugutekommen soll.
(2) Ein Verstoß gegen das Gemeinschaftsrecht ist hinreichend qualifiziert. Diese Voraussetzung ist immer dann erfüllt, wenn eine Umsetzungsfrist nicht ein-

---

[165] EuGH, Slg. 1991, I-5357.
[166] EuGH, Slg. 1996, I-1029.

gehalten wurde. Problematisch sind die Fälle der fehlerhaften Umsetzung, die eine Einzelfallprüfung verlangt.

(3) Ein unmittelbarer Kausalzusammenhang muss zwischen der Pflichtverletzung des Staates und dem Schaden, der dem Geschädigten entstanden ist, bestehen. Aus dem Effizienzgebot folgt somit, dass die bestehenden gesetzlichen Regelung der BRD, und zwar Art. 34 GG, § 839 BGB so ausgelegt werden müssen, dass ein Rechtsschutz ermöglicht wird. Eine Haftung aufgrund unterlassener Umsetzung eines Gesetzes ist somit begründet.

Prozessual ist für die gerichtliche Geltendmachung eines solchen Anspruchs gem. Art. 34 S. 3 GG, § 40 VwGO der Rechtsweg zu den ordentlichen Gerichten eröffnet. Zuständig sind die Landgerichte (ohne Rücksicht auf den Streitwert, § 71 Abs. 2 Nr. 2 GVG). Die örtliche Zuständigkeit folgt aus § 17 Abs. 1 ZPO (Sitz der Bundesorgane der BRD), also das LG Berlin.

3.4.4 Aufgabe 8 („Verspätete Reiserichtlinie")

Durch die Richtlinie 90/314/EG wurden die Mitgliedstaaten verpflichtet, bis zum 31.12.1992 unter anderem eine sog. Insolvenzsicherungspflicht für Pauschalreisen einzuführen.[167] Die darauf bezogene Regelung Art. 7 der Richtlinie lautet: „Der Veranstalter und/oder Vermittler, der Vertragspartei ist, weist nach, dass im Falle der Zahlungsunfähigkeit oder des Konkurses die Erstattung gezahlter Beträge und die Rückreise des Verbrauchers sichergestellt sind."

In der BRD wurde die Richtlinie erst zum 01.07.1994 durch die Einfügung des § 651k BGB umgesetzt. Tourist (T) hatte 1993 eine Pauschalreise gebucht und den gesamten Reisepreis gezahlt. Werthaltige Unterlagen, wie ein Flugticket oder ein Hotelvoucher, wurden ihm nicht übergeben. Noch vor Antritt der Reise ist der Reiseveranstalter in Konkurs (Insolvenz) gefallen, sodass T die Reise nicht antreten konnte. T macht nunmehr gegen die BRD den verlorenen Reisepreis geltend mit dem Vortrag, dass er diesen Reisepreis von der obligatorischen Insolvenzsicherung erstattet bekommen hätte, wenn die BRD die Richtlinie 90/314/EG rechtzeitig zum 31.12.1992 umgesetzt hätte. Hat T gegen die BRD Anspruch auf Ersatz des Reisepreises (durch Klage vor dem EuGH; wenn nicht, dann evtl. Schadensersatzklage vor den nationalen Gerichten)?

Lösung:

T könnte gegen die BRD Anspruch auf Erstattung des Reisepreises haben.

Der Anspruch könnte sich aus der unmittelbaren Anwendung der Richtlinie (Art. 7) ergeben. Dann müsste der Inhalt des Anspruchs feststehen, was hier zu bejahen ist. Denn die Erstattung der im Voraus gezahlten Beträge ist für den Fall der Insolvenz gerade geregelt. Gläubiger des Anspruchs ist T als Reisender. Allerdings ergibt sich der Schuldner nicht unmittelbar aus der Richtlinie. Hier heißt es lediglich, dass die Rückzahlung des Reisepreises

---

[167] Zur neuen Pauschalreiserichtlinie Tonner, Die neu Pauschalreiserichtlinie, EuZW 2016, 95.

„sichergestellt" ist. Damit wird nicht deutlich, wer der Anspruchsgegner der Sicherung ist, insbesondere ist dieser nicht konkret bestimmt (Versicherung oder Bank?). Art. 7 der Reiserichtlinie kann somit nicht unmittelbar angewendet werden.

In Frage kommt aber ein Schadensersatzanspruch aus dem Rechtsinstitut der „gemeinschaftsrechtlich gebotenen Staatshaftung". Dann müsste die Verleihung hinreichend bestimmter Rechte erfolgt sein. Zwar kann aus Art. 34 GG in Verbindung mit § 839 BGB der Anspruch aus Staatshaftung nicht direkt hergeleitet werden, weil kein Legislativverschulden vorgesehen ist. Dennoch werden diese Regelungen so ausgelegt (Art. 4 Abs. 3 EUV effet utile), wie durch die nachfolgenden Voraussetzungen dargelegt:

a) Zunächst muss eine hinreichend bestimmte Verleihung durch die Richtlinie erfolgen. Die Richtlinie bringt zum Ausdruck, dass die genannte Sicherung einem bestimmten, abgrenzbaren Personenkreis zugutekommen soll, was gerade für T als Tourist gilt.

b) Weiterhin muss ein Verstoß gegen Gemeinschaftsrecht hinreichend qualifiziert dargelegt sein. Dazu zählt die Verletzung der Pflicht zur rechtzeitigen Umsetzung der Richtlinie, die hier erfüllt ist.

c) Schließlich wird ein unmittelbarer Kausalzusammenhang zwischen Rechtsverletzung und Schadenseintritt verlangt. Bei rechtzeitiger Umsetzung hätte T die „Sicherung" erlangt, somit den vorausgezahlten Reisepreis zurück erhalten. Dadurch ist der Schaden bei T entstanden.

Im *Ergebnis* ist festzuhalten, dass T gegen die BRD einen Anspruch auf Erstattung des Reisepreises (vor dem LG Berlin) hat.

3.5 Die Grundfreiheiten der EU

In Art. 26 AEUV ist das **Ziel der Errichtung eines Binnenmarktes** formuliert. Dieser ist als institutioneller Ordnungsrahmen zu verstehen und nicht mit dem unbedingten Freihandel gleichzusetzen.[168] Es kann also durchaus nationale „Alleingänge" in der Weise geben, dass Gründe des Allgemeinwohls als Rechtfertigungsgründe geltend gemacht werden. Ein freier Binnenmarkt ist also so zu verstehen, dass für alle Wirtschaftsgüter unabhängig von ihrer Herkunft eine faire Wettbewerbslage geschaffen wird. Das setzt zunächst voraus, dass die Produkte eines EU-Mitgliedstaates ungehinderten Zugang zu den Märkten der übrigen EU-Staaten haben, damit überhaupt eine Wettbewerbssituation entstehen kann.

Die Grundfreiheiten können in vier Gruppen eingeteilt werden:

- freier Warenverkehr: Art. 28 bis Art. 37 AEUV
- freier Personenverkehr: Art 45 bis Art. 55 AEUV
- freier Dienstleistungsverkehr: Art. 56 bis Art. 62 AEUV
- freier Kapital- und Zahlungsverkehr: Art. 63 bis Art. 66 AEUV.

---

[168] Zu den wirtschaftsverfassungsrechtlichen Grundlagen siehe Kilian/Wendt, Europäisches Wirtschaftsrecht, Rn. 196 ff.

3.5.1 Grundsätzliche Überlegungen

Bei der Anwendbarkeit der zuvor genannten Regelungen ist zunächst der **Anwendungsbereich** zu prüfen.

Vorab ist das Verhältnis der Grundfreiheiten (besser: Marktfreiheiten) zum sekundären Unionsrecht zu klären. Zur Herstellung des Binnenmarktes verfolgt die EU zwei Strategien: neben den hier zu behandelnden Grundfreiheiten, die auf den Abbau von zwischenstaatlichen Handelshemmnissen zielen, stehen dem Unionsgesetzgeber auch Gesetzgebungskompetenzen zur direkten Rechtsangleichung zu. Diese **Harmonisierungsmaßnahmen** gehen den Grundfreiten vor (Art. 114 AEUV).

> **Beispiel 85:** Eine deutsche Wettbewerbsregelung verbietet die Bezugnahme auf „Schlankwerden" sowie den Hinweis auf eine „ärztliche Empfehlung". Ein belgischer Lebensmittelhändler führt Lebensmittel nach Deutschland ein, die mit ärztlichen Empfehlungen beschriftet sind. Zugleich möchte er seine Produkte in Deutschland mit entsprechenden Hinweisen bewerben. Der Händler hält die genannten Bestimmungen für unvereinbar mit der Regelung über die Warenverkehrsfreiheit (Art. 34 AEUV). Daneben gibt es eine EU-Richtlinie zur Angleichung von Rechtsvorschriften, die festlegt, dass mitgliedstaatliche Etikettierungsverbote grds. untersagt sind. Eine Ausnahme besteht lediglich für solche, die der öffentlichen Gesundheit oder Ordnung dienen. Es stellt sich nunmehr die Frage, ob Art. 34 AEUV anwendbar ist. Die angesprochene EU-Harmonisierungsrichtlinie für Etikettierungen geht als abschließendes EU-Sekundärrecht (spezielleres Recht) den Regelungen der Grundfreiheiten vor, sodass Art. 34 AEUV im vorliegenden Fall nicht anwendbar ist. Deutschland hat auf dem Gebiet der Etikettierungen also keine Gesetzgebungskompetenz mehr.
>
> Anderes gilt für das in der deutschen Regelung ebenfalls enthaltene allgemeine Werbeverbot mit den oben genannten Hinweisen. Insofern enthält die Harmonisierungsrichtlinie keinerlei Vorgaben. Damit stellt diese eine unzulässige Maßnahme gleicher Wirkung gem. Art. 34 AEUV dar, die jedoch unter gewissen Gesichtspunkten (zwingendes Allgemeininteresse der wahrheitsgemäßen Verbraucherinformation) gerechtfertigt sein kann.[169]

Die Regelungen über die Marktfreiheiten finden ebenfalls keine Anwendung, wenn es um den **gemeinsamen Agrarmarkt** (Art. 38 ff. AEUV) geht, da dieser zum Teil dem freien Markt entzogen und als Planwirtschaft mit Interventionspreisen und Kontingentierungen ausgestaltet wurde[170].

In räumlicher Hinsicht **(räumlicher Anwendungsbereich)** ist zunächst zu beachten, dass die Grundfreiheiten auf den grenzüberschreitenden Wirtschaftsverkehr ausgerichtet sind. Sie gelten nicht für rein innerstaatliche Sachverhalte.

---

[169] EuGH, EuZW 2004, 657 „Douwe Egberts".

[170] Da die Gemeinsame Agrarpolitik auf dem System garantierter Mindestpreise beruhte und zu Überproduktionen führte, geht die Tendenz nunmehr zu freiem Wettbewerb hin. Die Milchpreise wurden durch Abschaffung der Milchquote in 2015 dem freien Markt überlassen und bewegen sich seither (entgegen der ursprünglichen Erwartungen) auf sehr niedrigem Niveau; vgl. Herdegen, Europarecht § 21 Rn. 3 ff. sowie www.agrarheute.com.

Was als „innerstaatlich" anzusehen ist, wird aber durchaus unterschiedlich gesehen. Für die **Warenverkehrsfreiheit** ist es ausreichend, dass die Anwendung einer nationalen Bestimmung in einem hypothetischen Fall zumindest potenzielle Auswirkungen auf den Handel innerhalb der Union hat. Dagegen ist eine Behinderung im konkreten Fall nicht notwendig. Der maßgebliche Art. 34 AEUV kommt daher auch bei rein innerstaatlichen Hoheitsakten zu Anwendung,[171] was auch für die **Kapitalverkehrsfreiheit** durch den EuGH[172] bejaht wurde. Bei der Personenverkehrsfreiheit sowie der Dienstleistungsfreiheit fehlt es allerdings an einem zwischenstaatlichen Bezug, wenn im konkreten Fall keines der Merkmale einer wirtschaftlich relevanten Betätigung über die Grenzen des Mitgliedstaates hinausweist.[173]

Im Hinblick auf den **persönlichen Anwendungsbereich** sind dem Wortlaut der Warenverkehrsfreiheit keine Hinweise zu entnehmen. Dies ist im Hinblick auf die **Warenverkehrsfreiheit** sinnvoll, weil alleine auf die Waren als Rechtsobjekte abgestellt wird. Entscheidend für die Bejahung des persönlichen Geltungsbereichs ist allein, ob der Begünstigte Erbringer oder Empfänger einer Ware im Sinne von Art. 28 Abs. 2 AEUV ist.

Bei den **Personenverkehrsfreiheiten** und der **Dienstleistungsfreiheit** ist der persönliche Anwendungsbereich gesondert zu prüfen. Ausweislich des Art. 45, 49 und 56 AEUV sind zunächst alle natürlichen Personen, die die Staatsangehörigkeit eines EU-Mitgliedstaates besitzen und von der Marktfreiheit Gebrauch machen, erfasst. Für die Dienstleistungsfreiheit legt der EuGH[174] eine weite Auslegung zugrunde, die auch Familienangehörigen der originären Grundfreiheitsträger ein derivatives Aufenthaltsrecht zugesteht, was aus systematischen Erwägungen auch auf die Freiheit des Personenverkehrs übertragen wird.

Innerhalb des **sachlichen Anwendungsbereichs** sind zwei Prüfungsschritte vorzunehmen. Erstens muss die Verbandskompetenz der Union vorliegen. Der Streitgegenstand muss demnach als Teil des Wirtschaftslebens anzusehen sein. Zweitens ist zu untersuchen, ob neben der Verbandskompetenz auch der spezifische Regelungsbereich einer der Grundfreiheiten betroffen ist. Ein Bezug zum Wirtschaftsleben besteht nur dann, wenn eine tatsächliche entgeltliche Arbeits- und Dienstleistung erfolgt, was für die Bereiche Sport und Kultur oftmals problematisch ist.

Weiterhin sind **Bereichsausnahmen** zu beachten. Das sind diejenigen Normen, die eine Heranziehung einer Grundfreiheit schon auf der Ebene des Schutzbereichs ausschließen. Deshalb handelt es sich dabei um keine Schrankenregelung im eigentlichen Sinne. Vielmehr werden aufgrund der Bestimmungen der Art. 45 Abs. 4, Art. 51 Abs. 1, Art. 62 in Verbindung mit Art. 51 Abs. 1 AEUV Tätigkeiten, die eng mit der Ausübung öffentlicher Gewalt verbunden sind, vom Geltungsbereich der Grundfreiheiten ausgenommen. Diese Ausnahmen wer-

---

[171] Vgl. *Kingreen*, in: Callies/Ruffert, EUV/AEUV, Art. 36 AEUV Rn. 29 ff. EuGH, EuZW 2001, 158 „Guimont".

[172] EuGH, EuZW 2002, 249 (250) Rn. 23 ff. „Reisch".

[173] EuGH, EuZW 2002, 371, 374 Rn. 58 „Deliege"; EuGH C-292/12, NVwZ 2014, 283 „Ragn-Sells AS".

[174] EuGH, EuZW 2002, 603 „Carpenter".

den nur für Tätigkeiten hoheitlichen Charakters (Polizei, Streitkräfte, Rechtspflege, Steuerverwaltung) bejaht, wohingegen staatliche Einrichtungen, die mit der Verwaltung und Erbringung von Dienstleistungen betraut sind, nicht diesen Bereichsausnahmen unterfallen.

> **Beispiel 86:** Ein britischer Staatsangehöriger, der in Freiburg die erste Staatsprüfung für das Lehramt an Gymnasien erfolgreich abgelegt hatte und zum Vorbereitungsdienst für das Lehramt zugelassen werden wollte, wurde dort nicht übernommen wegen der angeblich hoheitlichen Betätigung. Der EuGH ist dagegen der Auffassung, dass diese Tätigkeit keine unmittelbare oder mittelbare Teilnahme an der Ausübung hoheitlicher Befugnisse und an der Wahrnehmung solcher Aufgaben mit sich bringe, die auf die Wahrung der allgemeinen Belange des Staates oder anderer öffentlicher Körperschaften gerichtet seien und deshalb ein Verhältnis besonderer Verbundenheit des jeweiligen Stelleninhabers zum Staat voraussetzten.[175]

Als **Schutzgegenstand** der Grundfreiheiten stand ursprünglich das allgemeine Diskriminierungsverbot im Vordergrund, das sich an die Mitgliedstaaten richtete. Nach neuerer Auffassung, die durch die Rechtsprechung des EuGH konkretisiert ist, umfassen die Marktfreiheiten nun auch:

- das Verbot der Errichtung von Marktzutrittschancen (grds. keine Verhinderung von Telefonwerbung in einem anderen Mitgliedstaat);
- Anforderungen für die Anpassung der Auslegung nationaler Rechtsvorschriften (deutsche Rechtsprechung zu §3 UWG, wonach ein Produkt das Kennzeichensymbol ® nur tragen darf, wenn ein Kennzeichenschutz in Deutschland besteht, stellt Verstoß gegen Art. 34 und Art. 36 AEUV dar);[176]
- Beschränkung der Anwendbarkeit nationaler Rechtsvorschriften (Frankreich darf Käse mit einem Fettgehalt von 30 % nach Italien exportieren, obwohl in Italien ein Mindestfettgehalt von 45 % für Käse vorgeschrieben);[177]
- die Anerkennung des Schutzes subjektiver Rechte (geistige Schutzrechte wie Urheberrecht haben Auswirkungen auf den Binnenmarkt und fallen deshalb unter Art. 34 AEUV).

Darüber hinaus erkennt der Gerichtshof für alle Marktfreiheiten an, dass auch die Einschränkung durch **kollektive Regelungen** dem staatlichen Handeln der Mitgliedstaaten gleichgestellt ist (unmittelbare Drittwirkung). Nur dann können – so die Auffassung des EuGH – die Grundfreiheiten effektiv durchgesetzt werden. Andernfalls bestehe wegen der autonomen Befugnisse von Verbänden und sonstigen privaten Einrichtungen die Gefahr der Umgehung des Gebots der Freizügigkeit. Das Diskriminierungsverbot richtet sich nicht nur an die Mitgliedstaaten, sondern auch an Privatpersonen,[178] wobei eine unionsweite Auswirkung des Verhaltens nicht gefordert wird.[179]

---

[175] EuGH, Slg. 1986, I-2121 Rn. 26 ff. „Lawrie-Blum".
[176] EuGH Slg. 1990, I-4827 „Pall Corporation".
[177] EuGH, Slg. 1990, I-3647, 3697 „Französischer Käse".
[178] Nach neuerer Rechtsprechung auch auf individuelle Regelungen bezogen, siehe EuGH, C-325/08 „Bernard".
[179] EuGH Slg. 1976, 455 „Gebrielle Defrenne"; Slg. 1995, I-5040 „Bosman".

Beispiel 87: Ein Fußballspieler möchte von Belgien zu einem Fußballverein nach Frankreich wechseln. Wegen der damals geltenden Begrenzung der Anzahl ausländischer (einschließlich EU-Ausländern) Sportler in Fußballmannschaften wurde er vom französischen Fußballverband nicht zugelassen. Auch eine solche, an sich dem privaten Bereich zuzurechnende Handlung wird vom Schutzbereich der Grundfreiheiten (Arbeitnehmerfreizügigkeit) erfasst. Denn es handelt sich um eine kollektive Regelung, da sämtliche EU-ausländischen Fußballspieler am Marktzutritt zum Verband eines anderen Mitgliedstaats gehindert werden.[180]

Die Beschränkungsverbote werden dabei immer mehr vereinheitlicht. Sie umfassen auch **nichtdiskriminierende, unterschiedslos für In- und Ausländer geltende Maßnahmen**. Nach der sog. Gebhardt-Formel[181] unterliegen die **Beschränkungen der Marktfreiheiten** einer mehrstufigen Prüfung (Schrankenprüfung):

- Anwendung in nicht diskriminierender Weise,
- aus zwingenden Gründen des Allgemeinwohls (bzw. Allgemeininteresses);
- Handlungen müssen verhältnismäßig sein (Verhältnismäßigkeit).

Gerade der **Grundsatz der Verhältnismäßigkeit** spielt für die Schrankenprüfung der Grundfreiheiten eine entscheidende Rolle. Die Prüfung der Einhaltung der Zweck-Mittel-Relation erfolgt in drei Stufen:

- **Eignung** der Maßnahme im Hinblick auf einen zulässigen Zweck;
- **Erforderlichkeit**, als geringstes wirksames Mittel sowie
- **Angemessenheit**, also die Verhältnismäßigkeit im engeren Sinne als Abwägung der Grundfreiheiten im Verhältnis zum nationalstaatlichen zwingenden Gemeinwohlinteresse.

Beispiel 88: Der Vertrieb kosmetischer Erzeugnisse unter der Bezeichnung „Clinique" in Deutschland durch die französische und deutsche Tochtergesellschaft eines amerikanischen Unternehmens war unter Bezugnahme auf das Irreführungsverbot der Verbraucher untersagt worden. Darin sahen die Unternehmen eine rechtswidrige Beschränkung des innergemeinschaftlichen Handels (Art. 34 AEUV). Eine Interpretation des damaligen § 3 UWG (heute: § 5 UWG) in Richtung eines Verbots der Kosmetika-Bezeichnung „Clinique" muss damit „in einem angemessenen Verhältnis zum verfolgten Zweck stehen".[182]

Der Gerichtshof sah in einem Verbot der Bezeichnung eine *unangemessene Behinderung* des freien Warenverkehrs, weil das Verbot aus folgenden Gründen zum Schutz der Gesundheit oder der Verbraucher nicht erforderlich sei:

- Die grundsätzliche Eignung zur Verhinderung einer Irreführung der Verbraucher wurde nicht in Frage gestellt;
- ebenso wurde die Erforderlichkeit (geringstmöglicher Eingriff) bejaht;

---

[180] Slg. 1995, I-5040 = NJW 1996, 505 „Bosman".
[181] EuGH Slg. 1995, I-4165 (4197 f.) „Gebhardt".
[182] EuGH, NJW 1994, 1207 „Clinique".

- allerdings war die Maßnahme *nicht angemessen (als Abwägungsprozess zwischen Warenverkehrsfreiheit und Verbraucherschutz)*, denn so argumentierte der EuGH:

in anderen Mitgliedstaaten würden die Kosmetika unter gleichem Namen offenbar ohne Irreführung der Verbraucher vertrieben;

eine andere Bezeichnung nur für Deutschland (damals „Linique") erhöhten die Verpackungs- und Werbekosten erheblich und beeinträchtigten dadurch den freien Warenverkehr in besonderem Maße;

Clinique-Kosmetika würden nicht in Apotheken angeboten, so dass eine Verwechslung mit Arzneimitteln ausscheide.

> **Merksätze:**
> Die Prüfung der Grundfreiheiten (Marktfreiheiten) erfordert die Untersuchung der Anwendbarkeit in mehrfacher Hinsicht, namentlich (als negatives Merkmal) ob eine Maßnahme der Harmonisierung vorliegt, sodann (als positive Merkmale) die räumliche, persönliche sowie die sachliche Anwendbarkeit mit den Bereichsausnahmen des öffentlichen Dienstes. Gegenstand ist der Schutz vor Diskriminierung durch staatliche Maßnahmen der Mitgliedstaaten. Erfasst werden aber auch kollektive Verbandsregelungen. Schranken folgen aus zwingenden Gründen des Allgemeininteresses, unterliegen ihrerseits aber wieder einer Verhältnismäßigkeitsprüfung.

Nachfolgend werden die einzelnen Grundfreiheiten (Marktfreiheiten) mit den besonderen praktisch relevanten Problemen erörtert und in einem **Prüfschema** dargestellt.[183] Nähere Erläuterungen zu den maßgeblichen Merkmalen, wie etwa die räumliche, persönliche und sachliche Anwendbarkeit, sind vorangegangenen allgemeinen Ausführungen zu entnehmen. Damit wird die nachfolgende Darstellung der einzelnen Marktfreiheiten nicht mit detaillierten Ausführungen überladen.

3.5.2 Freier Handel mit Waren

Als ein Teil der Warenverkehrsfreiheit[184] normieren Art. 28 bis 33 AEUV die **Zollunion**. Danach sind zwischen den Mitgliedstaaten Ein- und Ausfuhrzölle und Abgaben gleicher Wirkung verboten. Zudem gibt es einen **gemeinsamen Zolltarif** gegenüber dritten Ländern. Gerade in letzterem Gesichtspunkt liegt der Unterschied zu einer **Freihandelszone**,[185] die eben keinen gemeinsamen Zolltarif im Verhältnis zu Drittstaaten kennt. Der gemeinsame Zolltarif beinhaltet einen einheitlichen Zollkodex für die gesamten Einfuhren in die Union. Geordnet nach verschiedenen Warengruppen werden Zollsätze in Prozent vom Warenwert festgelegt.

---

[183] Vgl. Herdegen, Europarecht, § 14 Rn. 3 ff.
[184] Vgl. Kilian/Wendt, Europäisches Wirtschaftsrecht, Rn. 239 ff.
[185] Z.B. die NAFTA (North American Free Trade Agreement), dem die USA, Kanada sowie Mexico angehören.

> **Merksatz:**
> Fälle der Agrarmarktordnung (Art. 38 ff. AEUV) sowie der Harmonisierungs-
> maßnahmen (Art. 114 AEUV) gehen der Prüfung eines Verstoßes der Grund-
> freiheiten vor und schließen somit die Anwendbarkeit der Art. 34 ff. AEUV
> aus.

A. Eingriff in den Schutzbereich der Art. 34, 35 AEUV

I. Anwendungsbereich der Art. 34, 35 AEUV

Während Art. 34 AEUV das **Importverbot** regelt, hat Art. 35 AEUV das **Export-
verbot** zum Gegenstand. Obwohl beide einen adäquaten Schutzgegenstand aufweisen, muss zunächst die Feststellung eines der beiden Tatbestände erfolgen.
Die Zuordnung erfolgt dabei aus Sicht des Staates, der die Marktbeschränkung
vornimmt.

> **Beispiel 89:** Ein Unternehmen beabsichtigt den Vertrieb von Waren von
> Frankreich nach Deutschland. Wenn Deutschland eine Beschränkung des
> Vertriebs regelt, dann geht es um ein Importverbot gem. Art. 34 AEUV.

1. Räumlich: Grenzüberschreitender Sachverhalt (keine Berücksichtigung bei
rein nationalem Bezug)

Daraus folgt, dass eine mögliche **Inländerdiskriminierung** in Kauf genommen
wird. Denn im Gegensatz zum deutschen Verfassungsrecht folgt aus einem
Verstoß gegen die Grundfreiheiten nicht die Nichtigkeit einer einschränkenden
Norm. Vielmehr ist diese lediglich im grenzüberschreitenden Verkehr inner-
halb der Union nicht anzuwenden. Im innerstaatlichen Bereich bleibt diese
Norm ebenso wirksam wie im Verhältnis zu Drittstaaten.

> **Beispiel 90:** Das Reinheitsgebot bei Bier (nur Hopfen und Malz) gilt innerhalb
> der BRD, nicht aber für EU-ausländische Unternehmen; diese dürfen unter
> Verwendung von gewissen Zusatzstoffen auch in der BRD solche Getränke
> als Bier vertreiben. Dadurch sind deutsche Bierbrauereien benachteiligt.[186]

2. Sachlich: EU-Waren im Sinne von Art. 28 Abs. 2 AEUV

a) bewegliche Sachen, die einen Geldwert haben
b) Waren aus einem Mitgliedstaat oder aus Drittstaat im freien Warenverkehr
eines Mitgliedstaates

II. Staatliche Maßnahmen in Form einer Handelsbeschränkung

1. Staatliche Maßnahme, auch in Form des Unterlassens bei Handlungspflicht
(Gesetze, Verwaltungsvorschriften oder Verwaltungspraktiken, z. B. Grenz-
abfertigung)

---

[186] Fraglich ist allerdings, ob in Deutschland Art. 3 Abs. 1 GG (Gleichheitssatz) zur
Anwendung gelangt. Dies hat das Bundesverfassungsgericht bisher offengelassen
BVerfG, NJW 1990, 1033 und NVwZ 2001, 187. Die „umgekehrte" nationale Diskri-
minierung wird wohl deshalb in Kauf genommen, weil damit die Mitgliedstaaten zur
Harmonisierung ihrer „belastenden" Regelungen bewegt werden sollen.

2. Handelsbeschränkung gem. Art. 34, 35 AEUV
   a) Mengenmäßig Einfuhrbeschränkung als offene Diskriminierung in Form einer Kontingentierung oder eines völligen Verbots der Ein-/Durchfuhr
   b) Maßnahme gleicher Wirkung wie mengenmäßige Einfuhrbeschränkungen
      aa)   Versteckte Diskriminierung

Beispiel 91: Ein Mitgliedstaat erlässt eine umfassend geltende Verpflichtung, Mehrwegflaschen zu verwenden. Hier liegt eine faktische Diskriminierung schon darin, dass ausländische Hersteller entweder längere Transportwege zum Produktionsstandort haben oder ein eigenes Rücknahmesystem im Mitgliedstaat aufbauen müssen.

   bb)   Allgemeines Beschränkungsverbot

„Dassonville-Formel":[187] unmittelbare oder mittelbare, tatsächliche oder potentielle Behinderung des innergemeinschaftlichen Handels; auch **diskriminierungsfreie Beschränkungen** der Mitgliedstaaten werden erfasst, die inländische und ausländische Waren gleichermaßen treffen (allgemeines Beschränkungsverbot).[188]

Beispiel 92: Die belgischen Zollbehörden verlangten für den Import von Whisky ein besonderes Ursprungszeugnis, damit für Verbraucher sichergestellt sei, eine Ware mit typischen Qualitätsmerkmalen zu erhalten. Der Importeur Dassonville, der Whiskey vertrieb, der nicht unmittelbar aus dem Ursprungsland eingeführt war, konnte sich solche Zeugnisse nur unter erheblichen Schwierigkeiten beschaffen und fand, dass er durch die Regelung diskriminiert sei. Er berief sich auf (damals) Art. 28 EGV (heute Art. 34 AEUV). Der EuGH gab Herrn Dassonville recht und führte dazu aus, dass unter den Begriff „Maßnahme gleicher Wirkung wie eine mengenmäßige Beschränkung" jede Handelsregelung der Mitgliedstaaten falle, die geeignet sei, den gemeinschaftlichen Handel unmittelbar oder mittelbar, tatsächlich oder potenziell zu behindern. Hierunter sei auch das Erfordernis des Ursprungszeugnisses einzuordnen.

Einschränkung durch die „Keck-Formel":[189] seit dem Keck-Urteil im Jahre 1993 ist zu unterscheiden zwischen **produktbezogenen Regelungen** (Zusammensetzung von Produkten und Kennzeichnung) und national **vertriebsbezogenen Regelungen** (der EuGH spricht von Verkaufsmodalitäten).

Regelungen über Verkaufsmodalitäten (Ladenöffnungszeiten, Vertriebswege, Preisgestaltung) sind nach der Keck-Formel vom Anwendungsbereich des Art. 34 AEUV ausgenommen, wenn sie unterschiedslos gelten und auch nicht versteckt zu Lasten ausländischer Erzeugnisse wirken.

---

[187] EuGH Sl. 1974, 837 „Dassonville"; im Hinblick auf die Rechnungsstellung grenzüberschreitender Geschäfte EuGH C-15/15 BeckRS 2016, 81338.
[188] Dieser Anwendungsbereich wird auch auf die Grundfreiheiten der Art. 45 bis 62 AEUV übertragen.
[189] EuGH, Slg. 1993, I-6097 „Keck und Mithouard".

Beispiel 93: Die beiden Betreiber von Supermärkten in Straßburg, Keck und Mithourd, wurden bestraft, weil sie unter Verstoß gegen eine französische Strafnorm Ware unter Einstandspreis verkauft hatten. Dagegen setzten sie sich mit dem Argument zur Wehr, dass der Verlustverkauf einzelner Artikel eine notwendige Verkaufspraxis sei, deren Untersagung erhebliche Nachteile mit sich bringe. Des Weiteren würden sie im Vertrieb von importierten Waren gegenüber Wettbewerbern aus anderen Mitgliedstaaten diskriminiert (z.B. ist in Deutschland der Verkauf unter Einstandspreis erlaubt). Der EuGH führte dazu aus, dass nicht jedwede Regelung beanstandet werden könne, die sich als Beschränkung der geschäftlichen Freiheit auswirke. Das Verbot von (damals) Art. 28 EGV (jetzt: Art. 34 AEUV) sei daher insoweit einzuschränken, als es um nationale Bestimmungen gehe, die lediglich bestimmte Verkaufsmodalitäten beschränkten oder verböten. Wenn diese Bestimmungen inländische und ausländische Waren gleichermaßen beträfen, sei in der Regel der Marktzugang nicht völlig versperrt und daher der Anwendungsbereich der Warenverkehrsfreiheit nicht betroffen.

Beispiel 94: Eine Regelung, die bestimmte Arten der Werbung im Fernsehen verbietet, fällt nicht in den Anwendungsbereich des Art. 34 AEUV, da es sich um eine allgemein vertriebsbezogene Regelung handelt. Anders dagegen, wenn eine bestimmte Werbung auf der Ware aufgedruckt ist, etwa „+ 10 %" auf Mars-Eiskremriegel als produktbezogene Maßnahme.

Merksätze:

In der Sache geht es bei der Warenverkehrsfreiheit darum, den Teilnehmern einen fairen Zugang am europäischen Binnenmarkt zu gewähren. Die Unterscheidung zwischen produktbezogenen Regelungen und solchen mit Verkaufsmodalitäten hat nur die Bedeutung, dass nicht jedwede Beschränkung am Maßstab der Art. 34 und 35 AEUV gemessen wird, sondern nur solche, die den Marktzugang völlig sperren oder aber (auch bei Regelungen über Verkaufsmodalitäten) die ausländischen Marktteilnehmer diskriminieren.

B. Eingriff ausnahmsweise zulässig (Schranken)

I. Geschriebene Schranken gem. Art. 36 AEUV

Dazu zählen die nachfolgenden Rechtfertigungsgründe:

- **Öffentliche Sicherheit** (wesentliche Interessen des Staates müssen berührt sein), z.B. die Gefährdung der Versorgung der Bürger mit Treibstoff.
- **Öffentliche Ordnung** (tatsächliche und hinreichend schwere Gefährdung, die ein Grundinteresse der Gesellschaft berühren), z.B. ein Computerspiel simuliert Tötungshandlungen, da hier die Menschenwürde verletzt ist.
- **Öffentliche Sittlichkeit** (Inbegriff der Moralvorstellungen einer bestimmten Gesellschaft), z.B. Verbot des Imports pornographischer Waren.
- **Schutz der Gesundheit, Schutz von Tieren und Pflanzen,** z.B. nationale Unfallverhütungs- und Gesundheitsvorschriften sowie Regelungen aus dem Bereich des Veterinär- und Pflanzenschutzrechts.

- Schutz des nationalen Kulturguts von künstlerischem, geschichtlichem oder archäologischem Wert, z. B. Ausfuhrlizenzen, Ausfuhrverbote oder Vorkaufsrechte staatlicher Stellen.
- Schutz gewerblichen und kommerziellen Eigentums, z. B. Patentrechte, Markenrechte, Urheberrechte, Designschutz. Allerdings dürfen diese Rechte nicht zur Abschottung des Marktes führen, so dass die **Erschöpfung** der gewerblichen Schutzrechte zu beachten ist. Ein Patentrecht, Markenrecht oder sonstiges gewerbliches Schutzrecht ist dann erschöpft, wenn die geschützte Ware innerhalb der EU(EWR) erstmalig legal auf den Markt gelangt ist (legaler Erstvertrieb). D. h., dass ein aus diesem Schutzrecht folgendes Verbietungsrecht nicht mehr geltend gemacht werden kann.

Beispiel 95: Ein in Deutschland lebender Fußballfan vom FC Chelsea (einem Stadtteil von London) erwirbt über das Internet ein Trikot, an dem dieser Fußballclub die Markenrechte hat. Aufgrund der Markenrichtlinie der EU tritt Erschöpfung an den Markenrechten dieses Trikots dann ein, wenn es bereits einmal legal in den Vertrieb gelangt ist. Dann kann der deutsche Fan dieses Trikot erwerben, ohne dass FC Chelsea diesen weiteren Vertrieb nach Deutschland untersagen könnte. Damit soll verhindert werden, dass die Rechteinhaber von jedem Weitervertrieb eines markengeschützten Produktes verdienen können, was einem geschlossenen Vertriebssystem gleich käme.

Beispiel 96: Ein in England ansässiges Unternehmen bringt Düngemittel mit einem in Deutschland als Patent geschützten Wirkstoff mit der Bezeichnung „Karate" in den USA auf den Markt. Ein französisches Unternehmen erwirbt das dort vertriebene Düngemittel und reimportiert es nach Deutschland, woraufhin der Patentinhaber diesen Parallelimport vor einem deutschen Gericht verbieten lässt. Der BGH[190] hat in diesem Fall die Grenzen der Erschöpfung aufgezeigt und deutlich gemacht, dass nur diejenigen mit einem Patent geschützten Erzeugnisse unter die Erschöpfung fielen, die in der EU/EWR legal auf den Markt gelangt seien. Für Letzteres sei der französische Unternehmer darlegungs- und beweispflichtig. Es sei diesem aber nicht gelungen, einen solchen Beweis zu führen. Vielmehr stehe fest, dass die in Rede stehenden Düngemittel aus den USA importiert worden seien und damit dem (Weiter-) Vertriebsverbot unterlägen.

II. Immanente Schranken

Der EuGH[191] hat in seiner berühmten „Cassis-Formel" folgendes ausgeführt: „Hemmnisse für den Binnenhandel der Gemeinschaft, die sich aus den Unterschieden der nationalen Regelungen … ergeben, müssen hingenommen werden, soweit diese Bestimmungen notwendig sind, um zwingenden Erfordernissen gerecht zu werden, insbesondere den Erfordernissen einer wirksamen steuerlichen Kontrolle, des Schutzes der öffentlichen Gesundheit, der Lauterkeit des Handelsverkehrs und des Verbraucherschutzes." Als **ungeschriebene**

---

[190] BGH, GRUR 2000, 299 „Karate".
[191] EuGH, Slg. 1979, I-649 „Cassis de Dijon".

zwingende Gründe des Allgemeininteresses, die als Rechtfertigung für die Einschränkung von Marktfreiheiten dienen können, gelten

- Schutz geistigen Eigentums[192]
- Schutz der Arbeitnehmer[193]
- Schutz der Verbraucher[194]
- Erhaltung des nationalen historischen und künstlerischen Erbes[195]
- Schutz der Sozialordnung[196]
- erhebliche Gefährdung des finanziellen Gleichgewichts des Systems sozialer Sicherheit[197]
- steuerliche Kohärenz[198]
- guter Ruf des nationalen Finanzsektors[199]
- Sicherstellung einer Mindestversorgung mit Energie[200]
- qualitativ hochwertige Arzneimittelversorgung der Bevölkerung.[201]

Daraus ergibt sich folgende **Schrankenprüfung:**

1. unterschiedslos geltende Maßnahme
2. zwingende Gründe des Allgemeininteresses
3. Verhältnismäßigkeit
   - Geeignetheit (zur Zweckerreichung dem Grunde nach dienlich)
   - Erforderlichkeit (mildestes Mittel zur Zweckerreichung)
   - Angemessenheit (Abwägung der Marktfreiheiten im Verhältnis zu den Interessen des Mitgliedstaates).[202]

3.5.3 Aufgabe 9 („Internet-Versandhandels-Apotheke")

Die Internet-Versandhandels-Apotheke (I) hat ihren Sitz in Holland und möchte nicht verschreibungspflichtige Medikamente von Holland aus in Deutschland vertreiben. Das deutsche Arzneimittelgesetz verbietet generell den Vertrieb von verschreibungspflichtigen und nicht verschreibungspflichtigen Medikamenten als Versandhandel für Endabnehmer. Zur Begründung wird angeführt, dass nur die Beratung in der Apotheke eine korrekte Anwendung durch die Patienten sicherstelle. Demgegenüber macht I geltend, dass es zwar im Hinblick auf verschreibungspflichtige Medikamente einzusehen sei, dass der Gesundheitsschutz besonders betont werde, dies aber nicht für nicht verschreibungspflichtige Medikamente gelten könne. I hält ein von der

---

[192] EuGH, Slg. 1980, I-881 „Coditel".
[193] EuGH, Slg. 2001, I-2189 „Mazzoleni".
[194] EuGH, Slg. 1997, I-3843 „de Agostini".
[195] EuGH, Slg. 1991, I-709 (723 Rn. 20) „ Kommission/Italien".
[196] EuGH, Slg. 1994, I-1039 (1069, Rn. 58 f.) „Schindler".
[197] EuGH, Slg. 1998, I-1931 (1948 Rn. 41) „Raymond Kohl".
[198] EuGH, Slg. 1992, I-249 (282, 285) „Hanns-Martin Bachmann".
[199] EuGH, Slg. 1995, I-1141 „Alpine Investments"
[200] EuGH, Slg. 2002, I-4809 Rn. 48 „Kommission/Belgien".
[201] EuGH, NJW 2009, 2112 „Doc Morris II".
[202] Vgl. Herdegen, Europarecht § 14 Rn. 3 ff. Zum System in sich stimmiger staatlicher Beschränkungen EuGH C-42/07 Slg. 2009, I-7633 „Liga Portuguesa de Futbol Profesional", EuGH C-367/12 Slg. 2014, I Rn. 39 „Sokoll-Seebacher".

zuständigen Apothekenkammer erwirktes Vertriebsverbot für rechtswidrig. Dies verstoße gegen die Grundfreiheiten des Vertrages über die Arbeitsweise der Europäischen Union (AEUV). Hat I Recht?

Lösung:

Fraglich ist, ob das Verbot des Arzneimittelvertriebs in Deutschland für nicht verschreibungspflichtige Medikamente gegen Art. 34 AEUV verstößt.

A. Es müsste zunächst ein *Eingriff in den Schutzbereich* des Art. 34 AEUV vorliegen.

Ob die Grundfreiheiten des AEUV verletzt sind, ist zunächst danach zu beurteilen, ob der Internetvertrieb nicht verschreibungspflichtiger Medikamente unter den Schutzbereich der Art. 28 ff. AEUV (freier Warenverkehr) fällt. Das Verbot des grenzüberschreitenden Vertriebs von Medikamenten könnte den Schutzbereich des Art. 34 AEUV tangieren (Importverbot), da durch die Regelung des deutschen Arzneimittelgesetzes die Einfuhr von Medikamenten betroffen ist.

In räumlicher Hinsicht ist zunächst das Vorliegen eines auf das Gebiet der Europäischen Union bezogen *grenzüberschreitenden Vorgangs* zu prüfen. Hier sind zwei EU-Mitgliedsstaaten, namentlich Holland und Deutschland betroffen. Die Medikamente sollen grenzüberschreitend vertrieben werden.

Medikamente sind bewegliche Sachen und haben einen Marktwert, sind also *Waren* (Art. 28 Abs. 2 AEUV).

Der Eingriff in den Schutzbereich des Art. 34 AEUV umschließt zunächst staatliche Maßnahmen zur *mengenmäßigen Einfuhrbeschränkung.* Dazu zählen gesetzliche Regelungen, die die Einfuhr von Waren ganz oder teilweise untersagen (Verbringungsverbote und Kontingentierungen). Da das Vertriebsverbot (§ 43 Arzneimittelgesetz) sich lediglich auf den Handel gegenüber Letztabnehmern (Verbrauchern) bezieht, ist dieser enge Schutzbereich nicht betroffen.

In Frage kommen aber *Maßnahmen gleicher Wirkung.* Nach der Dassonville-Formel des EuGH sind Maßnahmen gleicher Wirkung alle staatlichen Maßnahmen, die geeignet sind unmittelbar oder mittelbar, tatsächlich oder potenziell den Handel zwischen den Mitgliedstaaten zu behindern. Die Einschränkung des Internet-Handels führt jedenfalls potenziell dazu, dass weniger Arzneimittel und damit auch weniger Arzneimittel aus anderen EU-Mitgliedstaaten (Holland) verkauft werden als ohne diese Einschränkung.

Allerdings hat der EuGH im Urteil Keck und Mithouard (Keck-Urteil) festgestellt, dass eine nationale Bestimmung dann keine Maßnahmen gleicher Wirkung i. S. d. Art. 34, 35 AEUV ist, wenn sie lediglich Verkaufs- oder Absatzmodalitäten von Waren regelt (vertriebsbezogene Regelung), für alle Wirtschaftsteilnehmer, die ihre Tätigkeit im Inland ausüben, unterschiedslos gilt und den Absatz der inländischen Erzeugnisse und der Erzeugnisse aus

---

[203] EuGH, NJW 2004, 133 Rn. 68 „DocMorris I"; EuGH, NJW 2009, 2112 „DocMorris II".

anderen Mitgliedstaaten rechtlich wie tatsächlich in gleicher Weise regelt. Hier geht es zwar lediglich um Absatzmodalitäten (also keine produktbezogenen Regelungen), allerdings müssten diese in- und ausländische Anbieter gleichermaßen treffen (Diskriminierungsverbot ausländischer Waren). Das deutsche Arzneimittelgesetz beschränkt das Inverkehrbringen nicht verschreibungspflichtiger Arzneimittel auf Apotheken und untersagt den Versandhandel, damit auch und erst recht den Internet-Vertrieb. Damit wird es EU-ausländischen Apotheken (hier: I) erschwert, in Deutschland Arzneimittel zu verkaufen, womit diese Einschränkung aber gerade nicht von dem Keck-Urteil des EuGH gedeckt ist, da in dem vorliegenden Fall EU-Ausländer diskriminiert werden. Somit liegt ein Eingriff in den Schutzbereich des Art. 34 AEUV vor.

B. Die Maßnahme könnte ausnahmsweise zulässig sein (Schranke).

Zugunsten der einzelnen Mitgliedstaaten, hier also Deutschland, kann der Eingriff aber gerechtfertigt sein. Insofern spricht man von den Schranken des Schutzbereiches des freien Warenverkehrs. Nach Art. 36 AEUV sowie der Cassis-Formel (immanente Schranken) kommen Gründe des Gemeinwohls, insbesondere der Gesundheitsschutz in Betracht.

Dann aber müsste dieser Eingriff *verhältnismäßig* sein (Verhältnismäßigkeitsprüfung). Das in Rede stehende Vertriebsverbot müsste zunächst *geeignet* sein, dem genannten Gemeinwohlzweck (Gesundheitsschutz) zu dienen. Da die Ausgabe von Medikamenten in einer Apotheke und durch einen Apotheker der Gesundheit von Patienten schon durch die Möglichkeit der unmittelbaren Beratung dienlich ist, ist die entsprechende Regelung des deutschen Arzneimittelgesetzes grds. geeignet den Gesundheitsschutz zu fördern. Weiterhin ist die *Erforderlichkeit* zu prüfen. Es müsste der geringstmögliche Eingriff, allerdings mit gleicher Wirkung, vorgenommen werden. Hier begehrt I lediglich den Internet-Vertrieb von nicht verschreibungspflichtigen Medikamenten. Verschreibungspflichtige Medikamente sind also von vornherein ausgenommen[204]. Auch über das Internet ist eine hinreichende Beratung nicht verschreibungspflichtiger Medikamente möglich. Der Internetversandhandel selbst könnte somit strenger reguliert werden. Das pauschale Verbot berücksichtigt somit nicht das erforderliche Maß. Im Hinblick auf die *Angemessenheit* (Verhältnismäßigkeit im engeren Sinne) ergibt die Abwägung der Interessen der EU am freien Warenverkehr gegenüber den Gemeinwohlbelangen des einzelnen Mitgliedstaates, dass der freie Warenverkehr überwiegt. Denn der einzelne Kunde soll die Freiheit haben, (jedenfalls) nicht verschreibungspflichtige Medikamente auch über das Internet zu bestellen. Dieses vorrangige Interesse an einem freien Markt wird besonders dadurch deutlich, dass die Kosten, für die der Patient überwiegend selbst aufzukommen hat, dann geringer sind, wenn der Patient auch auf ausländische Anbieter zurückgreifen kann.

Ergebnis: Die deutsche Regelung über das Versandhandelsverbot verstößt somit gegen das Gebot der Warenfreiheit des Art. 34 AEUV. I hat also Recht.

---

[204] Inzwischen ist durch Urteil des LG Frankfurt/Main v. 21.7.2007 Az.: 3 – 11 O 64/01 auch der Vertrieb verschreibungspflichtiger Medikamente für zulässig erklärt worden.

3.5.4 Aufgabe 10 („Avides Media")

Das deutsche Versandhandelsunternehmen Avides Media führt japanische, als „Anime" bezeichnete Comics auf DVD und Video aus Großbritannien nach Deutschland ein, die von der britischen Aufsichtsbehörde auf die Bestimmungen des Minderjährigenschutzes geprüft wurden. Das deutsche Jugendschutzrecht verbietet jedoch den Verkauf und die Überlassung von Bildträgern im Versandhandel, die nicht von der zuständigen Stelle zum Zweck des Schutzes Minderjähriger geprüft und eingestuft wurden und die keine Angaben dieser Stelle über die Altersfreigabe (Freiwillige Selbstkontrolle, FSK) tragen. Steht der Grundsatz des freien Warenverkehrs der deutschen Regelung entgegen, die den Vertrieb von DVDs und Videos im Versandhandel verbietet, die keine Kennzeichnung darüber tragen, dass sie einer deutschen Prüfung der Jugendfreiheit unterzogen wurden?[205]

Lösung:

Verstößt die deutsche Regelung der Freiwilligen Selbstkontrolle (FSK) gegen die Warenverkehrsfreiheit?

A. Fraglich ist zunächst, ob ein Eingriff in den Schutzbereich des Art. 34 AEUV vorliegt. Hier ist das Importverbot tangiert, weil Deutschland eine Regelung trifft, die als Einfuhrbeschränkung anzusehen sein könnte.

Der Anwendungsbereich des Art. 34 AEUV müsste gegeben sein. Da die Trägermedien von Großbritannien nach Deutschland eingeführt werden sollen, ist ein grenzüberschreitender Vorgang zu bejahen. Es handelt sich in diesem Fall um EU-Waren im Sinne von Art. 28 Abs. 2 AEUV, denn die DVDs und Videos sind bewegliche Sachen. Auch Waren aus Drittländern, wie hier Japan, die legal in den EU-Raum eingeführt wurden, unterliegen dem freien Warenverkehr.

Zudem müsste eine staatliche Maßnahme in Form einer Handelsbeschränkung vorliegen. *Staatlich* ist hier die gesetzliche Regelung des Jugendschutzgesetzes. Bei der zuständigen Stelle handelt es sich um die Bundesprüfstelle für jugendgefährdende Medien (als Bundesoberbehörde). Konkret sind die Regelungen der §§ 12 und 17 Jugendschutzgesetz (Versandhandel) angesprochen.

Handelsbeschränkungen im Sinne von Art. 34 AEUV können zunächst mengenmäßige Beschränken sein, wie etwa eine Kontingentierung (also Höchstmengenbegrenzung), was abzulehnen ist. Infrage kommt vielmehr eine Maßnahme gleicher Wirkung, zwar nicht versteckt, aber als allgemeines Beschränkungsverbot. Nach der „Dassonville"-Formel zählen hierzu alle unmittelbaren oder mittelbaren, tatsächlichen oder potenziellen Behinderungen des innergemeinschaftlichen Handels. Eine solche Behinderung ist durch die Anforderung einer zusätzlichen Freigabe nach deutschem Recht gegeben.

---

[205] EuGH, Slg. 2008, I-505 „Avides Media".

Allerdings ist nach der „Keck"-Formel danach zu unterscheiden, ob es sich um eine produktbezogene nationale Regelung, oder vertriebsbezogene Maßnahme handelt, die in letzterem Fall maßgeblich auf Verkaufsmodalitäten Bezug nimmt. Der EuGH hat in der maßgeblichen Entscheidung zum Ausdruck gebracht, dass es sich hier nicht um Verkaufsmodalitäten, sondern deshalb um produktbezogenen Regelungen handelt, weil die Medien selbst entsprechend ausgezeichnet werden sollen. Dann aber besteht ein unmittelbarer Produktbezug. Die Anwendbarkeit des Art. 34 AEUV ist somit zu bejahen.

B. Der Eingriff könnte ausnahmsweise zulässig sein (Schranke).

Zunächst sind die *geschriebenen Schranken* des Art. 36 AEUV heranzuziehen. Allenfalls käme das Merkmal der *öffentlichen Sittlichkeit* in Frage, was aber hier nicht erfüllt ist. Denn die Comics werden inhaltlich solch einem Rechtfertigungsgrund nicht zugeordnet werden können. Eine geschriebene Schranke kann von den deutschen Behörden also nicht zur Rechtfertigung herangezogen werden.

Nach der „Cassis"-Formel könnten aber sog. *immanente Schranken* geltend gemacht werden. Es heißt dort, dass Hemmnisse für den Binnenhandel, die sich aus den unterschiedlichen nationalen Regelungen ergeben, hingenommen werden müssen, soweit diese Bestimmungen notwendig sind, um zwingenden Erfordernissen gerecht zu werden, insbesondere den Erfordernissen des Minderjährigenschutzes (kein abschließender Katalog). Gerade dieser Gesichtspunkt wird hier von deutscher Seite aus geltend gemacht.

Als sog. Schranken-Schranken sind nach der „Gebhardt"-Formel zu prüfen,

– ob es sich um eine *unterschiedslos geltende Maßnahme* handelt, was hier bejaht werden kann, da für sämtliche importierten Medien die Anforderungen der Bundesprüfstelle maßgeblich sind;
– ob *zwingende Gründe des Allgemeininteresses* bestehen. Auch diese Anforderung ist erfüllt, weil der Minderjährigenschutz greift und
– ob der Eingriff *verhältnismäßig* ist.

Dann müsste die Maßnahme der Kennzeichnung zunächst überhaupt für den angestrebten Zweck des Minderjährigenschutzes *geeignet* sein, was durchaus bejaht werden kann. Denn eine Altersfreigabe und die entsprechende Kenntlichmachung geben den Eltern als Käufer die notwendigen Hinweise direkt auf dem Produkt.

Weiterhin müsste die Kennzeichnung *erforderlich* sein, also das geringste Mittel zur Verfolgung des legitimen Zwecks darstellen. Die Kennzeichnung eines Produktes ist jedenfalls kein zensierender Eingriff, der vorab eine inhaltliche Prüfung der Medien vornimmt und insofern eine relativ geringes Eingriffsmittel. Der Erforderlichkeit ist also ebenso zu bejahen.

Schließlich ist die *Angemessenheit* der Maßnahme zu prüfen. Dabei ist eine Abwägung der Binnenmarktfreiheit im Verhältnis zum Schutz Minderjähriger vorzunehmen. Der EuGH hat dem Minderjährigenschutz als hohes Gut den Vorrang vor der Warenverkehrsfreiheit gegeben und somit die nationale Regelung als durch die immanente Schranke des Art. 34 AEUV abgedeckt angesehen. Dann aber liegt kein Verstoß der deutschen Jugendschutzrege-lungen sowie deren konkreter Anwendung vor.

Ergebnis: Die Jugendschutzregelungen sowie deren konkrete Anwendung verstoßen nicht gegen Art. 34 AEUV.

3.5.5 Freizügigkeit der Arbeitnehmer

A. Eingriff in den Schutzbereich

I. Anwendungsbereich des Art. 45 AEUV

1. Räumlicher Anwendungsbereich

Ein grenzüberschreitender Sachverhalt liegt dann vor, wenn ein Arbeitnehmer sich in einen anderen EU-Mitgliedstaat begibt, um dort eine Arbeitsstelle an-zunehmen.[206]

2. Persönlich Anwendungsbereich

Der Arbeitnehmerbegriff wird europarechtlich (autonom) bestimmt. Als nicht selbständige Tätigkeit ist eine solche einzustufen, die für eine bestimmte Zeit für eine andere Person (juristische oder natürliche) unter deren Leitung gegen Entgelt erbracht wird. Mit seiner Tätigkeit muss der **Arbeitnehmer** als EU-Staatsangehöriger am Wirtschaftsleben teilnehmen, und zwar nicht nur in ganz geringem Umfang. Ausgenommen vom Anwendungsbereich **(Bereichsausnah-me)** sind Beschäftigungsverhältnisse in der „öffentlichen Verwaltung" (Art. 45 Abs. 4 AEUV). Dabei wird aber nicht jede Verwaltungstätigkeit erfasst. Es gilt vielmehr die funktionale Betrachtung, wonach die in Betracht zu ziehende Tätigkeit ein besonderes Vertrauensverhältnis erfordert. Diese Anforderung ist regelmäßig nur im hoheitlichen Bereich erfüllt, nicht aber im Rahmen einer allgemeinen Verwaltungstätigkeit einer Behörde.

> **Merksätze:**
> Damit eine Bereichsausnahme bejaht werden kann, muss die Ausübung hoheitlicher Befugnisse zum Kernbereich der Tätigkeit gehören, sowie ein Interesse an der Wahrung allgemeiner Belange (besondere Vertraulichkeit) bestehen.

3. Sachlicher Anwendungsbereich

Zum **Schutzbereich** der Arbeitnehmerfreizügigkeit gehört zunächst das Diskri-minierungsverbot als Konkretisierung von Art. 18 AEUV. Es müssen folglich gegenüber den EU-Ausländern gleiche Arbeitsbedingungen gewährt werden, zudem ist auch jede versteckte Diskriminierung verboten.

Die **Schutzrechte im Einzelnen** sind in Art. 45 Abs. 2 und 3 AEUV wiedergege-ben. Während Abs. 2 die Abschaffung jeder auf der Staatsangehörigkeit beru-henden unterschiedlichen Behandlung in Bezug auf Beschäftigung, Entlohnung

---

[206] Zur Personenverkehrsfreiheit Kilian/Wendt, Europäisches Wirtschaftsrecht, Rn. 274 ff.; speziell zum Arbeitsrecht Rn. 679 ff.

und sonstige Arbeitsbedingungen als eine Art Programmsatz verlangt, formuliert Abs. 3 einzelne Arbeitnehmerrechte, namentlich das Recht,

a) sich um tatsächlich angebotene Stellen zu bewerben;
b) sich zu diesem Zweck im Hoheitsgebiet der Mitgliedstaaten frei zu bewegen;
c) sich in einem Mitgliedstaat aufzuhalten, um dort nach den für die Arbeitnehmer dieses Staates geltenden Rechts- und Verwaltungsvorschriften eine Beschäftigung auszuüben;
d) zu bleiben (Bleiberecht, siehe unten).

Dazu sind dann noch spezielle Regelungen für Arbeitnehmer und Arbeitssuchende ergangen, die einzelne Aspekte der Arbeitnehmerfreizügigkeit ausgestalten.[207]

Zunächst ist die Bewegungs- und Aufenthaltsfreiheit zu nennen.[208] Es gilt der Grundsatz: „Wer arbeitet muss auch wohnen". Mit eingeschlossen im Schutzbereich ist auch die Hilfe bei der Arbeitssuche.

Weiter umschließt der Schutzbereich den freien Beschäftigungszugang sowie die berufliche Schulung, wofür keine Aufenthalts- oder Arbeitserlaubnis mehr nötig ist. Zudem besteht ein Recht auf Teilnahme am Berufsschulunterricht.

Die **Angehörigenrechte** werden in der Freizügigkeitsrichtlinie (2004/38/EWG) geregelt. Danach haben Familienangehörige ein Recht auf Zuzug und Aufenthalt. Der Ehegatte und seine Kinder, die noch nicht 21 Jahre alt sind, dürfen selbst eine abhängige, nicht selbständige Tätigkeit aufnehmen. Kinder haben Recht auf Zugang zu allgemein bildenden Schulen und auf staatliche Ausbildungsförderung.

Nach Beendigung einer Beschäftigung im Hoheitsgebiet des aufnehmenden Mitgliedstaates haben Arbeitnehmer ein **Bleiberecht** (Art. 45 Abs. 3 lit. d AEUV in Verbindung mit der Verbleibe-VO 1251/70/EG). Danach muss der Arbeitnehmer bei Erreichen der Altersgrenze mindestens drei Jahre im Land gearbeitet haben und dieser muss innerhalb des letzten Jahres vor der Altersgrenze noch dort einer Arbeit nachgegangen sein. Dieses Bleiberecht wird durch Art. 17 der Freizügigkeits-Richtlinie 2004/38/EG ergänzt, der unter anderem für Arbeitnehmer, die aus dem Erwerbsleben ausscheiden und für deren Familienangehörige ein Daueraufenthaltsrecht vorsieht, das allerdings im Rahmen eines **qualifizierten „ordre public"-Vorbehalts** gem. Art. 28 RL 2004/38/EG vom jeweiligen Aufnahmestaat beendet werden kann.

Beispiel 97: Sollten Gründe der öffentlichen Sicherheit die Ausweisung eines EU-Ausländers rechtfertigen, so hat der Aufnahmestaat nach Art. 28 Abs. 1 RL 2004/38/EG die Möglichkeit im Wege einer qualifizierten Prüfung aufgrund der Dauer des Aufenthalts, seines Alters, seines Gesundheitszustand,

---

[207] Siehe die VO 1612/68, die VO 1251/70, geändert durch VO 859/2003 sowie VO 1612/78.
[208] Die Abgrenzung zu Art. 21 AEUV, der die allgemeine Freizügigkeit regelt, ist deshalb von praktischer Relevanz, weil das Aufenthaltsrecht von nicht erwerbstätigen Unionsbürgern an den Vorbehalt der sozialen Absicherung geknüpft ist (Art. 1 Richtlinie 90/364/EG). Arbeitssuchende unterliegen nicht diesen Beschränkungen und sind insofern gegenüber sonstigen EU-Bürgern privilegiert; siehe auch EuGH, EuZW 2004, 507 „Collins".

seiner familiären und wirtschaftlichen Lage, seiner soziale Integration im Aufnahmestaat und des Ausmaßes seiner Bindung zum Herkunftsland die Ausweisung zu verhindern.

Zur **Sicherstellung von Sozialleistungen** regelt Art. 48 lit. a) AEUV die Übertragbarkeit der Leistungsansprüche aus der Sozialversicherung sowie gem. Art. 48 lit. b) AEUV den Zahlungsanspruch. Da Sozialversicherungsleistungen oftmals nur für Tätigkeiten im Hoheitsgebiet eines Staates (als Folge der Territorialität) erbracht werden, entstehen für EU-Arbeitnehmer daraus erhebliche finanzielle Risiken, etwa wenn sie aufgrund erwerbswirtschaftlicher Betätigung nur geringe Rentenanwartschaften erwerben. Zur Beseitigung solcher Nachteile dient die Kompetenzregelung des Art. 48 AEUV. Zur Koordinierung sozialer Sicherungssysteme (der gesetzlichen Sozialversicherung) wurden mehrere Verordnungen erlassen (VO 1408/71, VO 859/2003). Als Auffangtatbestand dient Art. 7 Abs. 2 VO 1612/78, der ein Inländergleichbehandlungsgebot für „soziale Vergünstigungen" ausspricht.

II. Staatliche Maßnahmen in Form einer Arbeitsbedingung

1. Staatliche Maßnahme

Das Verbot der auf Staatsangehörigkeit beruhenden unterschiedlichen Behandlung gilt nicht nur im Hinblick auf staatliche Akte, sondern ist auch auf sonstige Maßnahmen bezogen, die eine kollektivrechtliche Regelung im Arbeits- und Dienstleistungsrecht enthalten, etwa Verbandsregeln eines Fußballverbandes.[209]

2. Beschränkung im Sinne von Art. 45 Abs. 1 und 2 AEUV

Der Anwendungsbereich dieser Grundfreiheit erstreckt sich auf der Staatsangehörigkeit beruhende unterschiedliche Behandlung als offene oder versteckte Diskriminierung. Unzulässig ist die unterschiedliche Behandlung in Bezug auf Beschäftigung, Entlohnung und sonstige Arbeitsbedingungen. Zu letzteren zählen alle in Zusammenhang mit der Arbeitsleistung gewährten Zuwendungen, z. B. auch eine sog. Trennungsentschädigung.

Für die sachliche Anwendbarkeit sind die „Dassonville-Formel" sowie die des Keck-Urteils zu berücksichtigen. Grund für die Anwendung der primär für die Warenverkehrsfreiheit entwickelten Grundsätze ist die Strukturgleichheit sämtlicher Binnenfreiheitsrechte. Daraus folgt, dass die grundlegenden Arbeitsbedingungen diskriminierungsfrei gewährt werden müssen. Allerdings sind gewisse Modalitäten in den Mitgliedstaaten erlaubt, solange diese unterschiedslos für alle Arbeitnehmer bestehen.

Beispiel 98: In Deutschland sind die Arbeitnehmerschutzregelungen, wie etwa die des Arbeitszeitgesetzes, zu beachten. Diese schreiben vor, dass ein Arbeitnehmer in der Regel nicht länger als acht Stunden am Tag arbeiten darf. Letztlich dienen auch die Bestimmungen des Ladenschlussgesetzes – keine Tätigkeit vor 6 Uhr und nach 22 Uhr im Einzelhandel – dem Arbeitnehmerschutz. Solche Schutznormen könnten im Einzelfall ausländische Arbeitnehmer benachteiligen. Es ist durchaus denkbar, dass ein ausländischer

---

[209] EuGH, NJW 1996, 505 (509) „Bosman"; siehe Beispiel 87.

Arbeitnehmer länger als acht Stunden für einen gewissen Zeitraum arbeiten will, um danach dann wieder eine längere Zeit in seiner Heimat zu verweilen. Diese mögliche Benachteiligung ist aber solange hinzunehmen, wie deutsche und ausländische Arbeitnehmer gleichermaßen benachteiligt sind. Auch deutsche Arbeitnehmer müssen große Entfernungen zum Arbeitsplatz in Kauf nehmen und können durch die genannten Einschränkungen gleichermaßen wie EU-Ausländer belastet sein. Entscheidend ist, dass der Zugang zum deutschen Arbeitsmarkt nicht verhindert wird.[210]

Beispiel 99: Eine grundsätzliche Befristung des Arbeitsvertrags einer ausländischen Fremdsprachenlektorin an einer Hochschule ist dann unzulässig, wenn andere vergleichbare Arbeitsverträge nur bei Vorliegen eines sachlichen Grundes befristet werden dürfen.[211]

Merksatz:
Berufsausübungsregelungen sind grds. zulässig und unterliegen nur dem Diskriminierungsverbot.

B. Eingriff ausnahmsweise zulässig (Schranken)

I. Geschriebene Schranken gem. Art. 45 Abs. 3 AEUV

1. Rechtfertigungsgründe (geschriebene Schranken) des Art. 45 Abs. 3 AEUV

Als Rechtfertigungsgründe werden dort die **öffentlichen Ordnung**, die **Sicherheit** und die **Gesundheit** genannt. Dabei handelt es sich um typische **ordre public-Vorbehalte**, die aus dem Recht souveräner Staaten erwachsen und besagen, dass Rechtsnormen eines völkerrechtlichen Abkommens, eben auch des (sekundären) EU-Rechts, oder anderer Staaten (im Rahmen einer Verweisung nach dem nationalen IPR), dann nicht anzuwenden sind, wenn damit wesentliche Interessen eines Staates tangiert werden.[212]

2. Verhältnismäßigkeit

II. Immanente Schranken

1. unterschiedslos geltende Maßnahme
2. zwingende Gründe des Allgemeininteresses als ungeschriebenes Recht des EuGH
3. Verhältnismäßigkeit

3.5.6 Aufgabe 11 („Trennungsgeld")

Italiener I ist bei der Deutschen Post als angestellter Facharbeiter tätig. Da seine Familie weiter in Italien lebt, erhält I Trennungsentschädigung, ebenso wie die deutschen Arbeitnehmer, die an einem anderen Ort als ihrem Wohnort arbeiten. Die Höhe der Trennungsentschädigung beträgt bei Wohn-

---

[210] EuGH, EuZW 2000, 252, (253) Rn. 23 ff. „Graf".
[211] EuGH, Slg. 1993, I-5185 „Spotti".
[212] Siehe oben zu den allgemeinen Prinzipien zu 1.2.7.

orten im Bundesgebiet täglich 5 Euro. Befindet sich der Wohnort außerhalb Deutschlands, werden vereinbarungsgemäß (Betriebsvereinbarung) täglich 4 Euro gezahlt. Ist eine solche nach dem Heimatort differenzierende Höhe der Trennungsentschädigung mit dem Gemeinschaftsrecht vereinbar?

Abwandlung: Wie ist die Lösung, wenn umgekehrt das Trennungsgeld bei einem deutschen Wohnort 4 Euro täglich beträgt und 5 Euro pro Tag bei einem EU-ausländischen Wohnort gezahlt würde?

Lösung:

Fraglich ist, ob die unterschiedliche Zahlung des Trennungsgeldes gegen die Arbeitnehmerfreizügigkeit verstößt.

A. Dann müsste durch die unterschiedliche Höhe des Trennungsgeldes zunächst ein Eingriff in den Schutzbereich des Art. 45 AEUV. Der *räumliche Anwendungsbereich* ist gegeben, weil I durch die Verbindung zu seiner Familie, die in Italien lebt, den EU-Auslandsbezug herstellt. In *sachlicher* und *persönlicher* Hinsicht müsste zunächst I als Arbeitnehmer einzustufen sein. I arbeitet für eine andere (juristische) Person unter deren Leitung (Deutsche Post) gegen Entgelt. I ist auch EU-Staatsangehöriger. Weiter ist zu fragen, ob eine *Bereichsausnahme* greift (Art. 45 Abs. 4 AEUV). Zwar war früher die Post ein Staatsbetrieb, gleichwohl wurden auch schon zu Zeiten vor der Privatisierung keine hoheitlichen Aufgaben durch I wahrgenommen. Die Postdienste sind nicht als Ausübung hoheitlicher Gewalt einzustufen, die ein besonderes Vertrauensverhältnis begründen würde, womit eine Bereichsausnahme ausscheidet.

Weiterhin müsste eine *staatliche Maßnahme in Form einer Arbeitsbedingung* vorliegen. Art. 45 AEUV gilt im Rahmen der *unmittelbaren Drittwirkung* hier dadurch, dass die Festlegung des unterschiedlichen Trennungsgeldes durch eine Betriebsvereinbarung und damit kollektivrechtlich erfolgte. Zudem müsste die Beschäftigung, Entlohnung oder eine *sonstige Arbeitsbedingung* betroffen sein (Art. 45 Abs. 2 AEUV). Zu den Arbeitsbedingungen zählen nicht nur das Gehalt selbst, sondern auch alle Vergünstigungen, die im Zusammenhang mit der Arbeitsleistung gewährt werden. Die Trennungsentschädigung ist eine Leistung, die gerade die arbeitsbedingte Entfernung zur Familie betrifft und als Arbeitsbedingung einzustufen ist.

Da die Zahlung der Trennungsentschädigung nicht unmittelbar auf die Staatsangehörigkeit bezogen ist, liegt keine *offene Diskriminierung* vor. Möglicherweise handelt es sich aber um eine *versteckte Diskriminierung*. Da in der Praxis nahezu nur ausländische Arbeitnehmer nachteilig betroffen sind – entscheidend ist dabei die tatsächliche und nicht die beabsichtigte Auswirkung der maßgeblichen Regelung –, sind die sachliche und persönliche Anwendbarkeit des Art. 45 AEUV zu bejahen.

B. Die Regelung könnte ausnahmsweise zulässig sein (*Schrankenprüfung*).

Für die differenzierte Regelung der Trennungsentschädigung sind weder geschriebene Schranken (Art. 45 Abs. 3 AEUV), namentlich Gründe der öffentlichen Ordnung, Sicherheit und Gesundheit, noch immanente Schranken, also sonstige zwingende Allgemeininteressen, ersichtlich.

Die unterschiedliche Höhe, insbesondere die geringe Entrichtung für den italienischen Arbeitnehmer, dessen Familie sich noch in Italien befindet, ist mit der Arbeitnehmerfreizügigkeit nicht vereinbar und stellt somit einen Verstoß gegen Art. 45 AEUV dar.

Dagegen verhält es sich bei der *Abwandlung* anders. Eine Inländerdiskriminierung wird in solch einem Fall durchaus in Kauf genommen und soll die Mitgliedstaaten gerade dazu animieren, die nachteiligen Regelungen für Inländer dem europäischen Recht, hier also der günstigeren Regelung für I als Italiener, anzupassen. Es liegt kein Verstoß gegen europäisches Recht vor.

Als *Ergebnis* ist festzuhalten, dass zwar im Ausgangsfall mit der Benachteiligung des EU-Ausländers I ein Verstoß gegen die Arbeitnehmerfreizügigkeit vorliegt, dies aber nicht für den abgewandelten Fall der Inländerbenachteiligung gilt.

3.5.7 Aufgabe 12 („Nachwuchsfußballer")

Ein Fußballverein in Deutschland, der in der Bundesliga spielt, schloss mit dem österreichischen Spieler S einen Vertrag, wonach dieser zunächst als Amateur eingestuft (Amateurstatus) wurde. Gleichwohl konnte S von vornherein von der gezahlten Vergütung leben. Der Vertrag zwischen dem Fußballverein und S enthielt folgende Klauseln:

„1. Abfindung

(1) Hat das Dienstverhältnis ununterbrochen drei Jahre gedauert, so gebührt dem Arbeitnehmer bei der Auflösung des Arbeitsverhältnisses eine Abfindung in Höhe von zwei Monatsgehältern.

(2) Der Anspruch auf Abfindung besteht nicht, wenn der Arbeitnehmer kündigt oder ihn ein Verschulden an der vorzeitigen Entlassung trifft.

2. Abschluss eines Folgevertrages

Bei regulärem Ablauf des Vertrags als Nachwuchsspieler ist der Verein berechtigt, von dem Arbeitnehmer den Abschluss eines Vertrags als Berufsspieler zu verlangen.

3. Ausbildungsentschädigung

(1) Für den Fall, dass der Arbeitnehmer vorzeitig kündigt oder den Abschluss eines Vertrages verweigert, ist der Verein berechtigt, von dem Arbeitnehmer eine Ausbildungsentschädigung zu fordern.

(2) Die Höhe der Ausbildungsentschädigung wird unter Berücksichtigung der tatsächlichen Kosten für den Verein ermittelt."

Nachdem S bei diesem Fußballverein erfolglos den Durchbruch versucht hatte, wollte er wieder nach Österreich zurückgehen, wo ihm sein Heimatverein einen Vertrag als Profispieler angeboten hatte. Daraufhin kündigte er bei seinem bisherigen Verein und verlangt nun die im Vertrag vorgesehene Abfindung. Diese lehnt der Verein unter Verweis auf die Abfindungsregelung ab, vielmehr habe S seinerseits eine angemessene Ausbildungsentschädigung des Vertrages zu leisten. Dem widerspricht S unter Hinweis auf einen Verstoß gegen europäisches Recht. Demgegenüber wendet der Fußballclub ein, dass die Abfindungsregelung die grenzüberschreitende Mobilität nicht stärker einschränke als die Freizügigkeit innerhalb Deutschlands. Zudem stelle der Verlust der Abfindung in Höhe von zwei Monatsgehältern keine spürbare Beeinträchtigung der Freizügigkeit dar. Die Ausbildungsentschädigung sei wegen den mehrjährigen vergeblichen Aufwendungen auch gerechtfertigt[208]. Kann sich S auf die Verletzung von Art. 45 AEUV berufen?

Lösung:

Fraglich ist, ob S durch die Regelungen des Amateurvertrages in der Arbeitnehmerfreizügigkeit (Art. 45 AEUV) verletzt ist.

A. Dann müsste durch die Abfindungsregelung sowie die Bestimmung über eine Ausfallentschädigung zunächst ein Eingriff in den Schutzbereich des Art. 45 AEUV vorliegen.

Der *räumliche* Anwendungsbereich ist dann zu bejahen, wenn ein grenzüberschreitender Sachverhalt vorliegt. Da S seine Tätigkeit von Deutschland nach Österreich verlagern will, ist der unionsrechtliche Bezug gegeben.

In *persönlicher* Hinsicht muss S als *Arbeitnehmer* anzusehen sein. Zudem ist S auch EU-Bürger. Zudem müsste der Fußballverein am allgemeinen *Wirtschaftsleben* teilnehmen. Arbeitnehmer ist eine Person, die während einer bestimmten Zeit für einen anderen weisungsgebunden Leistungen gegen Entgelt erbringt. Dass S in abhängiger Tätigkeit für den Fußballverein – also eine andere juristische Person – tätig ist, stellt kein Problem dar. Fraglich ist allerdings, wie die Einstufung als Amateur zu werten ist. Diese Bezeichnung könnte darauf hindeuten, dass der europäische (autonome) Arbeitnehmerbegriff nicht erfüllt ist. Entscheidend wird aber auf die tatsächliche Ausübung und nicht auf die formale Bezeichnung abgestellt. Wenn S von der ihm gezahlten Vergütung leben konnte, dann handelt es sich um eine Vergütung, so dass S als Arbeitnehmer einzustufen ist. Allerdings ist die Zuordnung des Sports zum Wirtschaftsleben problematisch. Der EuGH hat in der Bosman-Entscheidung klargestellt, dass der Sport generell nicht dem Bereich der Wirtschaft entzogen ist. Dies ist nur dann anders, wenn Bestimmungen und Tätigkeiten ohne wirtschaftlichen Hintergrund bestehen, etwa bei reinen Amateurvereinen. Da der maßgebliche Verein der Bundesliga angehört und auch Profis ausbildet – S war auch nur vorläufig als „Amateur" eingestuft – sind die persönlichen Voraussetzungen der Arbeitnehmerfreizügigkeit erfüllt.

---

[213] Siehe EuGH, C-425/93 „Bosman", EuGH, C-325/08 „Bernard".

Für eine *Bereichsausnahme* gem. Art. 45 Abs. 4 AEUV bestehen keine Anhaltspunkte. S arbeitet nicht im Bereich der öffentlichen Verwaltung.

In *sachlicher* Hinsicht muss S durch das Aufstellen von *Arbeitsbedingungen* in seiner Freizügigkeit eingeschränkt worden sein. Da die Abfindungs- und Entschädigungsregelungen nicht durch staatliche Stellen erlassen wurden, war früher der Anwendungsbereich der Grundfreiheiten nicht betroffen. Nunmehr hat der EuGH in mehreren Schritten die Anwendbarkeit der Grundfreiheiten im Sinne der unmittelbaren Drittwirkung auf kollektive Regelungen im Arbeits- und Dienstleistungsbereich erstreckt. Zu nennen sind kollektive Regelungen von Sportverbänden sowie solche von Tarifverträgen. Dies hat der EuGH damit begründet, dass die Grundfreiheiten dadurch unterlaufen werden könnten, dass nicht dem öffentlichen Recht unterliegende Institutionen von ihren autonomen Rechten Gebrauch machten und somit die effektive Anwendung des Unionsrechts vereitelten.

Allerdings geht es im vorliegenden Fall um eine individuelle Regelung, die einer Privatperson – hier der Fußballverein – zuzuordnen ist. Auch eine solche individuelle Regelung fällt nach Ansicht des EuGH mit der zuvor dargelegten Begründung unter den Anwendungsbereich des Art. 45 AEUV.[206]

Fraglich ist, ob S durch diese Regelungen in seiner Freizügigkeit eingeschränkt wurde.

Ausdrücklich regelt Art. 45 Abs. 2 AEUV die Inländergleichbehandlung. Danach sind nicht nur alle offenen Diskriminierungen aufgrund der Staatsangehörigkeit, sondern auch alle versteckten Diskriminierungen verboten, was eine besondere Ausformung des allgemeinen Diskriminierungsverbotes gem. Art. 18 AEUV darstellt.

Eine solche Ungleichbehandlung ist in den genannten Regelungen des Vertrages nicht zu erkennen, da inländische und ausländische Sportler gleichermaßen betroffen sind. Allerdings verbieten die Grundfreiheiten nach der EuGH-Rechtsprechung nicht nur jede Form der Diskriminierung, sondern darüber hinaus auch jede die Freizügigkeit beeinträchtigende Regelung, die unabhängig von der Staatsangehörigkeit Anwendung findet. Es besteht demnach ein *allgemeines Beschränkungsverbot*.

Nach der Keck-Rechtsprechung werden allerdings bloße Beschäftigungsmodalitäten auf dem jeweiligen nationalen Markt nicht vom Anwendungsbereich der Grundfreiheiten erfasst, wenn dies diskriminierungsfrei geschieht. Bezogen auf die Arbeitnehmerfreizügigkeit soll die Integration einer Person in eine andere mitgliedstaatliche Ordnung ermöglicht und erleichtert werden. Dagegen werden diesen Personen keine dauerhaften Privilegien zugestanden.

---

[214] EuGH, C-325/08 Rn. 31; dort heißt es wörtlich: „Da die Arbeitsbedingungen in den verschiedenen Mitgliedstaaten teilweise durch Gesetze oder Verordnungen und teilweise durch Tarifverträge und sonstige Maßnahmen, die von Privatpersonen geschlossen bzw. vorgenommen werden, geregelt sind, bestünde die Gefahr, dass eine Beschränkung der in Art. 45 AEUV vorgesehenen Verbote auf behördliche Maßnahmen zu Ungleichheiten bei seiner Anwendung führen würde".

Die vorliegenden Vertragsklauseln zur Abfindung und Entschädigung zählen allerdings nicht zu den Beschäftigungsmodalitäten, da sie sich unmittelbar auf die Wahl des Arbeitsortes und damit auf den Zugang zum Arbeitsmarkt auswirken können. S soll eben nicht davon abgehalten werden, seinen Arbeitsplatz grenzüberschreitend zu wechseln.

Allerdings könnte der Anwendungsbereich dennoch ausgeschlossen sein, weil die vereinbarten Regelungen so *ungewiss* sind, dass sie sich nicht zur Einschränkung der Freizügigkeit der Arbeitnehmer eignen. Dies gilt für die getroffene Abfindungsvereinbarung, denn der Abfindungsanspruch hängt nicht alleine von der Entscheidung des Arbeitnehmers ab, sondern auch von einem zukünftigen hypothetischen Ereignis, auf das der Arbeitnehmer keinen Einfluss hat.

Die *Abfindungsregelung* verstößt somit nicht gegen Art. 45 AEUV, wohl aber die Bestimmung der *Ausbildungsentschädigung*, die keineswegs ungewiss ist.

B. Allerdings könnte die *Entschädigungsregelung* ausnahmsweise zulässig sein.

Ein Rechtfertigungsgrund nach Art. 45 Abs. 3 AEUV kommt hier nicht in Betracht, weil weder die öffentliche Ordnung, Sittlichkeit noch Gesundheit betroffen sind. Denkbar wären *immanente Schranken*. Auch für den Bereich der Arbeitnehmerfreizügigkeit ist anerkannt, dass außerhalb der geschriebenen Schranken Maßnahmen dann zulässig sein können, wenn zwingende Gründe des Allgemeininteresses bestehen, sie unterschiedslos gelten und darüber hinaus die Verhältnismäßigkeit gewahrt ist.

Ein zwingender Grund des Allgemeininteresses liegt hier in der *Förderung junger Fußballspieler*. Diesen Gesichtspunkt hat der EuGH angesichts der sozialen Bedeutung des Sports und insbesondere des Fußballs als legitimen Grund angesehen. Die Entschädigungsregelung des Arbeitsvertrages trifft jeden Fußballspieler unabhängig von seiner Herkunft. Die Maßnahme gilt also unterschiedslos.

Fraglich ist, ob dabei die *Verhältnismäßigkeit* gewahrt wird. Die Regelungen müssen zunächst überhaupt *geeignet* sein, der Förderung junger Fußballspieler zu dienen. Dies ist tatsächlich der Fall. Die Vereine könnten nämlich davon abgehalten werden, in die Förderung von Nachwuchsspielern zu investieren, falls ein Spieler das Vertragsverhältnis vorzeitig kündigt oder den Abschluss eine Anschlussvertrages verweigert. Die Eignung der Maßnahme kann also bejaht werden.

Weiterhin ist die *Erforderlichkeit* zu untersuchen. Diese wäre nicht gegeben, wenn mildere, genauso effektive Mittel zur Verfügung stünden. Ein solch weniger einschneidender Schritt bietet sich im vorliegenden Fall aber nicht an.

Schließlich ist noch die *Angemessenheit* festzustellen. Die Maßnahme darf nicht über das hinausgehen, was zur Förderung der Anwerbung und Ausbildung von Nachwuchsspielern sowie zur Finanzierung dieser Tätigkeit notwendig ist. Im vorliegenden Fall wird die Höhe der Ausbildungsentschädigung des Arbeitsvertrages unter Berücksichtigung der Kosten ermittelt, die dem Verein für die Ausbildung des Arbeitnehmers tatsächlich entstanden sind, sodass die Regelung auch insoweit verhältnismäßig erscheint.

Somit ist der Eingriff, der durch die Entschädigungsklausel eintritt, im vorliegenden Fall ausnahmsweise zulässig.

Im *Ergebnis* wird S weder durch die Abfindungsklausel noch durch die Entschädigungsverpflichtung in der Arbeitnehmerfreizügigkeit beschränkt.

3.5.8 Niederlassungsfreiheit

A. Eingriff in den Schutzbereich des Art. 49 AEUV

I. Anwendungsbereich des Art. 49 AEUV

1. Räumlich:

Verlangt wird die Niederlassung im Hoheitsgebiet eines anderen Mitgliedstaates (grenzüberschreitender Sachverhalt). Rein innerstaatliche Sachverhalte werden von der Niederlassungsfreiheit nicht erfasst.

2. Persönlich:

EU-Erwerbstätige; Staatsangehöriger eines Mitgliedstaates bzw. nach dem Recht eines Mitgliedstaates gegründete Gesellschaft mit Sitz, Hauptverwaltung oder einer Niederlassung in der Gemeinschaft (Art. 54 AEUV). Ausgenommen sind Non-Profit Organisationen (Art. 54 Abs. 2 AEUV).

3. Sachlich:

Es muss sich um eine selbständige Erwerbstätigkeit handeln, die die nachfolgenden Merkmale erfüllt:
a) Ausübung einer wirtschaftlichen Tätigkeit (Art. 49 Abs. 2 1. Alt. AEUV),
b) auf Dauer angelegt (Abgrenzung zur Dienstleistungsfreiheit),
c) Erwerbszwecken dienend (keine Non-Profit Tätigkeit),
d) weisungsunabhängig (Abgrenzung zur Arbeitnehmerfreizügigkeit).
Bei Unternehmen ist erfasst: deren Gründung und Leitung (Art. 49 Abs. 2 2. Alt. AEUV) sowie die Gründung von Agenturen, Zweigniederlassungen und Tochtergesellschaften (Art. 49 Abs. 1 S. 2 AEUV).

Ausgenommen sind Tätigkeiten, die dauernd oder zeitweise mit der Ausübung öffentlicher Gewalt verbunden sind (**Bereichsausnahme** nach Art. 51 AEUV). Generell bezieht sich diese Vorschrift nicht auf den einzelnen Beruf als solchen, sondern auf konkrete Tätigkeiten im Rahmen der Ausübung eines bestimmten Berufs.

Beispiel 100: Ein belgischer Arzt hat das Recht sich in Deutschland niederzulassen, gleichwohl könnte eine zulässige „Bereichsausnahme" durch Untersagung der Ausstellung von Totenscheinen bestehen, da es sich dabei um eine hoheitliche Tätigkeit handelt, die auch eine besondere Vertrauensstellung mit sich bringt.

II. Staatliche Maßnahme durch Beschränkung der Niederlassungsmöglichkeit

1. Staatliche Maßnahme (unmittelbare Drittwirkung: gilt auch für Maßnahmen privater Wirtschafts- oder Berufsverbände)
2. Beschränkung durch offene oder versteckte Diskriminierung (Art. 49 Abs. 2 AEUV)

Der Schutzbereich gewährt einen diskriminierungsfreier Eingriff gem. Dassonville-Formel sowie Keck-Rechtsprechung, d. h. unterschiedslose Niederlassungsmodalitäten werden vom Schutzbereich umschlossen. Zudem besteht auch – wie bereits bei den anderen Marktfreiheiten dargestellt – ein **allgemeines Beschränkungsverbot**.

> **Beispiel 101:** Das griechische Gesetz über die Ausübung des Optikerberufs erlaubt es einem diplomierten Optiker nicht, mehr als ein Optikergeschäft zu betreiben. Der EuGH[215] sieht in dieser gesetzlichen Anordnung einen Verstoß gegen Art. 49 AEUV, da die Niederlassungsfreiheit „jeder nationalen Regelung entgegensteht, die zwar ohne Diskriminierung aus Gründen der Staatsangehörigkeit anwendbar ist, die aber geeignet ist, die Ausübung der durch den Vertrag garantierten Niederlassungsfreiheit durch die Gemeinschaftsangehörigen zu behindern oder weniger attraktiv zu machen". Daher stelle das für einen diplomierten Optiker bestehende Verbot, mehr als ein Optikergeschäft zu betreiben, auch bei Fehlen einer Diskriminierung eine Beschränkung der Niederlassungsfreiheit dar.

B. Eingriff ausnahmsweise zulässig (Schranken)

I. Geschriebene Schranken gem. Art. 52 AEUV

1. Rechtfertigungsgründe des Art. 52 AEUV (öffentliche Sicherheit, Ordnung und Gesundheit)

Alle Personenverkehrsfreiheiten können aus Gründen der öffentlichen Ordnung, Sicherheit und Gesundheit eingeschränkt werden. Der Gesundheitsvorbehalt gilt nur bei Vorliegen gewisser Krankheiten, die in einer speziellen Richtlinie festgelegt sind (etwa ansteckende Krankheiten). Die ausbildungs- und prüfungsbedingten Qualifikationsvoraussetzungen grenzüberscheitender freiberuflicher Tätigkeit sind durch Art. 53 völlig auf das sekundäre Unionsrecht verlagert und fast vollständig harmonisiert, so dass für eine Überprüfung im Rahmen der Grundfreiheiten kein Raum mehr verbleibt. **Nicht vollständig harmonisiert** ist z. B. das Berufsrecht der Künstler, der Immobilienmakler und Juristen.

2. Verhältnismäßigkeit

II. Zulässigkeit als immanente Schranken wegen zwingender Allgemeininteressen

1. unterschiedslos geltende Maßnahme
2. zwingende Gründe des Allgemeininteresses
3. Verhältnismäßigkeit

---

[215] EuGH, Slg. 2005, I-3177 Rn. 27 f. „Kommission/Griechenland"; siehe auch EuGH, NJW 2009, 2112 „Doc Morris II".

Auf die Besonderheiten des **europäischen Gesellschaftsrechts** wurde schon oben im Rahmen des IPR des Wirtschaftsverkehrs (2.1.2) Bezug genommen. Zwar geht es zunächst um Fragen des nationalen IPR, namentlich die Beantwortung von Vorfragen im Rahmen der Existenz sowie des Fortbestehens einer juristischen Person. Gleichwohl ist immer dann die Niederlassungsfreiheit angesprochen, wenn eine inländische Gesellschaft ins europäische Ausland verlegt wird **(Wegzugsfälle)** oder umgekehrt eine ausländische Gesellschaft ihren Sitz nach Deutschland verlegt **(Zuzugsfälle)**. Weitere Fälle beziehen sich auf die **grenzüberschreitende Verschmelzung** eines Unternehmens.

Beispiel 102: Der zwischen „SEVIC" (Gesellschaft mit Sitz in Deutschland) und der „Security Vision" (Gesellschaft mit Sitz in Luxemburg) geschlossene Vertrag sah die Auflösung der „Security Vision" ohne Abwicklung und Übertragung ihres Vermögens als Ganzes auf die Gesellschaft „SEVIC" als Verschmelzung ohne Änderung der Firma der letztgenannten Gesellschaft vor. Das zuständige Amtsgericht wies den Antrag auf Eintragung der Verschmelzung in das Handelsregister mit der Begründung zurück, dass § 1 Abs. 1 Nr. 1 Umwandlungsgesetz nur die Verschmelzung von Rechtsträgern vorsehe, die beide ihren Sitz in Deutschland haben. Der Europäische Gerichtshof[216] sah hierin einen Verstoß sowohl gegen die primäre Niederlassungsfreiheit der zuziehenden Gesellschaft als auch gegen die sekundäre Niederlassungsfreiheit des übernehmenden Rechtsträgers, also der deutschen Gesellschaft.

Weiterhin gesteht der EuGH[217] das Recht zur **Durchführung von Unternehmensstrategien** zu, die auf eine Vermeidung von in den nationalen Gesellschaftsordnungen statuierten Schutzbestimmungen gerichtet sind. Es ist danach zulässig, eine Kapitalgesellschaft in einem Mitgliedstaat mit relativ leichten Gründungsvoraussetzungen wie etwa Großbritannien zu errichten, aber die gesamte Tätigkeit über eine Zweigniederlassung in einem anderen Mitgliedstaat abzuwickeln. Allerdings rechtfertigen Verkehrsschutzbelange, schutzwürdige Belange der Minderheitsgesellschafter oder der Arbeitnehmerschutz im Einzelfall den Eingriff in die Niederlassungsfreiheit.[218]

In **Wegzugsfällen** hat der EuGH seine einmal eingeschlagene Linie seit der Daily Mail-Entscheidung[219] auch in der jüngeren Cartesio-Entscheidung[220] beibehalten. Im Falle der Verlegung des Hauptverwaltungssitzes einer Gesellschaft verliert diese ihre Rechtsfähigkeit und kann aufgelöst werden.

In **Zuzugsfällen** hat der EuGH[221] entschieden, dass der aufnehmende Staat grds. die Pflicht habe, die originäre Gesellschaft als rechtsfähig anzuerkennen und ihr damit eine identitätswahrende Sitzverlegung zu ermöglichen.

---

[216] EuGH, EuZW 2006, 81 „SEVIC"; siehe auch EuGH C-483/14 EuZW 2016, 339 „KA-Finanz".
[217] EuGH, EuZW 1999, 216 „Centros".
[218] EuGH, EuZW 2003, 687 „Inspire Art".
[219] EuGH, Slg. 1988, I-5505 „Daily Mail".
[220] EuGH, NJW 2009, 569 „Cartesio".
[221] EuGH, NJW 2003, 1461 „Überseering".

Das Ziel der **Harmonisierung der Niederlassungsfreiheit** (Europäisches Gesellschaftsrecht) kommt in Art. 50 Abs. 2 lit. g) AEUV zum Ausdruck. Aufgrund dessen wurde zunächst im Jahre 1989 die Gründung der Europäische Wirtschaftliche Interessenvereinigung (EWIV) ermöglicht. Im Jahre 2001 wurde dann die Europäische Aktiengesellschaft (Societas Europaea, SE) sowie im Jahre 2006 die Europäische Genossenschaft (Societas Cooperativa Europaea, SCE) durch den Rat verabschiedet.[222] Zudem fordert Art. 53 AEUV zur **Anerkennung von Diplomen, Prüfungszeugnissen sonstigen Befähigungsnachweisen** auf. Die im Jahre 2005 verabschiedete Richtlinie über die **Anerkennung von Berufsqualifikationen** (RL 2005/36/EG) fasst einzelne Vorgängerregelungen zusammen und betrifft etwa Krankenschwestern, Krankenpfleger, Zahnärzte, Tierärzte, Hebammen, Architekten, Apotheker und Steuerberater. Von besonderer Bedeutung ist die Richtlinie über die **Ausübung des Rechtsanwaltsberufs** (RL 98/5/EG; RL 77/249/EWG), weil diese nicht auf die Anerkennung der Berufsqualifikationen ausgerichtet ist, sondern vielmehr auf die Anerkennung der Genehmigung zur Berufsausübung. Die Erbringung der Qualifikationsnachweise für die Ausübung richtet sich ebenfalls nach der zuvor genannten Richtlinie über die Anerkennung von Berufsqualifikationen.

3.5.9 Aufgabe 13 („Centros Ltd.")

Die Centros Ltd. ist eine im Mai 1992 gegründete und in England sowie Wales eingetragene „private limited company", vergleichbar der deutschen GmbH. Die Einzahlung von Gesellschaftskapital erfolgte nicht, da das Gesellschaftsrecht des Vereinigten Königreichs dies nicht vorschreibt. Die Gesellschaftsanteile werden von zwei in Dänemark ansässigen Staatsbürgern gehalten. Die Centros Ltd. hat in England und Wales nie eine Geschäftstätigkeit entfaltet. Im Sommer 1992 beantragt die Centros Ltd. durch eine Gesellschafterin die Eintragung einer Zweigniederlassung in Dänemark. Die Eintragung wurde durch die zuständige Zentralverwaltung mit dem Hinweis verweigert, dass nach dänischem Recht die Eintragung einer Gesellschaft mit beschränkter Haftung den Nachweis der Einzahlung eines Mindestgesellschaftskapitals von 200.000 DKR voraussetze. Nach Meinung der Zentralverwaltung versuche die Centros Ltd. durch die Begründung der Zweigniederlassung diese dänischen Vorschriften zu umgehen, da sie zu keinem Zeitpunkt im Vereinigten Königreich Geschäftstätigkeit entfaltet habe. Die Centros Ltd. erhob gegen den ablehnenden Bescheid Klage und berief sich dabei auf die Verletzung von Grundfreiheiten nach dem AEUV.[215] Zu Recht?

---

[222] Die EU-Kommission hat im Jahr 2008 den Vorschlag für eine Verordnung des Rates über das Statut einer Europäischen Privatgesellschaft (Socieats Privata Europaea, SPE) vorgelegt, die der deutschen GmbH entspricht. Diese Gesellschaftsform wird nunmehr nicht mehr weiterverfolgt; siehe Verse/Wiersch, Die Entwicklung des europäischen Gesellschaftsrechts 2014–2015, EuZW 2016, 330.

[223] EuGH, EuZW 1999, 216 „Centros".

Lösung:

A. Eingriff in den Schutzbereich der Niederlassungsfreiheit (Art. 49, 54 AEUV) durch Nichteintragung einer Niederlassung der Centros Ltd. in das dänische Handelsregister.

Zunächst ist der Anwendungsbereich der Art. 49, 54 AEUV festzustellen.

In *räumlicher Hinsicht* ist ein grenzüberschreitender Sachverhalt gegeben, da eine nach englischem Recht als juristische Person gegründete Gesellschaft „Centros Ltd." in Dänemark – beide Länder sind EU-Mitgliedstaaten – eine Niederlassung begründen und eintragen lassen möchte. Auf der *persönlichen Ebene* sind die Gesellschaften sowie deren Niederlassungen den EU-Erwerbstätigen gleichgestellt (Art. 54 AEUV). Als *sachlicher Anwendungsbereich* sind staatliche Maßnahmen angesprochen, der vorliegend durch die Verweigerung der Eintragung der Niederlassung durch die Zentralverwaltung als Behörde, somit staatlicher Eingriff, erfüllt ist. Eine öffentlich-rechtliche *Bereichsausnahme* (Art. 51 AEUV) greift hier nicht, da es um eine privatrechtliche Gesellschaft mit privaten Anteilseignern geht.

Art. 49 AEUV schützt vor einer Beschränkung durch *offene* oder *versteckte Diskriminierung*. Im vorliegenden Fall stellt die Nichteintragung als Zweigniederlassung in das dänische Register eine offene Diskriminierung dar. Es bestehen auch keine unterschiedslosen Niederlassungsmodalitäten, da Niederlassungen inländische Gesellschaften anders behandelt werden als ausländischer Gesellschaften. Im Gegensatz zu Niederlassungen einer dänischen Gesellschaft, wird die „Centros Ltd." als Niederlassung einer englischen Gesellschaft von der zuständigen Zentralverwaltung nicht eingetragen. Dann aber ist der Anwendungsbereich der Art. 49, 54 AEUV zu bejahen.

B. Schranken

Es sind zunächst die geschriebenen Schranken des Art. 52 AEUV zu prüfen. Nach dieser Norm kann eine staatliche Maßnahme aus Gründen der öffentlichen Ordnung, Sicherheit oder Gesundheit ausnahmsweise zulässig sein. In Frage kommt hier das Merkmal der öffentlichen Ordnung, da die Anforderung der Einzahlung des Mindestkapitals als sog. Stammkapital dem *Gläubigerschutz* dient. Der Gläubigerschutz wird auch auf europäischer Ebene als zwingendes Allgemeininteresse eingestuft.

Zudem kommen hier auch immanente Schranken zum Tragen. Als ein weiterer nicht geschriebener Grund des zwingenden Allgemeininteresses trägt die dänische Behörde vor, dass die Gesellschafter der „Centros Ltd." *missbräuchlich* und mit *Betrugsabsicht* vorgingen, denn es würden bewusst dänische Vorschriften umgangen. Insbesondere würden Gestaltungsmöglichkeiten ausgenutzt, die die Vorteile unterschiedlicher Vorschriften vor Augen hätten. Denn die englische Limited benötige keinerlei Eigenkapital, wohingegen bei einer dänischen juristischen Person ein Mindestkapital von 200.000 DKR aufzubringen sei, das dem Gläubigerschutz diene.

Sowohl das geschriebene Merkmal der öffentlichen Ordnung als auch das ungeschriebene Merkmal des „Missbrauchs mit Betrugsabsicht" müssen *ver-*

hältnismäßig sein. Zunächst ist die generelle *Eignung* der staatlichen Maßnahme zu prüfen. Die Versagung der Eintragung der „Ltd." ins Handelsregister kann grds. dem Gläubigerschutz dienen, da dann jedenfalls eine persönliche Haftung der dänischen Gesellschafter ohne Haftungsbeschränkung erfolgt.[223]

Die Maßnahme müsste zudem *erforderlich* sein, also das geringste wenn auch gleich wirksames Mittel der Rechtfertigung des Eingriffs in die Niederlassungsfreiheit darstellen. Im vorliegenden Fall besteht allenfalls eine abstrakte Gefährdung des Vermögens der Gläubiger, so dass die gänzliche Eintragungsverweigerung problematisch ist. Denn immerhin könnte die *Eintragung als Ltd.* den Gläubigern signalisieren, dass es sich eben nicht um eine Gesellschaft dänischen Rechts handelt.

Jedenfalls ist die Maßnahme *nicht angemessen*. Die Abwägung der Interessen der EU gegenüber den Interessen des Mitgliedstaates Dänemark ergibt, dass ein ausreichender Gläubigerschutz schon dadurch erreicht wird, dass die Eintragung als „Ltd." erfolgt, womit die Gläubiger sich auf die besondere Situation des geringeren Haftungszugriffs einstellen können. Die Abwägung schlägt hier zugunsten der Niederlassungsfreiheit aus.

Ergebnis: Die Nichteintragung in das dänische Handelsregister verstößt gegen Art. 49 in Verbindung mit Art. 54 AEUV.

3.5.10 Dienstleistungsfreiheit

Die Dienstleistungsfreiheit hat die Funktion eines **Auffangtatbestandes** und schließt somit Lücken der Waren-, Personen- sowie der Kapitalverkehrsfreiheit (Art. 57 AEUV). Daraus folgt aber auch die grds. Subsidiarität gegenüber den anderen Grundfreiheiten.[224]

A. Eingriff in den Schutzbereich der Art. 56, 57 AEUV

I. Anwendungsbereich der Art. 56, 57 AEUV

1. Räumlich

Ein grenzüberschreitender Sachverhalt kann sich aus drei Konstellationen ergeben, nämlich als

a) aktive Dienstleistungsfreiheit, also wenn der Dienstleistender sich ins EU-Ausland begibt;

b) passive Dienstleistungsfreiheit, wenn sich der Dienstleistungsempfänger sich ins EU-Ausland zum Dienstleistenden begibt;

c) Korrespondenzdienstleistungsfreiheit, wenn weder der Empfänger noch der Leistende die Grenze überschreiten, sondern nur die Dienstleistung selbst.

---

[224] Der EuGH (C-212/97, Rn. 35) ist allerdings anderer Auffassung. Das dänische Vorgehen sei nicht geeignet, das mit ihm verfolgte Ziel des Gläubigerschutzes zu erreichen, da die Zweigniederlassung in Dänemark eingetragen worden wäre, wenn die Gesellschaft einige Tätigkeiten im Vereinigten Königreich ausgeübt hätte, obwohl die dänischen Gläubiger in diesem Fall ebenso gefährdet gewesen wären. Das ändert allerdings nichts an der generellen Eignung der Maßnahmen in Dänemark.

Beispiel 103: Fernkurse im EU-Ausland, grenzüberschreitender Rundfunk, das Versenden von Lotterielosen von einem Mitgliedstaat in einen anderen[225] oder das grenzüberschreitende Angebot von Glücksspielen über das Internet.[226]

2. Persönlich

Erfasst werden EU-Dienstleister als

a) natürliche Personen oder Gesellschaften (Art. 62, 54 AEUV)
b) Staatsangehörige eines Mitgliedstaates bzw. nach dem Recht eines Mitgliedstaates gegründete Unternehmen mit Sitz, Hauptverwaltung oder einer Niederlassung in der EU (Art. 62, 54 AEUV).

3. Sachlich

Dienstleistung im Sinne von Art. 56, 57 AEUV sind nicht körperliche bzw. auf einen Leistungserfolg ausgerichtete Handlungen, wozu auch die *Werbung als Vorbereitung einer Dienstleistung* gehört. Folgende Einzelmerkmale sind zu beachten:

a) selbständige Tätigkeit (Abgrenzung zu Art. 45 AEUV)
b) in der Regel gegen Entgelt sowie
c) zeitlich begrenzt.

Letzteres Merkmal dient der Abgrenzung zu Art. 49 EGV, wie dies in Art. 57 Abs. 2 AEUV zum Ausdruck kommt. Erfasst werden insbesondere die gewerbliche, kaufmännische, handwerkliche und freiberufliche Tätigkeit (Art. 57 lit. a) bis d) AEUV.

Ausgenommen vom Anwendungsbereich der Dienstleistungsfreiheit **(Bereichsausnahme)** sind solche Tätigkeiten, die dauernd oder zeitweise mit der **Ausübung öffentlicher Gewalt** verbunden sind (Art. 62 in Verbindung mit Art. 51 Abs. 1 AEUV). Auf die dortigen Ausführungen kann hier verwiesen werden.

II. Staatliche Maßnahme durch Beschränkung von Dienstleistungsmöglichkeiten

1. Staatliche Maßnahme (unmittelbare Drittwirkung: gilt auch für Maßnahmen privater Wirtschafts- oder Berufsverbände)
2. Beschränkung durch offene oder versteckte Diskriminierung (Art. 56 Abs. 1, 57 Abs. 3 AEUV)

Der Schutzbereich erstreckt sich zunächst auf einen diskriminierungsfreien Eingriff unter Anwendung der Dassonville-Formel sowie Keck-Rechtsprechung, das heißt auf die unterschiedslosen Niederlassungsmodalitäten. Ebenso wie bei der Niederlassungsfreiheit schützt Art. 56 AEUV nicht nur vor Diskriminierungen, sondern spricht ein **allgemeines Beschränkungsverbot** aus. Danach werden alle Maßnahmen erfasst, die geeignet sind, die Tätigkeiten der Dienstleistenden im Inland zu unterbinden, zu behindern oder weniger attraktiv zu machen.[227]Allerdings ist der Anwendungsbereich des Beschränkungsverbots auf solche nationalen Hindernisse begrenzt, die den grenzüberschreitenden Marktzugang als solchen betreffen.

---

[225] EuGH, EuZW 1994, 311 „Schindler".
[226] EuGH, EuZW 2009, 689 „Bwin".
[227] EuGH, EuZW 2006, 145 „Kommission/Bundesrepublik Deutschland"; EuGH, EuZW 2009, 689 Rn. 51 „Bwin".

> **Beispiel 104:** Eine Beschränkung des Marktzugangs hat der EuGH bejaht, wenn etwa Italien Mindesthonorare für Rechtsanwälte vorschreibt, da hierdurch ausländische Anwälte Wettbewerbsnachteile hätten.[228]

> **Beispiel 105:** Der Marktzugang wird auch durch nationale Regelungen beschränkt, die die Ausübung von Tätigkeiten im Glücksspielsektor von einer staatlichen Konzession oder Genehmigung abhängig machen.[229]

B. Eingriff ausnahmsweise zulässig (Schranken)

I. Geschriebene Schranken gem. Art. 62, 52 AEUV

1. Rechtfertigungsgründe des Art. 52 AEUV (öffentliche Sicherheit, Ordnung und Gesundheit)
2. Verhältnismäßigkeit

II. Zulässigkeit wegen zwingender Allgemeininteressen

1. unterschiedslos geltende Maßnahme
2. zwingende Gründe des Allgemeininteresses
3. Verhältnismäßigkeit

Als **nicht geschriebene Beschränkungen** hat der EuGH bisher unter anderem anerkannt[230]:

- Schutz des Dienstleistungsempfängers (Verbrauchers)
- Schutz der Meinungsfreiheit
- Schutz des kulturellen, historischen oder archäologischen Erbes
- Schutz des geistigen Eigentums[231]

> **Beispiel 106** Mit großer öffentlicher Aufmerksamkeit wurde die **„Murphy"-Entscheidung des EuGH**[232] zur Zulässigkeit der Einschränkung von Exklusivlizenzen für europaweit ausgestrahlte Fernsehsendungen bedacht. Dieser Entscheidung lag folgender Sachverhalt zu Grunde: Karen Murphy betreibt einen Pub in England. Sie hat für ihre Gäste eine Decodierungskarte des griechischen Fernsehanbieters der englischen Premiere League besorgt, so dass die Spiele der Premier League zu einem wesentlich günstigeren Preis als bei einem Abonnement über die Football Association Premier League (FAPL) angeschaut werden konnten. Die FAPL wehrte sich gegen die aus ihrer Sicht illegale Nutzung der ihr zustehenden Fernsehrechte, weil sie unterschiedliche länderbezogene Lizenzen europaweit wirksam vergeben habe. Die Lizenz für das Sendegebiet von Griechenland werde aber umgangen, wenn die Sendungen mittels der Decodierungskarte von der griechischen Sendeanstalt abgerufen würden.[233]

---

[228] EuGH, EuZW 2007, 18 „Cipolla und Copodarte".
[229] EuGH, EuZW 2004, 115 „Gambelli", EuGH, EuZW 2007, 675 „Placanica".
[230] Eine vollständige Liste der bisher anerkannten „zwingenden Gründen des Allgemeininteresses" enthält Art. 4 Nr. 8 der Dienstleistungsrichtlinie (RL 2006/123/EG); siehe auch zum Ursprungslandprinzip 1.2.3.
[231] Zum gewerblichen Rechtsschutz und Urheberrecht siehe Kilian/Wendt, Europäisches Wirtschaftsrecht, Rn. 846 ff.
[232] EuGH, GRUR 2012, 156 „Murphy".
[233] Die eigentlichen urheberrechtlichen Ansprüche werden dabei auf bestimmte Elemente der Übertragung, insbesondere an Grafiken, Spielzusammenfassungen und die Liga-

Die dem EuGH vorgelegten Fragen betrafen insofern die Territorialität, als zunächst die verschiedenen landesweit vergebenen Schutzrechte tangiert sind. Der griechische Sender hat zwar legal das Senderecht erworben und ebenso legal Decodierungskarten erstellen lassen, gleichwohl aber das diesem zugewiesene Sendegebiet verlassen, weil die Sendung nunmehr wieder in England empfangen wird. Ökonomischer Hintergrund sind die nach potenziellen Zuschauern gestaffelten unterschiedlichen Lizenzhöhen. Es fällt nicht schwer nachzuvollziehen, dass die Lizenzbeträge für griechische Fernsehzuschauer erheblich niedriger sind als für die englischen. Dieses Preisgefälle hat Frau Murphy (und deren Zuschauer in den Kneipen) ausgenutzt.

Territorialität heißt hier nichts anderes, als dass nach verschiedenen Mitgliedstaaten der EU gestaffelt, unterschiedliche Lizenzen vergeben werden. Der EuGH hat dieses territoriale Lizenzsystem auch nicht grundsätzlich in Frage gestellt. Allerdings sei die Grenze dann erreicht, wenn die Grundfreiheiten – vorliegend die der Dienstleistungsfreiheit (Art. 56 AEUV) – im Binnenmarkt ohne **zwingende Gründe des Allgemeinwohls** eingeschränkt würden. Zu diesen Gründen gehören zwar geistige Schutzrechte wie u. a. das Urheberrecht. Allerdings stellt der EuGH auch fest, dass es kein spezifischer Inhalt des geistigen Eigentums sei, dem Inhaber die höchstmögliche Vergütung zu verschaffen.[234] Zwar sei ein Preisaufschlag für die territoriale Exklusivität grundsätzlich denkbar, dieser dürfe aber nicht zu einer **Marktabschottung** führen.[235] Das sei aber hier der Fall, weil die Preise der FAPL auf die maximale Preisgestaltung ziele. Die durch nationale Verbote erzielte Preisdifferenz kann also den Eingriff in die Dienstleistungsfreiheit nicht rechtfertigen. Diese Lösung kann man nur dann nachvollziehen, wenn man das **Territorialitäts-prinzip** im europäischen Kontext sieht, das durch die Grundfreiheiten der EU maßgeblich ausgeformt wird. Künftig dürfen Sportfans und Kneipenbesitzer Verträge über Sendeabonnements und die hierfür erforderlichen Decoder mit ausländischen Anbietern abschließen. Fußballlizenzen dürften in Zukunft europaweit an einen Lizenznehmer vergeben werden.

Ob hieraus eine internationale **Erschöpfung des Senderechts** gefolgert werden kann, ist fraglich. Jedenfalls ist die Wirkung ähnlich wie bei Waren, nämlich dass mit der ersten legalen Lizenzvergabe innerhalb der EU/EWR eine angemessene Vergütung erzielt wird und danach keine weiteren Unterlassungsansprüche aus der Verletzung geistiger Schutzrechte mehr bestehen.

---

hymne als Verstoß gegen Sec. 298 Copyright, Designs and Patents Act (CDPA) geltend gemacht. Anspruchsgegner ist die Vertreiberin der Decodierungsvorrichtungen (QC Leisure u. a.) sowie auch Gaststättenbetreiber wie Frau Murphy, die die Spiele der Premiere League zeigen. Dagegen wird den Fußballspielen selbst kein Urheber- oder Leistungsschutzrecht zugestanden.

[234] EuGH, ZUM 2011, 803 Rn. 108.

[235] Der EuGH sieht in der Praxis der exklusiven Rechtevergabe in diesem Fall auch einen Verstoß gegen Art. 101 Abs. 1 AEUV. Die Vermutung der Abschottung von Märkten sei durch FAPL u. a. nicht widerlegt worden, weshalb die Vereinbarung mit dem griechischen Sender, namentlich die Sendung auf ihr Gebiet zu begrenzen, wettbewerbswidrig sei. Auch eine Ausnahme gem. Art. 101 Abs. 3 AEUV sei nicht gegeben, EuGH, ZUM 2011, 803 Rn. 144.

> **Merksätze:**
>
> Nunmehr hat der EuGH[236] entschieden, dass das durch Urheberrecht ge-
> schützte Computerprogramm auch bei einer Onlineübertragung auf den
> Ersterwerber erschöpft ist (Art. 4 Abs. 2 der Computerrechts-Richtlinie
> 2009/24/EG), womit auch der Handel mit gebrauchter Software zulässig ist.
> Die Erschöpfungswirkung erstreckt sich auch auf die Werbung für Waren.[237]
> Gerade für den Bereich der Dienstleistung mit Warenbezug hat der BGH in
> der Entscheidung „Parfümflakon"[238] festgestellt, dass sich die Erschöpfung
> auch auf Werbeprospekte und ähnliche Werbemittel, letztlich dann auch auf
> die Online-Werbung, erstreckt.

3.5.11 Aufgabe 14 („Wall Street Unlimited")

> Die „Wall Street Unlimited" ist eine nach niederländischen Rechtsvorschrif-
> ten gegründete Gesellschaft mit Sitz in den Niederlanden, die sich auf die
> Vermittlung von Anlagegeschäften (wie z. B. Kauf von Aktien) spezialisiert
> hat. Eine beliebte Praxis der Kundenwerbung der Gesellschaft besteht darin,
> Privatleute ohne vorherige Ankündigung anzurufen und diese am Telefon
> von dem Abschluss eines Anlagegeschäfts zu überzeugen (sog. cold calling).
> Um die im Bereich der Kapitalanlage unerfahrenen Personen vor vorschnel-
> len Geschäftsabschlüssen zu schützen und den guten Ruf des Finanzmarktes
> Niederlande im Ausland aufrechtzuerhalten, erlässt das niederländische
> Finanzministerium ein Verbot des cold calling für Anlagegeschäfte, wenn
> nicht bereits ein Kontakt mit dem Kunden besteht. Das Verbot gilt sowohl
> für niederländische als auch für ausländische Firmen.
>
> Die Wall Street Unlimited ist der Ansicht, dass dieses Verbot gegen die durch
> den Vertrag über die Arbeitsweise der Europäischen Union (AEUV) gewähr-
> leistete Dienstleistungsfreiheit verstoße, wobei sie – was tatsächlich der Fall
> ist – mit potenziellen Kunden in den übrigen EU-Mitgliedstaaten Kontakt
> aufnimmt. Trifft die Ansicht der Wall Street Unlimited zu?

Lösung:

> Das Verbot des „cold calling" seitens des niederländischen Finanzministe-
> riums könnte gegen Art. 56, 57 AEUV (Dienstleistungsfreiheit) verstoßen.
>
> A. Eingriff in den Schutzbereich der Art. 56, 57 AEUV
>
> In *räumlicher Hinsicht* muss zunächst ein grenzüberschreitender Vorgang
> vorliegen. Dem *Schutzbereich* unterliegen die *aktive* (der Leistungserbringer
> begibt sich in den Mitgliedstaat des Empfängers), die *passive* (der Dienstleis-
> tungsempfänger begibt sich in den Mitgliedstaat des Leistungserbringers)

---

[236] EuGH, C-128/11, EWS 2012, 303 „UsedSoft".
[237] Dies wurde für das Markenrecht (§ 24 Abs. 1 MarkG) als gemeinschaftsrechtliche
Erschöpfung der Kennzeichenrechte sehr früh anerkannt BGH GRUR Int 1989, 409
„HAG II".
[238] BGH, BGHZ 144, 232 (238) „Parfümflakon".

sowie die *Korrespondenzdienstleistungsfreiheit*. In letzterem Fall wird die Dienstleistung bzw. die Werbung selbst grenzüberschreitend, aber ohne Ortswechsel des Anbieters erbracht. Auch dieser Aspekt unterliegt dem Schutzbereich. Die Wall Street Unlimited wirbt grenzüberschreitend ohne eigenen Ortswechsel, somit ist deren Betätigung auch vom Schutzbereich der Dienstleistungsfreiheit erfasst.

Der Schutzbereich des Art. 56, 57 AEUV erfasst in *persönlicher Hinsicht* alle natürlichen Personen, die Angehörige eines Mitgliedstaates und in einem Mitgliedstaat der EU auch ansässig sind. Für juristische Personen erweitert Art. 62 in Verbindung mit Art. 54 AEUV den persönlichen Anwendungs-bereich auf alle Gesellschaften, die nach dem Recht eines Mitgliedstaates gegründet wurden und die in der Gemeinschaft ihren Sitz haben. Dies trifft auf die Wall Street Unlimited zu.

Zu prüfen ist weiter (*sachlicher Anwendungsbereich*), ob eine Dienstleistung i. S. d. Art. 56, 57 AEUV – d. h. eine selbständige, zeitlich begrenzte und in der Regel gegen Entgelt erbrachte Leistung unkörperlicher Natur – vorliegt. Die Vermittlung von Anlagegeschäften für ausländische Kunden erfüllt diese Definition. Gleichwohl könnten hier hins. der Anwendbarkeit der Art. 56 ff. AEUV Bedenken bestehen. Die Verbotsregelung stellt nämlich nicht auf die eigentliche Dienstleistung ab, sondern schon im Vorfeld auf die *Werbung*. Die Dienstleistungsfreiheit erstreckt sich aber schon auf die der Dienstleistung vorgelagerte Werbung.

Zwar geht es hier auch um Fragen der Freiheit des Kapitalverkehrs (Art. 63 AEUV). Mit Blick auf Art. 58 Abs. 1 AEUV könnte diese Norm als lex specia-lis gegenüber der Dienstleistungsfreiheit anzusehen sein. Allerdings will die Wall Street Unlimited keine Geldanlage als solche vornehmen, sondern Anlagegeschäfte für ausländische Kunden vermitteln. Dies stellt eine Dienst-leistung dar, für die die Gewährleistungen der Art. 56, 57 AEUV gelten.

Art. 56 AEUV verbietet zunächst die *Diskriminierung* von Ausländern, also die Schlechterstellung von EU-Ausländern gegenüber Inländern. Im vor-liegenden Fall liegt eine solche Ungleichbehandlung aber nicht vor, da das Verbot des niederländischen Finanzministeriums für niederländische und ausländische Gesellschaften gleichermaßen gilt. Aber a*uch unterschiedslos geltende Maßnahmen* können einen Eingriff in die Dienstleistungsfreiheit darstellen, wenn sie geeignet sind, die Tätigkeit des Dienstleistenden, der in einem Mitgliedstaat ansässig ist und dort ähnliche Dienstleistungen erbringt, zu unterbinden oder zu behindern („Dassonville-Formel": jede unmittelbare oder mittelbare … Behinderung des gemeinschaftlichen Handels). Hier ist ein staatlicher Eingriff darin zu sehen, dass das niederländische Finanz-ministerium die Tätigkeit des Dienstleistenden Wall Street Unlimited als Korrespondenzdienstleistung u. a. nach Deutschland unterbindet. Zudem sind nicht nur Ausübungsmodalitäten betroffen, da ohne Telefonwerbung der beschriebene Dienst (im Wesentlichen) nicht ausgeübt werden kann (Keck-Formel).

B. Schranken

Als zulässige Schranken sehen Art. 62 in Verbindung mit Art. 51 AEUV (Ausübung öffentlicher Gewalt) und Art. 62 in Verbindung mit Art. 52 (Gründe der öffentlichen Ordnung, Sicherheit und Gesundheit) Schrankenregelungen vor, die thematisch nicht einschlägig sind. Der EuGH hat – wie bei der Warenverkehrsfreiheit durch seinen „Cassis-de-Dijon"-Rechtsprechung – auch bei Art. 56 AEUV anerkannt, dass außerhalb der Schranken der Art. 62 in Verbindung mit Art. 51, 52 AEUV Beschränkungen der Dienstleistungsfreiheit gerechtfertigt sein können.

Es könnten *zwingende Allgemeininteressen* betroffen sein. In Frage kommt hier der Schutz der potenziellen Kapitalanleger (Verbraucher) und des guten Rufes des niederländischen Finanzmarktes. Da es vorliegend um den Schutz von außerhalb der Niederlande ansässigen Personen geht, ist der Verbraucherschutz nur insoweit schutzwürdig, als sich dieser auf den guten Ruf des niederländischen Finanzmarktes auswirkt.

Die staatliche Maßnahme müsste im Hinblick auf das Allgemeininteresse auch *verhältnismäßig (geeignet, erforderlich und angemessen)* sein. Die Maßnahme ist *geeignet* das von diesem Verbot angestrebte Ziel zu erreichen. Da der Ruf eines Finanzmarktes auch von der Sachkunde und Seriosität seiner Finanzvermittler abhängig ist und sich exzessive Methoden der Kundenwerbung wie des cold calling auf den guten Ruf des Finanzmarktes auswirken, ist das Verbot des cold calling durchaus eine Maßnahme, die den guten Ruf des Finanzmarktes schützt. Daher ist die Maßnahme zur Erreichung des Zweckes geeignet.

Weiter müsste die niederländische Maßnahme auch *erforderlich* (Anwendung des mildesten Mittels, das aber gleichwohl geeignet sein muss) sein. Man könnte erwägen, ob sich ein Schutz der Kapitalanleger nicht durch Maßnahmen der Staaten der Leistungsempfänger gewährleisten lässt. Insofern ist aber bereits fraglich, ob es sich hierbei um ein milderes Mittel handelt. Jedenfalls wäre diese Maßnahme aber nicht gleich geeignet, denn eine Kontrolle von Telefonanrufen lässt sich am ehesten von dem Staat durchführen, von dem aus der Telefonanruf vorgenommen wird. Die Maßnahme ist also erforderlich.

Schließlich müsste die niederländische Vorschrift auch *angemessen* sein. Hierfür ist das gemeinschaftliche Interesse an der Verwirklichung der Dienstleistungsfreiheit mit dem nationalen Allgemeininteresse – gut Ruf des Finanzmarktes – abzuwägen. Hierbei wird man zu berücksichtigen haben, dass das Verbot des cold calling in den Niederlanden nur in bestimmten Fällen gilt: zum einen greift das Verbot nur, wenn sich das cold calling auf ein Anlagegeschäft bezieht; zum anderen ist erforderlich, dass vor dem Telefonanruf noch kein Kontakt zu dem jeweiligen (potenziellen) Kunden bestand. Angesichts dieses eingeschränkten Anwendungsbereichs des niederländischen Verbots wird man die negativen Auswirkungen auf die Dienstleistungsfreiheit in der EU nur als gering veranschlagen können. Daher kann man die niederländische Regelung durchaus als noch angemessen bewerten.

Ergebnis: Das Verbot des „cold calling" ist mit Art. 56, 57 AEUV vereinbar.

3.5.12 Freiheit des Zahlungs- und Kapitalverkehrs

A. Eingriff in den Schutzbereich des Art. 63 AEUV

I. Anwendungsbereich des Art. 63 AEUV

1. Räumlich: grenzüberschreitender Sachverhalt (Möglichkeit des Transfers von einem Mitgliedstaat in einen anderen)
2. Persönlich: Begünstigte sind immer die Personen, die sich auch auf die anderen Grundfreiheiten berufen können.
3. Sachlich: Kapital- und Zahlungsverkehr

Unter **Kapitalverkehr** (Art. 63 Abs. 1 AEUV) ist im Wesentlichen die einseitige Wertübertragung (also nicht Zug um Zug gegen eine andere Leistung) von einem Mitgliedstaat in einen anderen zu verstehen. Zugleich geht es dabei auch um Vermögen, entweder als Sachkapital (z. B. Immobilienerwerb, Unternehmensbeteiligung) oder Geldkapital (Erwerb von Anleihen, Wertpapieren etc.).[239]

Der **Zahlungsverkehr** (Art. 63 Abs. 2 AEUV) betrifft die monetären Vorgänge, also die monetäre Seite der zuvor behandelten Grundfreiheiten, namentlich die Ein- und Ausfuhr von Geld ohne Beschränkungen.

II. Staatliche Maßnahme durch Beschränkung des Kapital- und Zahlungsverkehrs

1. Staatliche Maßnahmen
2. Beschränkung

Untersagt sind alle **Beschränkungen des Kapitalverkehrs** zwischen den Mitgliedstaaten sowie zwischen den Mitgliedstaaten und Drittstaaten. Der EuGH hat in diesem Zusammenhang klargestellt, dass Art. 63 Abs. 1 AEUV ein allgemeines Beschränkungsverbot beinhaltet. Als Beschränkungen im Sinne von Art. 63 Abs. 1 AEUV gelten damit nicht nur Diskriminierungen aufgrund der Staatsangehörigkeit, sondern auch unterschiedslos anwendbare Maßnahmen, soweit sie in kapitalverkehrsrelevante Transaktionen eingreifen. Erfasst werden damit alle Maßnahmen, die einen Investor davon abhalten könnten, in das Kapital des Unternehmens zu investieren.

> **Beispiel 107:** Im deutschen VW-Gesetz wurden Vorrechte zu Gunsten des Bundes und des Landes Niedersachsen niedergelegt: zunächst die absolute Begrenzung der Ausübung der Stimmrechte auf 20 % des Grundkapitals, auch wenn der Anteil eines Aktionärs diesen Prozentsatz übersteigt (Höchststimmrecht gem. § 2 Abs. 1 VW-Gesetz). Sodann wurde festgelegt, dass satzungsändernde Beschlüsse in der Hauptversammlung nur mit einer Mehrheit von 80 % des bei der Beschlussfassung vertretenen Grundkapitals möglich sind (es besteht also eine Sperrminorität von 20 % gem. § 4 Abs. 3 VW-Gesetz). Schließlich wird der Bundesrepublik Deutschland sowie dem Land Niedersachsen zugestanden, jeweils zwei Aufsichtsratsmitglieder in den Aufsichtsrat zu entsenden (Entsenderecht gem. § 4 Abs. 1 VW-Gesetz).

---

[239] Zum Bank- und Kapitalmarktrecht Kilian/Wendt, Europäisches Wirtschaftsrecht, Rn. 740 ff.

Der EuGH[240] sah in der Sperrminorität einen Verstoß gegen die Kapitalverkehrsfreiheit, denn diese sei allein für die öffentliche Hand konzipiert worden. Dies gelte ebenso für das Höchststimmrecht, welches eine unzulässige Korrelation von Kapitalbeteiligung und Stimmkraft darstelle. Daraus erwachse der öffentlichen Hand (dem Land Niedersachsen) eine besondere Einflussmöglichkeit auf VW, womit aber die Anleger aus anderen Mitgliedstaaten von Direktinvestitionen in dieses Unternehmen abgehalten würden. Weiterhin verstoße auch das Entsenderecht des § 4 Abs. 1 VW-Gesetz gegen Art. 63 AEUV, da es sich insoweit um ein vom allgemeinen Gesellschaftsrecht abweichendes Sonderrecht zugunsten des Bundes und des Landes Niedersachsen handele, welches diesen gegenüber anderen Aktionären größere Einflussmöglichkeiten auf das Unternehmen eröffne. Die Bundesrepublik Deutschland hat in diesem Verfahren vorgetragen, dass das Gesetz durch zwingende Gründe des Allgemeininteresses gerechtfertigt sei. Mit dem VW-Gesetz sei ein „austariertes Machtgleichgewicht" geschaffen worden, um den Interessen der Arbeitnehmer von Volkswagen gerecht zu werden und die Minderheitsaktionäre zu schützen. Allerdings sah der EuGH keine hinreichenden Rechtfertigungsgründe. Auch wenn der Schutz von Arbeitnehmern und Minderheitsaktionären grds. dem Allgemeininteresse diene, so wurden die Regelungen dieses Gesetzes als unverhältnismäßig angesehen. Insbesondere sei kein Nachweis über die Geeignetheit und Erforderlichkeit geführt worden. Aufgrund dieses Urteils hat die Bundesrepublik Deutschland durch Streichung von § 2 Abs. 1 und § 4 Abs. 1 VW-Gesetz reagiert.

Die **Freiheit des Zahlungsverkehrs** besagt, dass alle Beschränkungen des Zahlungsverkehrs zwischen den Mitgliedstaaten sowie zwischen Mitgliedstaaten und dritten Ländern verboten sind (Art. 63 Abs. 2 AEUV). Dahinter steht der Gedanke, dass die anderen Marktfreiheiten nicht dadurch entwertet werden dürfen, dass die Mitgliedstaaten die ungehinderte grenzüberschreitende Übertragung von Gehältern, Erlösen und Gewinnen untersagen. Daher wird in einer weiten Auslegung jede grenzüberschreitende Transferierung von Zahlungsmitteln, für die eine Gegenleistung erbracht wird, geschützt.

B. Eingriff ausnahmsweise zulässig (Schranke)

1. Geschriebene Schranken der Art. 64–66 AEUV

Während Art. 64 und 66 AEUV nur für Beschränkungen gegenüber Drittstaaten zur Anwendung kommen, enthält Art. 65 AEUV einen allgemeinen Rechtfertigungsgrund für Beschränkungen durch die Mitgliedstaaten. Dazu zählen die unterschiedliche Behandlung von Steuerpflichtigen mit unterschiedlichem Wohnort oder Kapitalanlageort (Art. 65 Abs. 1 lit. a) AEUV), Maßnahmen aus Gründen der öffentlichen Ordnung oder Sicherheit (Art. 65 Abs. 1 lit. b) AEUV), wobei Abs. 3 dieser Norm klarstellt, dass keine dieser Maßnahmen ein Mittel zur willkürlichen Diskriminierung oder ein verschleiertes Hemmnis des freien Kapitalverkehrs darstellen darf (Beachtung des Verhältnismäßigkeitsprinzips).

---

[240] EuGH, NJW 2007, 3481 „VW-Gesetz"; siehe auch weitere Entscheidungen, die ebenfalls Sonderrechte „goldene Eier" einräumen EGH, EuZW 2002, 433 „Kommission/Frankreich" ; EuGH, C-171/08; EuGH, ZIP 2008, 21 „Commune die Milano".

2. Zulässig wegen sonstiger zwingender Allgemeininteressen

Immanente Schranken zur Beschränkung der Kapitalverkehrsfreiheit und Zahlungsverkehrsfreiheit können aus zwingenden Gründen des Allgemeininteresses geboten sein, wenn sie für alle im Hoheitsgebiet des Aufnahmemitgliedstaats tätigen Personen oder Unternehmen gelten und dabei verhältnismäßig sind.

3.6 Europäisches Wettbewerbsrecht und Beihilfeverbot

Das europäische Wettbewerbsrecht (Art. 101 bis 107 AEUV) sowie das Beihilfeverbot (Art. 107 bis 109) unterstützen die zuvor (3.5) beschriebenen Marktfreiheiten.[241]

3.6.1 Wettbewerbsrecht

Das Wettbewerbsrecht fällt unter die ausschließliche Zuständigkeit der Union (Art. 3 Abs. 1 lit. b) AEUV). Regelungsgegenstand des Art. 101 AEUV ist das Verbot von Vereinbarungen, Beschlüssen und abgestimmten Verhaltensweisen, die den unionsweiten Wettbewerb beeinträchtigen können. Einzelne typische Handlungen sind in Art. 101 Abs. 1 lit. a) bis e) AEUV als nicht abschließender Katalog aufgeführt. Die entgegen dieser Vorschrift getroffenen Vereinbarungen und Beschlüsse sind nichtig (Art. 101 Abs. 2 AEUV).

Gem. Art. 101 Abs. 3 AEUV können im Einzelfall oder auch für **Gruppen von Verträgen** etwa bei sinnvollen Kartellen oder solchen, die sogar erwünscht sind (etwa zur Verbesserung der Warenerzeugung) vom Kartellverbot freigestellt werden. Es handelt sich dabei um ein Verbot mit Legalausnahmen im Sinne einer unmittelbaren Befreiungswirkung ohne Freistellungsakt der EU-Kommission.

Für horizontale und vertikale Unternehmensverbindungen, letztere im Vertrieb sowie bei Lizenzverträgen, entfalten die **Gruppenfreistellungsverordnungen** gem. Art. 101 Abs. 3 AEUV Wirkung. Diese sind vom Kartellverbot ausgenommen.

> **Beispiel 108:** Der EuGH[242] hat das **Verbot des Vertriebs über Internet** als Verstoß gegen Art. 101 Abs. 1 AEUV angesehen. Die Gruppenfreistellungsverordnung über den Vertikalvertrieb (Vertikal-GVO) greift hier nicht (Art. 101 Abs. 3 AEUV). In diesem Fall ging es um den Vertrieb von Kosmetika. Der französische Hersteller hatte mit den Vertriebspartner vereinbart, dass der Verkauf ausschließlich in einem physischen Raum und in Anwesenheit eines diplomierten Pharmazeuten erfolgen dürfe. Diese Anforderung hätte de facto sämtliche Verkaufsformen über das Internet ausgeschlossen. Der EuGH hat nunmehr auch klargestellt, dass die Vertikal-GVO eng auszulegen ist. Gleichwohl könne noch eine Legalausnahme gem. Art. 101 Abs. 3 AEUV greifen.

---

[241] Zum Wettbewerbsrecht siehe Kilian/Wendt, Europäisches Wirtschaftsrecht, Rn. 399 ff.
[242] EuGH, MMR 2012, 50 „Internetvertriebsverbot im selektiven Vertriebssystem".

Lizenzvereinbarungen können gegen das europäische und deutsche Kartellrecht verstoßen. Nach dem aufgrund der 7. GWB-Novelle grundlegend geänderten deutschen Kartellrecht[243] sind Vereinbarungen im Hinblick auf §§ 1 und 2 Abs. 1 GWB zu überprüfen, die Art. 101 Abs. 1 bzw. Abs. 3 Vertrag über die Arbeitsweise der Europäischen Union (AEUV) entsprechen. Während bis zur oben genannten GWB-Novelle ein Lizenzvertragsprivileg galt, unterliegen nunmehr sämtliche horizontalen und vertikalen Absprachen einem (generellen) Kartellverbot. Davon gibt es **Ausnahmen**, die aus § 2 Abs. 1 GWB folgen, der wiederum eng an Art. 101 Abs. 3 AEUV angelehnt ist.

Durch die Bezugnahme auf europäisches Kartellrecht wird auch verständlich, dass § 2 Abs. 2 GWB im Wege der dynamischen Verweisung die entsprechende Anwendung der sog. Gruppenfreistellungsverordnungen (GVO) des Gemeinschaftsrechts vorsieht. Danach werden „Gruppen" von Verträgen mit an sich wettbewerbsbeschränkendem Charakter vom Kartellverbot deshalb freigestellt, weil vor allem im vertikalen Vertrieb (eben typischerweise im Verhältnis Lizenzgeber zu Lizenznehmer) ansonsten eine ökonomisch sinnvolle Verwertung der Schutzrechte nicht möglich wäre. Für diese Verträge, die keiner Schriftform bedürfen, gibt es als ungeschriebenes Merkmal eine **Spürbarkeitsgrenze**, die Bagatellfälle aus dem Kartellverbot ausnehmen soll, da diese offensichtlich den zwischenstaatlichen Handel nicht beeinträchtigen. Die Bagatellgrenze wird bei 10 % der betroffenen relevanten Märkte angesetzt. Zu unterscheiden ist diese Bagatellgrenze von den sog. **Marktanteilsschwellen**, wie sie in verschiedenen Gruppenfreistellungsverordnungen (GVO) festgeschrieben sind. Im Hinblick auf den Bereich Technologietransfer ist dort der Marktanteil für konkurrierende Unternehmen auf 20 % festgelegt (Art. 3 Abs. 1 TT-GVO), für Forschung und Entwicklung gilt eine entsprechende Schwelle von 25 % (Art. 4 Abs. 3 FE-GVO).

Im Hinblick auf mögliche wettbewerbsbeschränkende Vereinbarungen ist vorrangig die **Technologie-Transfer-GVO Nr. 772/2004 (TT-GVO)**[244] maßgeblich. Während die Vorgänger-TT-GVO Nr. 240/96 vom Aufbau her noch die Unterscheidung zwischen erlaubten „weißen", verbotenen „schwarzen" und die (lediglich) nicht freigestellten „grauen" Vertragsregelungen machte[245], verzichtet die TT-GVO auf solch eine Einteilung. Stattdessen sieht Art. 4 TT-GVO eine **Liste von Kernbeschränkungen** vor, die flexibler auf die tatsächlichen Gegebenheiten eingehen können, als dies bei der früheren „starren" Einteilung in „weiße", „grau" und „schwarz" der Fall war.

In der Sache wird zunächst zwischen konkurrierenden und nicht konkurrierenden Unternehmen unterschieden. Bei Vereinbarungen zwischen **konkurrierenden Unternehmen** führen zur Nicht-Freistellung der gesamten Vereinbarung

- Beschränkungen hinsichtlich der Preisfestsetzung (Art. 4 Abs. 1 lit. a) TT-GVO)
- Gewisse Beschränkungen der Produktion oder des Absatzes (Art. 4 Abs. 1 lit. b) TT-GVO)

---

[243] Gesetz gegen Wettbewerbsbeschränkungen vom 7.7.2005, BGBl. I, S. 1954.
[244] Technologietransfervereinbarung vom 27.4.2004, ABl. EG Nr. L 123/11.
[245] Weiße, schwarze und graue Listen.

- Eine Zuweisung von Märkten oder Kunden, soweit es sich nicht um ausdrücklich zugelassene Ausnahmetatbestände handelt (Art. 4 Abs. 1 lit. c) TT-GVO)
- Beschränkungen des Lizenznehmers hinsichtlich der Verwertung seiner eigenen Technologie sowie Beschränkungen beider Vertragsparteien, Forschungs- und Entwicklungsarbeiten durchzuführen (Art. 4 Abs. 1 lit. d) TT-GVO).

Bei Vereinbarungen zwischen nicht konkurrierenden Unternehmen werden folgende Vereinbarungen (sofern nicht konkret bezeichnete Ausnahmetatbestände vorliegen) als unzulässige Kernbeschränkungen angesehen:

- Vereinbarungen von Fest- und Mindestpreisen (Art. 4 Abs. 2 lit. a) TT-GVO)
- Gebiets- und Kundenbeschränkungen (Art. 4 Abs. 2 lit. b) TT-GVO)
- Vereinbarungen, die den aktiven und passiven Verkauf an Endverbraucher beschränken (Art. 4 Abs. 2 lit. c) TT-GVO).

Art. 5 TT-GVO regelt **nicht freigestellte Einzelverpflichtungen**, und zwar die

- Rücklizenz für Verbesserungserfindungen des Lizenznehmers (Art. 5 Abs. 1 lit. a) TT-GVO)
- Übertragung von Verbesserungs- und Aufwendungserfindungen (Art. 5 Abs. 1 lit. b) TT-GVO)
- Nicht-Angriffsverpflichtungen (Art. 5 Abs. 1 lit. c) TT-GVO).

Für den Fall, dass es sich um nicht konkurrierende Unternehmen handelt, verbietet Art. 5 Abs. 2 TT-GVO Beschränkungen des Lizenznehmers in der Erarbeitung oder Verarbeitung von Technologien, die nicht Gegenstand des Lizenzvertrages sind.

Diese TT-GVO trat am 1. Mai 2004 in Kraft und gilt bis zum 30. April 2014 (Art. 11 TT-GVO).

Weiterhin ist die **Gruppenfreistellung für Forschungs- und Entwicklungsvereinbarungen 1217/2010** (FE-GVO) zu beachten.[246]

Die gemeinsame Forschung und Entwicklung von Hochschulen und Unternehmen ist ausdrücklich erwünscht und fällt somit grds. nicht unter ein Kartellverbot. Als Kernbeschränkung (Art. 5 Abs. 1 FE-GVO) ist etwa in a geregelt: die Beschränkung der Freiheit der Parteien, eigenständig oder in Zusammenarbeit mit Dritten Forschung und Entwicklung auf mit der Vereinbarung nicht im Zusammenhang stehenden Gebieten zu betreiben. Nicht freigestellt wird eine Lizenzvereinbarung, wonach die beteiligten Unternehmen daran gehindert werden, nach Abschluss der Forschung und Entwicklung die Gültigkeit von geistigen Schutzrechten gegenseitig anzufechten (Art. 6a FE-GVO).

Art. 102 AEUV verbietet den **Missbrauch einer marktbeherrschenden Stellung**, soweit dadurch der Handel zwischen den Mitgliedstaaten beeinträchtigt wird. Eine Fusionskontrolle wird nicht ausdrücklich geregelt. Art. 101 AEUV ist deshalb nicht anwendbar, weil ein Kartell durch Absprachen „zwischen" Unternehmen zustande kommt, dagegen *nach* einem Zusammenschluss nicht

---

[246] Gruppenfreistellung für Forschung- und Entwicklungsvereinbarungen EG Nr. 1217/2010 vom 22.12.2010, ABl. 2010 L 335 S. 36.

mehr vorliegt. In solch einem Fall kann aber Art. 102 AEUV einschlägig sein, da durch einen Unternehmenszusammenschluss der Missbrauch von Marktmacht denkbar wäre. Denn Art. 102 AEUV will gerade eine Strukturverschlechterung durch Unternehmenszusammenschlüsse verhindern. Zudem ist die Fusionskontrollverordnung (Abl. 2004 L 24, S. 1 ff.) zu beachten.

Die **Wettbewerbsaufsicht** untersteht der EU-Kommission (Art. 105 AEUV), die bei unionsweiter Bedeutung auch für eine Genehmigung zuständig ist. Dagegen haben die nationalen Wettbewerbsbehörden dann eine Aufsichtsfunktion, wenn die Angelegenheit nur nationale Bedeutung hat.

Öffentliche Unternehmen werden in das europäische Wettbewerbsrecht mit einbezogen (Art. 106 Abs. 1 AEUV). Die Wettbewerbsregeln kommen allerdings nur dann zum Tragen, wenn dadurch die Erfüllung der öffentlichen Aufgaben nicht rechtlich oder tatsächlich verhindert werden (Art. 106 Abs. 2 AEUV).

> **Merksatz:**
> Europäisches Wettbewerbsrecht beruht auf dem Prinzip des Verbots mit Legalausnahmen im Sinne einer unmittelbaren Befreiungswirkung ohne Freistellungsakt der EU-Kommission.

3.6.2 Aufgabe 15 („Zu hohe Bearbeitungsgebühren")

A unterhält ein Konto bei der B-Bank in Jena. Nachdem er von einem italienischen Geschäftspartner einen Scheck in Höhe von 5.000 Euro erhalten hat, reicht er diesen bei seiner Bank ein. Diese schreibt ihm zwar den Scheckbetrag gut, belastet aber sein Konto mit Bearbeitungsgebühren in Höhe von 8 Euro. Diese 8 Euro verlangt A nun durch Klage vor dem Amtsgericht Jena zurück. Das Amtsgericht legt dem EuGH die Frage vor, ob eine Bearbeitungsgebühr, die von 90 % aller Banken in gleicher Höhe erhoben wird, gegen das Kartellverbot gem. Art. 101 AEUV verstößt. Diese Gebühr ist auf den regelmäßigen Informationsaustausch der Banken (innerhalb der EU) untereinander zurück zu führen. Liegt in diesem Fall ein Wettbewerbsverstoß vor?

Lösung:

Das Verhalten der Bank könnte gegen Art. 101 Abs. 1 AEUV verstoßen.

1. Art. 101 AEUV müsste auf den vorliegenden Fall zunächst anwendbar sein. Der denkbare Art. 106 Abs. 2 AEUV, der für die öffentliche Daseinsvorsorge Sonderregelungen trifft, ist hier nicht einschlägig. Zwar ist die Bankdienstleistung von allgemeinem wirtschaftlichem Interesse, aber nicht als notwendige öffentliche Aufgabe zu verstehen. Der Bankensektor wird von zahlreichen genossenschaftlichen und privaten Anbietern bedient. Damit scheidet Art. 106 Abs. 2 AEUV aus, woraus dann die Anwendbarkeit des Art. 101 AEUV folgt.

2. Es müsste eine wettbewerbsrelevante Maßnahme vorliegen. Banken sind zunächst „Unternehmen", da sie sich wirtschaftlich betätigen. Eine „Vereinbarung" liegt nicht nur bei horizontalen Austauschverhältnissen vor,

sondern umschließt auch die vertikale Vertriebsebene, etwa im Verhältnis Franchisegeber zu Franchisenehmer. Eine solche Vereinbarung liegt hier weder auf horizontaler noch auf vertikaler Ebene vor. In Frage kommt aber ein „abgestimmtes Verhalten" durch die *Koordination gegenseitiger Informationen*. Dazu zählt auch eine Abstimmung in der Weise, dass Risiken des Wettbewerbs ausgeschlossen und keine wettbewerbsgerechten Marktbedingungen für Verbraucher herbeigeführt werden.

Das zuvor genannte Merkmal ist vom „unbedenklichen Parallelverhalten" abzugrenzen. Entscheidend ist dabei, ob eine vorherige Abstimmung zwischen den betroffenen Unternehmen durch Informationsaustausch oder Koordinierung stattgefunden hat. Denn eine „Preisführerschaft" dem andere tatsächlich folgen, wie etwa bei Tankstellenbetreibern, ist rechtlich unbedenklich. Im vorliegenden Fall haben sich die Banken gegenseitig informiert, so dass ein abgestimmtes Verhalten zu bejahen ist.

3. Dieses Verhalten muss dann zu einer *spürbaren Beeinträchtigung* des zwischenstaatlichen Wettbewerbs führen und ist von „Bagatellkartellen" negativ abzugrenzen. Dabei ist nicht entscheidend, ob eine Beeinträchtigung bezweckt war oder ob eine Maßnahme lediglich beeinträchtigend *wirkt*. Wenn nachgewiesen werden kann, dass eine Wettbewerbsbeschränkung bezweckt war, ist der tatsächliche Eintritt einer beschränkenden Wirkung nicht mehr von Belang. Erst wenn ein solcher Zweck nicht besteht, ist auf die Wirkung der Maßnahme abzustellen. Hier war zwar keine Wettbewerbsbeeinträchtigung bezweckt, gleichwohl trat aber die Wettbewerbsbeeinträchtigung durch die gleichmäßige Erhebung von Bearbeitungsgebühren bei 90 % der Banken dadurch ein, dass den Bankkunden die Möglichkeit genommen wird, eine günstigere Leistung (etwa durch niedrigere Bearbeitungsgebühren) auszuwählen.

Im *Ergebnis* ist festzuhalten, dass die flächendeckende Erhebung der Bearbeitungsgebühr als Verstoß gegen Art. 101 AEUV anzusehen ist.

3.6.3 Beihilfeverbot

Die maßgeblichen Regelungen (Art. 107 bis 109 AEUV) sollen ebenfalls Wettbewerbsverzerrungen, hier allerdings durch staatliche Beihilfen, verhindern. Denn Wettbewerbsverzerrungen entstehen nicht nur durch Zölle, Einfuhrbeschränkungen, Maßnahmen gleicher Wirkung, diskriminierende Steuern oder durch unzulässige Zusammenarbeit von Unternehmen, sondern auch durch staatliche Unterstützung bestimmter Wirtschaftszweige. Subventionierte Güter oder Dienstleistungen können auf dem Markt billiger angeboten werden als vergleichbare nicht subventionierte Produkte.

Art. 107 AEUV beschreibt Beihilfeverbote (Abs. 1) und zählt zahlreiche Ausnahmen auf (Abs. 2). Unzulässig sind „Beihilfen gleich welcher Art", wozu neben Subventionen im engeren Sinne auch sonstige Begünstigungen jeder Art erfasst werden. Entscheidend ist dabei der **Staat als Gewährender**. Dabei ist nicht nur die eigentliche Subventionsvergabe als leistende Verwaltung, sondern auch die vergünstigte Besteuerung oder vergünstigte sonstige Abgaben im Rahmen der Eingriffsverwaltung erfasst.

Im Einzelnen sind dies:

- Die **Übertragung staatlicher Mittel**, etwa in Form von Geld-, Sach- oder Dienstleistungen oder der Verzicht auf eine Einnahmeerzielung (etwa durch Steuerbefreiungen). Entscheidend ist aber, dass die Mittelvergabe dem Staat zuzurechnen ist und typischerweise zu einer Haushaltsbelastung führt.

> **Beispiel 109:** Eine gesetzlich angeordnete Verpflichtung privater Elektrizitätsversorgungsunternehmen zur Abnahme von Strom aus erneuerbaren Energiequellen zu festgelegten Mindestpreisen fällt nicht unter diese Subventionsbegriff, weil das Finanzopfer von den privaten Elektrizitätsversorgungsunternehmen und nicht aus dem Staatshaushalt oder einem staatlichen Sonderfonds erbracht wurden.[247]

- **Gewährung einer Begünstigung:** erforderlich ist die Verschaffung eines wirtschaftlichen Vorteils an ein Unternehmen, den dieses unter „normalen Marktbedingungen" nicht erhalten hätte. Maßstab ist der „Private Investor"-Test, also die Frage, ob der betreffende Mitteltransfer auch von einer unter normalen Marktbedingungen handelnden umsichtigen Privatperson zu denselben oder vergleichbaren Bedingungen vorgenommen worden wäre.
- **Bestimmtes Unternehmen als Beihilfeempfänger:** erfasst wird jede wirtschaftlich tätige Einheit, wobei die Rechtsform unbeachtlich ist. Auch öffentliche Unternehmen können Adressaten solch unzulässiger Beihilfen sein.
- **Wettbewerbsverfälschung und Handelsbeeinträchtigung:** nicht erforderlich ist, dass eine solche Verfälschung des Wettbewerbs beabsichtigt wird. Vielmehr ist jeder Eingriff in das Marktgeschehen gemeint, durch den für die Wettbewerber die Marktbedingungen geändert werden.[248] Die Beeinträchtigung des Handels ist nur dann gegeben, wenn sich die Begünstigungen zumindest potenziell auf den Handel zwischen den Mitgliedstaaten auswirken.

Ausnahmen gem. Art. 107 Abs. 2 und 3 AEUV: zunächst nennt Abs. 2 einige **Bereichsausnahmen** für Konstellationen, in denen z. B. angesichts sozialer Umstände (Beihilfen an Verbraucher) oder wegen außergewöhnlicher Schadensereignisse (Beihilfen zur Beseitigung von Schäden durch Naturkatastrophen) Wettbewerbsverzerrungen hingenommen werden. Abs. 3 regelt **Ausnahmeklauseln als Ermessenstatbestände**, etwa als regionale Beihilfe, sektorale Beihilfe und durch Gruppenfreistellungsverordnungen.

Nach Art. 107 Abs. 3 AEUV gibt es folgende Ausnahmen:

- Beihilfen zur Förderung der wirtschaftlichen Entwicklung von Gebieten, in denen Unterbeschäftigung herrscht (lit. a),
- Beihilfen zur Förderung wichtiger Vorhaben von gemeinsamem europäischem Interesse oder zur Behebung einer beträchtlichen Störung im Wirtschaftsleben eines Mitgliedstaats (lit. b),

---

[247] EuGH, Slg. 2001, I-2099 Rn. 58 „PreussenElektra".
[248] EuGH, Slg. 1980, I-2671 Rn. 11 „Philip Morris".

- Beihilfen zur Förderung der Entwicklung gewisser Wirtschaftszweige oder Wirtschaftsgebiete, soweit sie die Handelsbedingungen nicht in einer Weise verändern, die dem gemeinsamen Interesse zuwiderläuft (lit. c) sowie
- Beihilfen zur Förderung der Kultur und der Erhaltung des kulturellen Erbes, soweit sie die Handels- und Wettbewerbsbedingungen in der Union nicht in einem Maße beeinträchtigen, das dem gemeinsamen Interesse zuwiderläuft (lit. d).
- Der Rat kann durch einen Beschluss auf Vorschlag der Kommission noch sonstige Arten von Beihilfen bestimmen (lit. e).

Art. 108 AEUV regelt das **formelle Beihilfenrecht**, also das Verfahren der Kommission, um gegen unstatthafte Beihilfen vorzugehen. Dies kann repressiv bei Altbeihilfen oder präventiv im Hinblick auf Neubeihilfen geschehen. Als ein spezielles Verfahren verbietet Art. 108 Abs. 3 S. 3 AEUV die Durchführung einer Beihilfe, bevor die Kommission abschließend entschieden hat (Sperrwirkung bzw. Durchführungsverbot). Folgen bei Verstoß sind: Rückabwicklung des einer Beihilfe zugrunde liegenden Vertrages (z. B. Auftragsforschungsvertrag) wegen Nichtigkeit, Gefahr der Rückförderung von evtl. rechtswidrig gewährter Beihilfe durch die EU-Kommission. Benachteiligte Wettbewerber können Beihilfebeschwerde bei der EU-Kommission einlegen, Konkurrentenklage erheben sowie einen Verstoß gegen §823 Abs. 2 BGB, §3a UWG (Durchführungsverbot als Marktverhältensregel) geltend machen.

Merksätze:

Das Beihilfeverbot soll Wettbewerbsverzerrungen verhindern, die durch staatliche Unterstützung bestimmter Wirtschaftszweige entstehen. Denn subventionierte Güter oder Dienstleistungen können auf dem Markt billiger angeboten werden als vergleichbare nicht subventionierte Produkte.

Welthandelsrecht

4

> Das Welthandelsrecht behandelt zunächst die Abkommen der Welthandelsorganisation (4.1) sodann das „Wiener"-Kaufrecht (UN-Kaufrecht) (4.2), schließlich weitere wichtige internationale Vereinbarungen wie die INCO-Terms, das CMR-Abkommen und das Montrealer Abkommen (4.3).

4.1 Welthandelsorganisation (World Trade Organization, WTO)

Die Welthandelsorganisation (World Trade Organization, **WTO**) mit Sitz in Genf/Schweiz ist aus der im Jahre 1947 gegründeten GATT (General Agreement on Tariffs and Trade) hervorgegangen und besteht seit dem Jahre 1995. Sie wurde durch das WTO-Abkommen[249] begründet. Zweck dieses Abkommens ist die Anhebung des allgemeinen Lebensstandards und Erhaltung der Umwelt. Mittel dazu sind einerseits der Subventionsabbau, andererseits die Herabsetzung von Handelsschranken (nicht tarifäre und tarifäre Beschränkungen).

Die WTO hat drei Abteilungen mit folgenden Hauptabkommen: GATT (freier Handel mit Waren), GATS (freier Handel mit Dienstleistungen sowie TRIPS (Handelsrechtliche Aspekte des Schutzes geistigen Eigentums). Oberstes Organ ist die mindestens alle zwei Jahre zusammentretende **Ministerkonferenz** (Art. IV WTO-Übereinkommen).[250] Sie nimmt die Aufgaben der WTO wahr und trifft die dafür erforderlichen Maßnahmen. Sie ist zugleich politisches Organ. Der **Allgemeine Rat** der WTO übernimmt die Aufgaben der Ministerkonferenz zwischen ihren Tagungen und ist das zentrale operative Organ. Ebenso wie die Ministerkonferenz setzt er sich aus Vertretern aller Mitglieder WTO zusammen (Art. IV:2 WTO-Übereinkommen) und tagt einmal im Monat. Zugleich fungiert der Allgemeine Rat in gleicher Zusammensetzung als **Streitbeilegungsorgan** (Disput Settlement Body). Darunter sind die drei Hauptorgane, namentlich GATT, GATS und TRIPS angesiedelt, und zwar der Rat für Handel mit Waren, der Rat für den Handel mit Dienstleistungen und der Rat für handelsbezogenen Aspekte der Rechte des geistigen Eigentums (Art. IV:5 WTO-Übereinkommen). Darüber hinaus sind den Räten in den einzelnen Übereinkommen spezielle Aufgaben zugewiesen. Das **Sekretariat** der Organisation steht unter der Leitung

---

[249] Sämtliche Abkommen der WTO sind abgedruckt in Beck-Texte im dtv, WTO Welthandelsorganisation. Ebenfalls in Genf angesiedelt ist die Welthandels- und Entwicklungskonferenz (United Nations Conference on Trade and Development, UNCTAD). Deren Zielist die Förderung des Handels zwischen Industrieländern und Entwicklungsländern.

[250] Die 10. Ministerkonferenz fand in 2015 in Nairobi (Kenia) statt und behandelte sechs Entscheidungen betreffend Landwirtschaft, Baumwolle sowie Themen der Entwicklungsländer („Nairobi Paket").

des **Generaldirektors** (zurzeit *Roberto Azevêdo*, Art. VI:1 WTO-Übereinkommen) und befasst sich mit der administrativen Unterstützung der Organe der WTO.

Der WTO gehören inzwischen 164 Staaten an. Neben den wichtigsten Industriestaaten (wie z. B. USA, Japan, Deutschland) auch viele Entwicklungsländer (etwa Bolivien, Burkina Faso, Kongo etc.) und Schwellenländer (wie etwa Brasilien, Indien und China, BRIC-Staaten). Die Russische Föderation ist nach langen und zähen Verhandlungen nun seit dem 22. August 2012 Mitglied. Jüngstes Mitglied ist Afghanistan seit 29.7.2016.[251]

Bemerkenswert ist, dass neben den einzelnen Mitgliedstaaten der EU (also Deutschland, Frankreich etc.) auch die EU selbst Mitglied der WTO ist.

Im Recht der Vertragsstaaten wird den Regeln des WTO-Rechts keine unmittelbare Wirkung zuerkannt. Dies bedeutet, dass sich Einzelne vor nationalen Behörden und Gerichten nicht auf das GATT oder andere WTO-Regeln berufen oder ihre Verletzung geltend machen können.

Die überwiegende Anzahl der WTO-Abkommen ist **multilateral**, die für alle Mitgliedstaaten der WTO gelten und gegenseitig verpflichtend ausgestaltet sind. Einige Vereinbarungen sind aber (oftmals) zugunsten der Entwicklungsländer **multiplural** ausgestaltet, so dass Letztere in den Genuss von Vergünstigungen kommen, demgegenüber aber keine adäquaten Verpflichtungen bestehen. Das Übereinkommen zu Errichtung der WTO differenziert demzufolge zwischen solchen Vereinbarungen, die für alle Mitgliedstaaten verbindlich sind (multilaterale Übereinkommen, Art. II: 2) und solchen die Bindungswirkung nur für Staaten entfalten, die die entsprechenden Vereinbarungen angenommen haben (multiplurale Übereinkommen, Art. II: 3).

> **Beispiel 110:** Das GATT-Abkommen ist multilateral verfasst, geht also von gleichberechtigten, kooperativen auf gegenseitiges Interesse gerichtetem Verhalten aus (siehe Anhänge 1 bis 3 des WTO-Übereinkommens). Zu den multipluralen Abkommen zählen die in Anhang 4 zum WTO-Übereinkommen aufgeführten genannten Übereinkommen über das öffentliche Beschaffungswesen (GPA) sowie das Übereinkommen über den Handel mit Zivilluftfahrzeugen.

4.1.1 Allgemeine Prinzipien und Streitbeilegung

Leitgedanke des WTO-Übereinkommens vom 15.4.1994, in Deutschland in Kraft getreten am 1.1.1995[252], ist die **Nichtdiskriminierung** der Mitgliedstaaten untereinander. Nichtdiskriminierung wird dabei als Abbau von Handelsbarrieren verstanden, was wiederum zu beachtlicher Kritik vor allem von Nichtregierungsorganisationen (NGOs) führt. Denn wenn man den Abbau von Handelsbarrieren in den Vordergrund stelle, also den Welthandel liberalisiere, führe dies zu erheblichen Wettbewerbsverzerrungen zum Nachteil armer Länder. Dies werde im Hinblick auf den Agrarsektor besonders deutlich. In einem „freien" Markt – so die Argumentation – konkurrierten ungeschulte

---

[251] Siehe www.wto.org.
[252] BGBl. 1994 II, S. 1625; ABl. 1994 L 336/3.

Kleinbauern mit Großunternehmern in entwickelten Ländern. Da dann unge-hindert (ohne Zölle) die großen Produzenten unterhalb des Produktionspreises kleinerer Bauern in arme Länder Nahrungsmittel importierten, könnten die Kleinbauern dort nicht mehr ihre „zu teuren" Produkte verkaufen, was einen negativen Kreislauf „nach unten" auslöse. Diese Argumentation, die sich für die Beibehaltung von „Schutzzöllen" ausspricht, hat sich jedenfalls auf mittlere Sicht nicht bewahrheitet. Denn wenn Schutzzölle bestehen, gibt es auch keinen Anreiz, neue Märkte zu erobern. Vor allem gibt es keine Steigerung des eigenen Angebotes an Nahrungsmitteln in den armen Ländern. Hohe Getreidepreise auf dem Weltmarkt haben nicht nur eine negative Wirkung. Sie führen dazu, dass sich auch der Getreideanbau in armen Ländern rentiert und dadurch Flächen zum Getreideanbau genutzt (rekultiviert) werden. Es ist unbestritten, dass die Öffnung des bis dahin fast geschlossenen Marktes in China im Jahre 1978 zu einer erheblichen Steigerung des Volkswohlstandes dort geführt hat. Gerade China zeigt, dass die Marktliberalisierung seit dem Beitritt zur WTO im Jahre 2001 – wenn auch mit zum Teil schwierigen Übergangszeiten – für alle Beteiligten zum einem positiven Effekt führen kann.

Meistbegünstigung (Art. I GATT 1947/1994, Art. II GATS, Art. 4 TRIPS) heißt, dass jeder Vorteil (etwa Zollerleichterungen), den ein Mitgliedstaat einem an-deren Mitgliedstaat gewährt, unverzüglich und „bedingungslos", also ohne offene oder versteckte Gegenleistungen, auch allen anderen Mitgliedstaaten gewährt werden muss. Dahinter steckt auch der Leitgedanke der **Reziprozität** (Grundsatz der Gegenseitigkeit). Danach sollen die gewährten Handelsvorteile der Staaten untereinander im Gleichgewicht bleiben.

> **Beispiel 111:** Land A gewährt Land B vergünstigte Zollsätze für gewisse Waren. Nunmehr verlangt Land C im Handelsverkehr mit A und B dieselben (günstigen) Zollsätze (als tarifäre Beschränkung). Dieser Anspruch besteht tatsächlich, allerdings bezogen auf „gleichartige" Waren. Eingeschlossen sind auch versteckte, indirekte Vergünstigungen, die nur den Waren aus bestimmten Ländern zugutekommen. Weiterhin ist zu beachten, dass es Ausnahmen zugunsten von Entwicklungsländern gibt.

Der Grundsatz der **Inländergleichbehandlung** (Art. III GATT 1947; Art. XVII GATS, Art. 3 TRIPS) beinhaltet, dass jeder Mitgliedstaat ausländische Waren, Dienstleistungen und die Verfahren zu Erlangung geistiger Schutzrechte ge-nauso wie die aus dem Inland stammenden Waren, Dienstleistungen und Schutzrechte behandelt.

> **Beispiel 112:** Waren aus dem jeweiligen Inland und Ausland müssen in jeder Hinsicht, also etwa bezogen auf die Anforderungen an die Beschaffenheit, die Textilkennzeichnung, die indirekten Steuern (also Umsatzsteuersätze) gleich behandelt werden.

Es gibt eine Vereinbarung über Regeln und Verfahren zur **Beilegung von Strei-tigkeiten**, die von einem ständig eingerichteten „Dispute Settlement Body" (Streitbeilegungsgremium, DSB) behandelt wird. Geregelt wird das entspre-chende Verfahren durch das „Understanding on Rules and Procedures Governing the Settlement of Disputes" (DSU). Das DSB fertigt nach Anrufung durch einen Mitgliedstaat einen Bericht, gegen den Beschwerde zum ständigen Berufungsgremium (Standing Appelate Body) eingelegt werden kann (Art. 17 DSU). Berichte dieser Berufungsinstanz werden vom Streitbeilegungsorgan angenommen, sofern nicht binnen 30 Tagen mit Konsens gegen die Annahme entschieden wird. Angenommene Berufungsentscheidungen sind von den Streitparteien uneingeschränkt zu befolgen (was auch zu 90 % tatsächlich geschieht). Zwischen der Einsetzung eines Panels und der Befassung des Streitbeilegungsorgans mit dem Bericht des Panels (oder der Berufungsinstanz) sollen in der Regel nicht mehr als neun Monate (im Berufungsfalle 12 Monate) verstreichen (Art. 20 S. 1 DSU).[253]

> **Beispiel 113:** Im Jahre 2007 haben die USA gegen China ein Verfahren vor dem Dispute Settlement Body (Streitbeilegungsgremium, DSU) der WTO eingeleitet mit der Behauptung, dass China nicht die Anforderungen der Art. 9 Abs. 1 TRIPS in Verbindung mit Art. 5 Abs. 2 RBÜ erfülle. Art. 4 Abs. 1 chinesisches Urheberrechtsgesetz (chinUrhG) lautete wie folgt: „Werke, bei denen die Herausgabe oder Verbreitung gesetzlich verboten ist, erhalten nicht den Schutz dieses Gesetzes". Dies wurde als Zensurregelung angesehen. In dem am 29.1.2009 veröffentlichten WTO-Bericht der zuständigen Untersuchungskommission (Panel) heißt es: „Art. 4 Abs. 1 chinUrhG stimmt nicht mit den Vorgaben von TRIPS überein, da Urheber ihr Urheberrecht in jedem Fall und damit unabhängig davon, ob das Inverkehrbringen des Werkes aufgrund anderer Gesetze verboten ist, genießen." Danach wurde Art. 4 Abs. 1 chinUrhG dem TRIPS-Standard angepasst. Es gibt also keine „verbotenen Werke" zum Zeitpunkt der Entstehung mehr, vielmehr kann – wie auch in Deutschland – im Nachhinein der Vertrieb untersagt werden.

4.1.2 Grundprinzipien des GATT

Der zuvor angesprochene Grundsatz der **Meistbegünstigung** (Art. I GATT 1947/1994) heißt für den freien Handel mit Waren, dass Handelsvorteile gegenüber allen Vertragsparteien gleichermaßen und ohne Vorbedingungen zu gewährleisten sind (Verweis auf Art. III Nr. 2 und Art. III Nr. 4 GATT).[254]

Eine Ausnahme besteht zugunsten von **Zollunion und Freihandelsabkommen** (gem. XXIV Nr. 4 bis 10 GATT 1947), womit GATT die Vorteile honorieren will, die regionale Wirtschaftszusammenschlüsse für die gesamte Weltwirtschaft bringen sollen.[255]

Im Jahre 1965 fand eine Erweiterung des GATT um einen Teil IV (Handel und Entwicklung) statt. Dort sind Ausnahmen zugunsten der Entwicklungsländer vorgesehen. Es gibt die Möglichkeit, für Fertigprodukte und Halbfabrikate aus

---

[253] Die Gesetzestexte zur DSU finden Sie in Beck-Texte im dtv Welthandelsorganisation, 14 (Vereinbarung über Streitbeilegung).

[254] Der Text des GATT finden Sie im Beck-Text im dtv, WTO Weltorganisation.

[255] Freihandelsabkommen (etwa CETA und TTIP) zwischen einzelnen Staaten bzw. Staatenverbünden (etwa die EU) spielen in jüngerer Zeit eine wichtige Rolle; vgl. Altemöller, Perspektiven für das Welthandelssystem – von multilateraler Integration zu Freihandelsabkommen?, EuZW 2016, 374.

Entwicklungsländern allgemeine Zollvergünstigungen zu gewähren. Zudem besteht die Möglichkeit des **Verzichts** (Art. XXV Nr. 5 GATT 1947). Nach dieser Vorschrift können Vertragsstaaten mit einer Zweidrittelmehrheit bestimmten Ländern Befreiungen in Form von Sondergenehmigungen gewähren (allgemeine Zollpräferenzen)

Das **Diskriminierungsverbot** (Art. XIII Nr. 1 GATT) wird im GATT-Abkommen in der Weise umgesetzt, dass die Einfuhr oder Ausfuhr von Waren im Verkehr zwischen Vertragsparteien nur solchen (mengenmäßigen) Beschränkungen unterworfen werden darf, die auch für den Handelsverkehr mit dritten Ländern gelten.

Ausnahmen sind nur in der Weise vorgesehen, dass Beschränkungen zum Schutz der Zahlungsbilanz (Art. XIV in Verbindung mit Art. XII GATT) durchgeführt werden. Zudem ist eine staatliche Unterstützung der wirtschaftlichen Entwicklung (Art. XVIII GATT) in Entwicklungsländern zulässig.

> **Beispiel 114:** Importiert ein Staat mehr als er exportiert, so besteht eine negative Zahlungsbilanz, der mit Einfuhrbeschränkungen (vorübergehend) entgegen getreten werden darf, um der unmittelbar drohenden Gefahr einer bedeutenden Abnahme ihrer Währungsreserven vorzubeugen oder eine solche Abnahme aufzuhalten, oder um ihre Währungsreserven, falls diese sehr niedrig sind, in maßvoller Weise zu steigern (Art. XII Nr. 2 a) GATT).

Weiterhin ist das **Tariffs only-Prinzip** und der **Abbau von Zöllen** zu beachten. Nicht tarifäre Handelshemmnisse, also Beschränkungen, die nicht in einem Zolltarif oder in einer zollgleichen Abgabe bestehen, sollen verhindert werden.

Nicht tarifäre mengenmäßige Beschränkungen sind:

- Subventionen
- technische Normen
- schikanöse Zollverfahren.

Der Grund dafür ist, dass Zölle (als tarifäre Beschränkungen) leichter zu durchschauen, zu kontrollieren und zu vergleichen sind als Import- oder Exportverbote. Damit werden multilaterale Verhandlungen erleichtert. Zölle sind zwar grds. zulässig, gleichwohl wird aber deren Herabsetzung angestrebt bis hin zum völligen Abbau.

Das Verbot nicht tarifärer Beschränkungen bezieht sich lediglich auf die mengenmäßigen Beschränkungen (Art. XI GATT). Ausnahmen bestehen für

- Einfuhrbeschränkungen zum Schutz der Zahlungsbilanz (Art. XII GATT)
- Ausfuhrbeschränkungen bei Warenmangel (Art. XI Nr. 2 GATT).

Ein weiteres wichtiges Instrument des GATT ist die Regelung von **Subventionen und Antidumping-Maßnahmen** (Art. XVI GATT). Ausgangspunkt dieser Regelungen ist, dass staatliche Subventionen wettbewerbsverzerrende Wirkungen haben. Gleichwohl besteht ein großer Spielraum für staatliche Unterstützungen, so dass die Regelungen für den Subventionsabbau nur „fragmentarisch" ausgestaltet sind.

Es besteht lediglich die allgemeine Verpflichtung zur **Notifikation von Subventionen** (Art. XVI Nr. 1 GATT). Notifikation heißt, dass im Fall von Subventionsgewährung durch einen Mitgliedstaat dieser verpflichtet ist, den Vertragsparteien das Ausmaß und die Art dieser Subventionierung, ihre voraussichtliche Auswirkungen auf die Menge der betreffenden eingeführten oder ausgeführten Waren sowie die Umstände, welche die Subventionierung notwendig machen, mitzuteilen („notifizieren").

Zunächst ist zu klären was ist eine **Subvention** ist. Dazu ist das Übereinkommen über Subventionen und Ausgleichsmaßnahmen (Agreement on Subsidies an Countervailing Measures, SCM)[256] zu beachten.

Art. I 1.1 SCM enthält eine **Definition der Subvention.** Eine Subvention liegt dann vor, wenn eine Regierung oder öffentliche Körperschaft eine finanzielle Beihilfe leistet, d. h.

i) direkter Transfer von Geldern (z. B. Kreditbürgschaften)
ii) Verzicht auf Abgaben oder Nichterhebung von Abgaben (z. B. Steueranreize, Steuergutschriften)
iii) Zur Verfügung stellen von Waren und Dienstleistungen, die nicht zur allgemeinen Infrastruktur gehören
iv) Zahlungen an einen „Fördermechanismus" oder Beauftragung einer privaten Einrichtung mit Aufgaben i) bis iii)

oder irgendeine Form der Einkommens- oder Preisstützung i. S. d. Art. XVI GATT und dadurch ein Vorteil gewährt wird.

Art. 3 f. SCM Verbotene Subventionen: Ausfuhrsubventionen

Art. 5 SCM Anfechtbare Subventionen: wenn nachteilige Auswirkung auf Interessen anderer Mitglieder (... zu befristen sind)

Ausnahme: Art. 8 SCM „nichtanfechtbare Subventionen" z. B. Beihilfen für Forschungstätigkeiten u. für Entwicklungsländer.

> **Beispiel 115: Subventionen auf dem Agrarsektor**[257] sind nach dem SCM-Abkommen (Agreement on Subsidies and Countervailing Measures) zu beurteilen. Der nach Art. 1 i) SCM erfasste direkte Transfer von Geldern (Beihilfen) führt dazu, dass einheimische Agrarprodukte gegenüber ausländischen Agrarprodukten „bevorzugt" werden und dadurch eine Wettbewerbsverzerrung entsteht. Allerdings sind diese nur als Ausfuhrsubventionen unzulässig (Art. 3.1 SCM). Dagegen ist die Ausfuhr von Grunderzeugnisses nicht generell verboten (Art. XVI: Nr. 3 GATT).[258] Erlaubt sind etwa Forschungsbeihilfen.

> **Merksätze:**
> Für Subventionen gilt ursprünglich folgende „Ampelregelung". Danach wird unterschieden zwischen
>
> - verbotenen („rot"),
> - anfechtbaren („gelb") und
> - nicht anfechtbaren Subventionen („grün").

---

[256] Siehe Beck-Texte im dtv, WTO Welthandelsorganisation.
[257] Siehe dazu auch das Übereinkommen über die Landwirtschaft Beck-Texte, WTO Welthandelsorganisation, Nr. 4.
[258] Vgl. Herdegen, Internationales Wirtschaftsrecht § 10 Rn. 58.

In gewissen Fällen werden **Rechtfertigungsstandards für Handelshemmnisse** gewährt.

Vorrangig zu beachten sind die **Allgemeine Ausnahmen** nach Art. XX GATT, die wie folgt begründet sein können:

- Schutz der öffentlichen Sittlichkeit
- Maßnahmen zum Schutz des Lebens und der Gesundheit von Menschen, Tieren und Pflanzen

Dazu gibt es ein Sonderabkommen, und zwar das Übereinkommen über technische Handelshemmnisse (TBT),[259] das bestimmt Ausnahme vorsieht, und zwar

- Maßnahmen zur Durchsetzung bestimmter Rechtsvorschriften, z. B. Zollvorschriften, Regelungen des Patentrechts
- Maßnahmen zur Erhaltung erschöpflicher Naturschätze, z. B. Schutz bedrohter Tierarten
- Weitere Ausnahmen: Schutzklausel Art. XIX GATT, wonach gewisse Notstandsmaßnahmen bei der Einfuhr bestimmter Waren vorgenommen werden dürfen.

Als Folge von Subvention können Anbieter des betreffenden Staates Waren zu solchen Niedrigpreisen anbieten, die unter den auf diesen Staat bezogenen Marktpreisen liegen.

Dann darf das Empfängerland mit **Antidumping** reagieren, also im weitesten Sinne Gegenmaßnahmen gegen die durch staatliche Unterstützung begründeten Niedrigpreise treffen, z. B. durch erhöhte Zölle.

> **Beispiel 116:** Die EU wird mit Schuhen zu Dumping-Preisen aus einem Nicht-EU Staat „überschwemmt". Als Anti-Dumping erhöht die EU die Zölle auf Schuhe aus diesem Staat, was als Reaktion auf das beschriebene Dumping für eine gewisse Zeit zulässig ist.

Das GATT-Abkommen hat (ebenso wie das GATS-Abkommen) **drei Regelungsebenen**, und zwar

- auf der *ersten Ebene* als allgemeiner Teil generelle Grundsätze und Verpflichtungen für alle Mitgliedsländer, z. B. die Grundsätze der Meistbegünstigung (Art. I GATT) und Inländerbehandlung (Art. III GATT);
- auf der *zweiten Ebene* geht es um spezielle Bestimmungen für einzelne Sektoren, z. B. die Regelungen über Kinofilme (Art. IV GATT), Ursprungsbezeichnungen (Art. IX GATT) und staatliche Handelsunternehmen (Art. XVII GATT);
- auf der *dritten Ebene* sind die Verpflichtungen der einzelnen Länder enthalten, einen Marktzugang einzuräumen, z. B. die Regelung über die Freiheit der Durchfuhr von Waren (Art. V GATT); Art. VI:3 GATT besagt etwa, dass für Waren aus dem Gebiet einer Vertragspartei, die in das Gebiet einer anderen Vertragspartei eingeführt wird, kein Ausgleichszoll erhoben werden darf.

---

[259] Siehe Beck-Texte im dtv, WTO Welthandelsorganisation.

Merksatz:

Das GATT-Abkommen setzt den freien Handel von Waren auf drei Regelungsebenen in der Weise um, dass ausgehend von allgemeinen Grundsätzen über spezielle sektorale Bestimmungen hin zu Normen, die den Marktzugang erleichtern sollen, ein schlüssiges System vom Allgemeinen zum Speziellen verfolgt wird.

4.1.3 Grundprinzipien des GATS

Das GATS-Abkommen (General Agreement on Trade in Services, Freier Handel mit Dienstleistungen) stellt im Hinblick auf das Ziel der Liberalisierung der Dienstleistung einen beachtlichen Fortschritt dar. Gerade der Dienstleistungsbereich ist als besonders sensibel einzustufen, da die klassischen Bereiche in diesem Sektor, wie etwa Telekommunikation, Banken, Versicherungen sowie öffentlicher Transport als die letzten „Reservate" staatlicher Aufgaben angesehen wurden.

> **Beispiel 117:** Noch bis vor wenigen Jahren gab es in Deutschland eine staatliche Post, die den gesamten Bereich der Kommunikation beherrschte. Der Wandel hin zur Öffnung dieses Marktes war dabei mit erheblichen Reibungen verbunden. Heute existieren nicht nur konkurrierende private Telefonanbieter, neben der Deutschen Telekom auch Vodafone und andere, sondern auch freier Markt für Postzustellungen, zunächst nur von Paketen, dann auch für Briefe. Gerade das ehemalige Briefmonopol wurde bis zuletzt vehement verteidigt.

I. Geltungsbereich und Begriffsbestimmung (Art. I GATS)

Der „Handel mit Dienstleistungen" umschließt folgende Vorgänge

a) Aktive Dienstleistungsfreiheit (Dienstleister begibt sich in einen anderen Mitgliedstaat)

b) Passive Dienstleistungsfreiheit (Dienstleistungsempfänger begibt sich in anderen Mitgliedstaat) und Korrespondenzdienstleistungsfreiheit (nur die Dienstleistung selbst wechselt die Grenzen, z. B. Telekommunikationsleistungen)

c) Niederlassungsfreiheit für Unternehmen

d) Personenfreizügigkeit

Nicht mit eingeschlossen ist die **Arbeitnehmerfreizügigkeit**, wie sie als europäische Grundfreiheit in Art. 45 AEUV erfasst ist.[260]

Es gibt **Schranken**, die als Bereichsausnahmen bezogen auf den Sektor der **öffentlichen Verwaltung** ausgestaltet sind.[261]

---

[260] Siehe oben zu 3.5.5.

[261] Für das europäische Wirtschaftsrecht gibt es diese Bereichsausnahmen ebenfalls, siehe 3.5.1.

Trotz dieser Definitionen in Art. I GATS gibt es nicht selten **Abgrenzungsprobleme** zwischen Ware oder Dienstleistung, also Probleme bei der Zuordnung zu GATT oder GATS.[262]

Beispiel 118: Umstritten ist die Zuordnung zu GATT oder GATS für digitalisierte Produkte wie etwa Computerprogramme, denn diese können entweder in verkörperter Form als CD oder aber unkörperlich (online) übertragen werden.[263] Dienstleistungen können auch elektronisch erbracht werden, so dass bei einer Online-Übertragung zunächst vieles für die Zuordnung zum GATS spricht. Gleichwohl darf man nicht verkennen, dass die rein „formale" Übertragung eines Werkes, der von der Natur her den Waren zugeordnet würde (etwa Film, Buch, Musikproduktion) nicht durch den „Online-Transport" den Charakter des Werkes selbst als verkörperter Gegenstand verliert. Die Zuordnung ist bis heute nicht eindeutig entschieden. Vieles spricht aber für eine Einzelbetrachtung je nach Schwergewicht der zu erbringenden Leistung. Liegt der Focus auf der Tätigkeit als solcher, wie etwa das Ausstrahlen einer Fernsehsendung, so ist der dafür zu erwerbende Stick zur Decodierung des Empfangsgeräts als nachrangig zu sehen. Es wird also keine Ware erworben, sondern eine Dienstleistung.[264] Umgekehrt kann ein Computerprogramm, das zunächst auf einer Festplatte abgelegt ist nicht dadurch seinen Charakter als „verkörperter Gegenstand" verlieren, dass nunmehr der Transport online erfolgt. In letzterem Fall liegt das Schwergewicht auf dem verkörperten Gegenstand, so dass der EuGH[265] zu Recht eine Erschöpfung weiterer Vertriebsrechte angenommen hat. Erschöpfung kann es aber nur im Hinblick auf verkörperte Gegenstände (Ware) geben.

II. Zuordnung des GATS-Abkommens zu drei Regelungsebenen

Das GATS-Abkommen enthält ebenso wie GATT drei Regelungsebenen, die die Erfassung der Liberalisierungsbemühungen verdeutlichen.

Auf der *ersten Ebene* stehen die **Allgemeinen Bestimmungen**.

Die **Allgemeine Pflichten (Teil II)** zielen darauf ab, dass auch der „sensible" Bereich der Dienstleistungen liberalisiert wird. In den letzten Jahren wurden solche Dienstleistungen, die traditionell inländischen Unternehmen vorbehalten waren, wie etwa die Bereiche Telekommunikation, Banken, Versicherungen, auch für ausländische Unternehmen geöffnet. Hauptmittel fortschreitender Liberalisierung der Dienstleistungen ist die **Transparenz** (Art. II GATS), weil damit die Mitgliedstaaten gezwungen sind darzulegen, wie weit die Dienstleistungsfreiheit umgesetzt wird.[266]

---

[262] Leier, Elektronischer Handel in der Welthandelsorganisation (WTO), MMR 2002, 781 (782).

[263] Zur rechtlichen Einordnung als Ware im Hinblick auf die Anwendbarkeit von UN-Kaufrecht siehe 4.2.3.

[264] EuGH, GRUR 2012, 156 „Murphy", siehe 3.5.5, Beispiel 106.

[265] EuGH Rs. C-128/11 EWS 2012, 303 „UsedSoft"; siehe auch Ohrtmann/Kuß, Der digitale Flohmarkt – das EuGH-Urteil zum Handel mit Gebrauchtsoftware und dessen Auswirkungen, BB 2012, 2262.

[266] Art. III Abs. 3 GATS besagt: „Jedes Mitglied unterrichtet den Rat für den Handel mit Dienstleistungen umgehend und mindestens einmal jährlich über die Einführung neuer oder die Änderung bestehender Gesetze, sonstiger Vorschriften oder Verwal-

Dazu zählen:

- Art. II Meistbegünstigung (siehe oben die Ausführungen zu den allgemeinen Prinzipien der WTO)
- Art. III Transparenzgebot: jeder Mitgliedstaat muss auflisten, in welchen Bereichen der Dienstleistungen der nationale Markt nicht für ausländische Unternehmen geöffnet wird
- Art. XVII Inländerbehandlung (siehe oben zu den allgemeinen Grundsätzen der WTO)

Beispiel 119: Nach dem Prinzip der Inländergleichbehandlung (*national treatment*) sind gem. Art. XVII GATS ausländische und inländische Unternehmen und deren angebotene Dienstleistungen, soweit diese vergleichbar sind (*like services*), gleich zu behandeln. Beim Handel mit Dienstleistungen findet dieses Prinzip aber nur Anwendung, wenn ein Mitgliedsland eine spezielle Verpflichtungserklärung abgegeben hat, Ausländern Zugang zu seinem Dienstleistungsmarkt zu gewähren. Die Dienstleistungsbereiche, für welche Mitgliedsländer Verpflichtungserklärungen abgegeben haben, sind in einer Liste nach Sektoren aufgeführt.

Die *zweite Ebene* betrifft **branchen-/sektorspezifische Regelungen**.

Das GATS enthält ein besonderes Anlageverzeichnis, das für gewisse Bereiche den Handel mit Dienstleistungen nicht mehr oder nur noch in gewissem Umfang einschränken: aufgeführt sind dort der Luftverkehr, Finanzdienstleistungen, Seeverkehr, Telekommunikation.

Schließlich behandelt die *dritte Ebene* die **Marktzutrittsregelungen**. Dort sind zu nennen

- Art. V^bis GATS betrifft Übereinkünfte über integrierte Arbeitsmärkte als mögliche Option;
- Art. XVI GATS regelt den Marktzugang; dort sind in einer sogenannten **schwarzen Liste** Beschränkungen aufgelistet, die nach Abgabe einer Marktzugangsverpflichtung Dienstleistungen und deren Anbietern aus WTO-Mitgliedsländern nicht mehr auferlegt werden dürfen. Das betrifft insbesondere mengen- und quotenmäßige Beschränkungen bei der Zulassung ausländischer Dienste und Diensteanbieter sowie Beschränkungen für Ausländer beim Eigentumserwerb an inländischen Aktiengesellschaften oder sonstige Höchstgrenzen für Investitionen im Inland.

Auf dieser Ebene geht es also um „spezifische Verpflichtungen", die gem. Art. XX GATS in einer Liste aufgeführt werden.

Beispiel 120: Einige Länder, darunter die USA, haben eine Verpflichtungserklärung für den Handel mit audiovisuellen Diensten abgegeben. Im Hinblick auf Film- und Videoproduktionen sowie Vertriebsleistungen gibt es immerhin 17 solcher Verpflichtungen. Dahinter rangieren Radio- und Fern-

---

tungsrichtlinien, die den Handel mit Dienstleistungen, soweit er den spezifischen Verpflichtungen dieses Mitglieds im Rahmen dieses Übereinkommens unterliegt, wesentlich betreffen."

sehdienstleistungen. Inhaltlich geht es um den Marktzugang und die Inländergleichbehandlung.[267]

> **Merksätze:**
>
> Die Dienstleistungsfreiheit der WTO ist lediglich rudimentäre geregelt, da im Gegensatz zur Warenverkehrsfreiheit sensible Bereiche ehemals hoheitlicher Aufgaben der Mitgliedstaaten betroffen sind. Ein entscheidender Fortschritt ist in der Verpflichtung zur Transparenz der nicht dem inländischen Markt geöffneten Dienstleistungen zu sehen. Die drei Regelungsebenen des GATS folgen dem Prinzip vom Allgemeinen zum Speziellen.

4.1.4 Grundprinzipien des TRIPS

TRIPS (Trade Related Aspects of Intellectual Property Rights) betrifft handelsrechtliche Aspekte des Schutzes geistigen Eigentums.

Art. 7 TRIPS formuliert als Ziel die Förderung der technischen Innovation. Während bei GATT und GATS Handelshemmnisse fallen sollen bzw. verringert werden, geht TRIPS quasi den umgekehrten Weg. Jeder Mitgliedstaat wird dazu verpflichtet, Schutzrechte für geistiges Eigentum zu schaffen und für die Durchsetzung derselben Sorge zu tragen (Art. 41 ff. TRIPS). Von Entwicklungsländern wird dies deshalb kritisiert, weil diese einzuführenden Schutzrechte ganz überwiegend von ausländischen Rechtsinhabern genutzt werden, somit zunächst weitere Nachteile für die heimische Wirtschaft entstehen können.

> **Beispiel 121:** Schon seit Jahren gibt es gerichtliche Auseinandersetzungen mit Indien wegen des Schutzrechtes an Medikamenten. Auch Indien hat als Mitglied der WTO Art. 27 TRIPS zu beachten, wonach Patentschutz an pharmazeutischen Produkten zu gewähren ist. Allerdings sieht Art. 31 TRIPS Ausnahmen in der Weise vor, dass eine Nutzung ohne Zustimmung des Rechtsinhabers erfolgen kann. In einer Entscheidung des indischen Patentamtes vom 12.3.2012 wurde gegenüber dem Pharmaunternehmen Bayer eine Zwangslizenz zugunsten eines indischen Generikaherstellers angeordnet. Diese Entscheidung beendet faktisch das Monopol von Bayer auf das Krebsmedikament Sorafenib Tosylate in Indien. Das Patentamt begründet die Entscheidung damit, dass Bayer es versäumt habe, den Preis für das Medikament auf eine für Patienten bezahlbare Höhe herabzusetzen und es in ausreichender Menge in Indien zur Verfügung zu stellen.[268]

Im Hinblick auf die allgemeinen Grundsätze der Inländerbehandlung (Art. 3 TRIPS) sowie der Meistbegünstigung (Art. 4 TRIPS) kann auf die Ausführungen zu den allgemeinen Prinzipien der WTO verwiesen werden.[269]

Zwar wird in Art. 6 TRIPS die „Erschöpfung" erwähnt, allerdings nur in Zusammenhang mit Schiedsverfahren. Nach überwiegender Auffassung kann daraus aber kein „Welterschöpfungsgrundsatz" hergeleitet werden.

---

[267] Vgl. *König,* Was bringt eine neue GATS-Runde für die audiovisuellen Medien? ZUM 2002, 271 (274).

[268] Siehe http://alivenkickn.wordpress.com sowie http://aerzte-ohne-grenzen.at.

[269] Siehe oben zu 4.1.1.

> **Beispiel 122:** Ein Unternehmen in Deutschland verkauft eine patentge-schützte Maschine erstmalig in Deutschland. Dann tritt Erschöpfung nicht nur auf dem deutschen Markt ein, sondern auch innerhalb der EU und dem Europäischen Wirtschaftsraum. Erschöpfung heißt, dass ein Patentrechtsin-haber den Weitervertrieb eines geschützten Erzeugnisses, wie hier der Ma-schine, nach dem erstmaligen legalen Vertrieb innerhalb der EU/EWR nicht weiter verbieten kann. Denn das Patentrecht ist nunmehr erschöpft. Diese Erschöpfungswirkung gilt aber nicht für das Gebiet außerhalb der EU/EWR. Es tritt also keine weltweite Erschöpfung ein.[270]

In Art. 9–14 TRIPS sind das **Urheberrecht und verwandt Schutzrechte** aufgeführt. Weitere Regelungen beschäftigen sich mit Marken und geographische Her-kunftsangaben (Ursprungsbezeichnungen) (Art. 15 bis 26 TRIPS), mit Patenten und Layout-Designs (Art. 27 bis 38 TRIPS), dem Schutz von Betriebsgeheimnis-sen (Art. 39 TRIPS) und vor unlauterem Wettbewerb (Art. 40 TRIPS).

4.1.5 Wirkungsweise des WTO-Systems am Beispiel von TRIPS

Die Wirkungsweise des WTO-Systems soll an Hand des Schutzes **von urheber-rechtlichen Werken** sowie **nicht offenbarter Informationen** aufgezeigt werden.

Art. 9 Abs. 1 TRIPS verweist auf die **Berner Übereinkunft** (Internationales Ab-kommen über Urheberrechtsschutz, durch mehrfache Änderungen auch Revi-dierte Berner Übereinkunft, RBÜ, genannt). Es bestehen danach keine Rechte bezogen auf Art. 6bis RBÜ. Dort ist die Möglichkeit der vollständigen Übertra-gung des Urheberrechts vorgesehen. Es steht also jedem Mitgliedstaat frei zu bestimmen, ob das Urheberrecht (insgesamt) übertragen werden kann. Unter den WTO-Mitgliedern gibt es zwei Richtungen. Im anglo-amerikanischen Rechtsraum kann das Urheberrecht übertragen werden („owner oft the copy-right"). Dagegen sieht der kontinental-europäische Raum solche eine Übertra-gung nicht vor. Vielmehr besteht lediglich die Möglichkeit der Einräumung von Nutzungsrechten (Lizenzen).

> **Beispiel 123:** Ein deutscher Verleger (V) von Straßenplänen veräußert seine Rechte an diesen Werken an einen anderen Unternehmer in Deutschland als Käufer (K). Im Vertragstext heißt es zum Übertragungsgegenstand: „Die Urheberrechte an den Stadtplänen des V gehen in vollem Umfang auf K über." Eine solche Klausel ist unwirksam, da undurchführbar. Denn gem. § 29 Abs. 1 Urheberrechtsgesetz (UrhG) ist das Urheberrecht im Gegensatz zu den Regelungen in Großbritannien oder den USA nicht übertragbar. China wählt einen Mittelweg, indem zwar die Verwertungsrechte an einem Werk übertragen werden können, nicht aber die Persönlichkeitsrechte, wie etwa das Recht der (Erst-)Veröffentlichung. Sämtliche geschilderten Regelungen verstoßen nicht gegen Art. 9 Abs. 1 TRIPS.

Art. 39 TRIPS trägt jedem Mitgliedstaat der WTO den Schutz von Betriebs- und Geschäftsgeheimnissen als eine gesetzliche Verpflichtung auf. Für den Schutz als „Trade Secret" gibt es drei Anforderungen:

---

[270] Siehe dazu 3.5.2.

- Nichtoffenkundigkeit (von Tatsachen),
- Beziehung zu einer Unternehmung sowie
- Geheimhaltungswille.

Nachfolgend soll nun die tatsächliche Umsetzung in nationales (deutsches) Recht erläutert werden.[271]

In Deutschland wird die *Nichtoffenkundigkeit* als Geschäfts- und Betriebsgeheimnis verstanden, wobei die Unterscheidung zwei Ausrichtungen hat, namentlich das kaufmännische Geschäftsgeheimnis, z. B. Kundenlisten[272] und das technische Betriebsgeheimnis, z. B. die Funktionsweise von Geräten.[273] Aus dieser Unterscheidung folgt allerdings kein Hinweis auf die Anforderungen, die an eine Information zu deren Qualifikation als geschütztes Know How zu stellen sind. Dabei wird ein weiter Geheimnisbegriff zugrunde gelegt.[274] In Art. 39 Abs. 2 a) TRIPS heißt es dazu:

Nicht offenbart sind Informationen, die *„in ihrer Gesamtheit oder in der genauen Anordnung und Zusammenstellung ihrer Bestandteile Personen in den Kreisen, die üblicherweise mit den fraglichen Informationen zu tun haben, nicht allgemein bekannt oder leicht zugänglich sind."* Diese Definition verlangt keine absolute Geheimhaltung, sondern nur, dass die üblicherweise mit Informationen umgehenden Personen von dem konkreten Geheimnis weder allgemeine Kenntnis besitzen noch leichten Zugang haben.[275]

> **Beispiel 124:** Selbst wenn eine Tatsache als solche bekannt ist, nicht aber eine wirtschaftlich relevante Einsatzmöglichkeit, die ein Unternehmen gefunden hat und daraufhin für sich realisiert, besteht Geheimnisschutz. Bei Offenkundigkeit einzelner Facetten oder Teilen einer Information, z. B. bestimmte Zutaten und sonstige Bestandteile eines Produkts oder bestimmter Methoden eines Produktionsverfahrens, kann das Produkt bzw. Produktionsverfahren nicht offenkundig sein. Auch bei insgesamt offenkundigen Produkten kann das Produktionsverfahren nicht offenkundig sein. Bei insgesamt offenkundigen Produkten und Produktionsverfahren kann die Tatsache ihrer Verwendung oder Eignung zu bestimmten Zwecken nicht offenkundig sein. Möglich ist auch eine örtlich begrenzte oder zeitlich wieder auflebende Nichtoffenkundigkeit.

Aufgrund der mangelnden Offenbarung muss die maßgebliche Information einen *wirtschaftlichen Wert* aufweisen. Zwar muss die Information für sich gesehen keinen Wert besitzen, wohl aber muss der Wert sich gerade aus der Geheimhaltung ergeben. Denn daraus resultiert der hier maßgebliche Wettbewerbsvorsprung. Der Schutz der Information erlischt, wenn diese auf lauterem Weg bekannt geworden ist, was der Grundidee des Know How Schutzes als

---

[271] Seit dem 14.4.2016 gibt es die EU-Richtlinie zum Schutz von Geschäftsgeheimnissen vor rechtswidrigem Erwerb sowie rechtswidriger Nutzung und Offenlegung COM (2013) 0813 – C 7- 0431/2013 – 2013/0402 (COD).

[272] BGH, GRUR 2003, 453 „Verwertung von Kundenlisten".

[273] BGH, GRUR 2003, 356 (358) „Präzisionsmessgeräte".

[274] BGH, GRUR 1955, 424 „Möbelpaste" , BGH, GRUR 1961, 40 sowie „Wurftaubenpresse" BGH, NJW 1995, 2301 „Angebote auf ausgeschriebene Bauwerke".

[275] Vgl. Enders, Know How Schutz als Teil des geistigen Eigentums, GRUR 2012, 25 (27).

Zugangsschutz entspricht. Letztlich geht es um den Unternehmensschutz in einer gewissen Ausprägung.

Die nicht offenkundige Information muss der entsprechenden *Unternehmung zugeordnet werden* („lawfully within their control", Art. 39 Abs. 2 TRIPS) also eine Beziehung zu einer Unternehmung aufweisen. Folglich müssen diese Informationen gewerblichen Charakter haben, womit Informationen aus der Privatsphäre ausgenommen sind. Teilt etwa ein Mitarbeiter eines Unternehmens dem Konkurrenzunternehmen seine Kündigungsabsicht mit, kann dies sicherlich eine „wertvolle" Information darstellen. Denn nunmehr wird eine „Abwerbung" erleichtert, wodurch ein noch vorhandener Wettbewerbsvorsprung eingeholt werden kann. Gleichwohl tangiert dieser Vorgang nicht die Unternehmenssphäre. Ebenso sind Informationen der öffentlichen Verwaltung von Hochschulen und Forschungsinstituten im Forschungsbereich, soweit diese als hoheitlich einzustufen sind, eben nicht unternehmensbezogen. Ein Bezug zum Unternehmen fehlt auch dann, wenn durch „Marktbeobachtung" von Mitbewerbern unternehmensbezogene Informationen gesammelt werden, die isoliert betrachtet den Geheimnisbegriff des Know How erfüllen.[276]

> **Beispiel 125:** Eine neuere Entscheidung des BGH[277] befasste sich mit der Frage, ob die Sammlung von Informationen durch Beobachtung als Geschäftsgeheimnis des (beobachteten) Unternehmens einzustufen ist. Ein Konkurrent hat von einem öffentlich zugänglichen Ort aus das Betriebsgelände observiert und daraus Rückschlüsse auf den Kundenstamm des Mitbewerbers gezogen. Obwohl auch hier Informationen „von außen" gesammelt wurden, hat der Kundenstamm gleichwohl einen inneren Bezug zu dem beobachteten Unternehmen. Vielmehr wurde richtigerweise das Merkmal der Nichtoffenkundigkeit verneint.

Die *Zuordnung zum Unternehmen* erfolgt im Arbeitsverhältnis durch mehrere spezielle Regelungen, die den spezifischen Rechtsschutz betreffen, wie etwa durch das Arbeitnehmererfindungsgesetz, das Urheberrechtsgesetz sowie das Geschmacksmustergesetz. Für das Know How als Geheimnisschutz wird eine solche Zuordnung durch die Rechtsprechung zwar bejaht,[278] ist aber dogmatisch keineswegs unproblematisch. Immerhin geht § 17 Abs. 2 Nr. 1 UWG im Rahmen der „Sicherung selbst geschaffener Information durch Mitarbeiter" von einer quasi gesetzlichen Zuordnung zum Arbeitgeber aus. Denn wären die von den Arbeitnehmern geschaffenen Informationen nicht „automatisch" dem Arbeitgeber zugewiesen, ließe sich der Straftatbestand der unbefugten Sicherung nicht rechtfertigen. Unerheblich ist, dass der Unternehmer ein im Betrieb entwickeltes Geheimnis noch nicht erfahren hat. Selbst wenn die Information kein Erfindungsniveau hat, stehen die Unterlagen sowie das gesamte Wissen (als Geheimnis) dem Unternehmer zu, wenn es ohne das Arbeitsverhältnis nicht zustande gekommen wäre.[279] Der Arbeitgeber sollte im Arbeitsvertrag eine

---

[276] OLG Stuttgart, GRUR 1982, 315 „Gerätewartung".
[277] BGH, GRUR 2009, 1075 „Betriebsbeobachtung".
[278] BGH, GRUR 1964, 449 (452) „Drehstromentwicklung"
[279] BGH, GRUR 1977, 539 „Prozessrechner".

eindeutige Übertragung sämtlicher vom Arbeitnehmer geschaffener und sonst generierter Informationen ohne gesonderte Rechtshandlung vertraglich regeln. Das gilt im Besonderen auch für gesetzliche Organe einer juristischen Person.

Der *Geheimhaltungswille* wird grds. vermutet, zumindest dann, wenn es sich um Betriebsinterna handelt. Die Erkennbarkeit des Nichtoffenbarungswillens ist keine Know-How-Schutzvoraussetzung.[280] Gleichwohl sollten Unterlagen zur Dokumentation des Geheimhaltungswillens (und um den weitergehenden Schutz nach § 18 UWG i. V. m. § 823 Abs. 2 BGB in Anspruch nehmen zu können) stets einen entsprechenden Geheimhaltungsvermerk enthalten. Zudem sollte zu Beginn der Verhandlungen eine Geheimhaltungspflicht vereinbart werden.

Schließlich ist nach deutschem Rechtsverständnis das *Geheimhaltungsinteresse*[281] zu prüfen. Es dient zur Kontrolle dafür, ob der vermutete Geheimhaltungswille begründbar ist. Danach besteht ein solches Interesse, wenn die Geheimnisqualität einer Information sich spürbar auf die Wettbewerbssituation auswirken kann, vor allem wenn maßgebliche Wettbewerber davon erfahren.

4.1.6 Durchsetzung der Rechte des geistigen Eigentums

Die Durchsetzung der Rechte des geistigen Eigentums ist in Art. 41 ff. TRIPS normiert, was für ein völkerrechtliches Abkommen keineswegs selbstverständlich ist. Im Einzelnen werden faire und gerechte Verfahren der Rechtsdurchsetzung artikuliert (Art. 42 TRIPS), Beweisanordnungen (Art. 43 TRIPS) sowie Unterlassungsanordnungen (Art. 44 TRIPS) getroffen, konkrete Vorgaben für die Durchsetzung von Schadensersatzansprüchen formuliert (Art. 45 TRIPS) bis hin zur Bestimmung einstweiliger Maßnahmen (Art. 50 TRIPS) und der Festschreibung besonderer Erfordernisse bei Grenzmaßnahmen (Art. 51 bis 60 TRIPS) und von Strafverfahren (Art. 61 TRIPS).

Nach dem Beitritt Chinas zur WTO im Jahre 2001 gab es beachtliche Änderungen bei der tatsächlichen Umsetzung des Urheberrechtsschutzes.[282] Die Novellierung betraf die Rechtsdurchsetzung in Art. 46 bis 55 chinUrhG. Gerade mit diesen Bestimmungen sollten die Anforderungen der Art. 41 ff. TRIPS erfüllt werden. Schon nach altem Recht (aus dem Jahr 1990) waren in §§ 46 ff. chinUrhG sowohl die zivilrechtlichen Ansprüche auf Beseitigung, Unterlassung, Schadenersatz, Vernichtung etc. als auch die weiteren Anforderungen an die Strafandrohung erfüllt. Neu in Art. 47 Abs. 6 UrhG chinUrhG wurde das Verbot der Umgehung technischer Schutzmaßnahmen (in Deutschland § 95a ff. UrhG) aufgenommen. Art. 36 und 37 der Durchführungsverordnung (DVO) erläutern dazu, dass für den Fall der Verletzung öffentlicher Interessen die Nationale Urheberrechtsbehörde eine Geldstrafe bis zum dreifachen des rechtswidrigen Umsatzes, sollte der rechtswidrige Umsatz nur schwer zu beziffern sein, eine Geldstrafe in Höhe von bis zu 100.000 Yuan anordnen kann. Dem

---

[280] BGH, GRUR 2006, 1044 „Kundendatenprogramm".
[281] Das Geheimhaltungsinteresse wird nicht ausdrücklich von Art. 39 TRIPS verlangt, wohl aber nach deutschem Recht (etwa in § 17 UWG).
[282] Vgl. Müller, Chinas Beitrittsprotokoll zur WTO – eine Zwischenbilanz, EuZW 2016, 291.

internationalen Standard entsprechend, gibt es auch im chinesischen Urheberrecht (Art. 48 Abs. 1 chinUrhG) die Wahl zwischen drei Berechnungsmethoden beim Schadenersatz, entweder die Berechnung des konkreten Schadens beim Geschädigten, oder die Heranziehung des Verletzergewinns, schließlich noch die Möglichkeit der Anwendung der sog. Lizenzanalogie. Nach Art. 48 Abs. 2 chinUrhG kann das Volksgericht im Falle der Ungewissheit des konkreten Schadens oder des Verletzergewinns den Schadenersatz bis zur Höhe von 500.000 Yuan festsetzen. Neu geregelt ist die Möglichkeit der einstweiligen Verfügung bzw. Anordnung (Art. 49 chinUrhG). Weiterhin ist die Neuregelung über die vorläufige Beweissicherung zu nennen (Art. 50 chinUrhG).

> **Beispiel 126:** Wie jedes andere Land wird auch China künftig insbesondere mit dem raschen technischen Fortschritt und der Vielseitigkeit der Medien zu kämpfen haben. Doch nicht nur neue technische Möglichkeiten, wie etwa die Bildübertragung auf Mobiltelefone, sondern auch „traditionelle Einrichtungen" erfordern geeignete Maßnahmen. Zu erwähnen sind hier beispielsweise die unzähligen Karaoke-Bars[283], von denen die wenigsten Lizenzgebühren entrichten sowie sämtliche kleine Straßenhändler und Läden, die für ein paar RMB kopierte CDs und DVDs verkaufen. Der Kampf gegen diesen Missbrauch wird ein ewiges Katz-und-Maus-Spiel bleiben, wenn der chinesische Staat künftig nicht stärker an der effektiven Rechtsdurchsetzung arbeitet. Berichten der chinesischen Presse zufolge gehen staatliche Behörden derzeit vermehrt gerichtlich gegen solche Karaoke-Bars vor, die sich weigern, die von der National Copyright Administration of China (NCAC) erhobene Lizenzpauschale für ihre Einrichtung zu zahlen. Weiterhin werden in den letzten Jahren einige Anstrengungen unternommen, um ein nachhaltiges Rechtsbewusstsein in der Bevölkerung zu schaffen. Hierzu gehören etwa neu eingeführte Bildungsmaßnahmen an Schulen und Universitäten.

Merksätze:

Die Durchsetzung geistiger Schutzrechte zeigt sich besonders augenfällig in China. Nachdem zunächst die notwendigen Schutzgesetze erlassen worden waren, wurden nach Eintritt Chinas in die WTO und die damit einhergehende Umsetzung von TRIPS die dort genannten Schutzrechte tatsächlich immer mehr umgesetzt. China meldet inzwischen mehr Patente an als jeder andere Mitgliedstaat der WTO.

---

[283] Schätzungen zufolge existieren in China mehr als 100.000 Karaoke-Bars (KTV-Bars) mit jeweils durchschnittlich 10 Räumen. Für mehr als 20 Jahre wurde von diesen Einrichtungen keinerlei Gebühren für die Nutzung der Musikvideos eingefordert. Seit September 2006 sind sie theoretisch verpflichtet, pro Raum eine Tagespauschale von maximal 12 RMB zu entrichten; vgl. *LIN, Liyu/Xinhua (Hrsg.)*, Association sues 100 Beijing karaoke bars for copyright violation, Peking 2008, URL: http://news.xinhuanet.com/english/2008-10/18/content_10213579.htm.

4.1.7 Aufgabe 16 („Doha-Runde")

Im Rahmen der sog. Doha-Runde (durch die WTO – Tagung in Doha, Quatar wurde eine neue Welthandelsrunde eröffnet), die im Jahre 2001 begann und im Jahre 2011 erfolglos abgebrochen wurde, machten die Entwicklungsländer u. a. geltend, dass die EU als Freihandelszone/Zollunion sowie durch die massiven Agrarsubventionen einen fairen Handel gerade mit den ärmsten Ländern verhinderten.

Frage 1: Inwiefern verstößt die EU als Freihandelszone/Zollunion gegen den Meistbegünstigungsgrundsatz und mit welcher Begründung kann man eine solche Privilegierung (durch Art. XXIV Nr. 4–10 GATT) rechtfertigen?

Frage 2: Inwiefern nehmen diese Agrarsubventionen Einfluss auf den freien Handel mit Waren?

Lösung:

Zu Frage 1:

Nach Art. 30 AEUV ist die EU zunächst eine Freihandelszone, darüber hinaus noch eine Zollunion. Die Zugehörigkeit zu einer Freihandelszone beinhaltet das Verbot, zwischen den Mitgliedstaaten Ein- und Ausfuhrzölle und Abgaben gleicher Wirkung zu erheben. Zollunion bedeutet die Einführung eines Gemeinsamen Zolltarifs gegenüber dritten Ländern.

Der Meistbegünstigungsgrundsatz beinhaltet, dass jeder Vorteil, den ein Mitgliedstaat einem anderen Mitgliedstaat gewährt, bedingungslos auch allen anderen zu gewähren ist.

Eine strikte Anwendung des Grundsatzes der Meistbegünstigung würde dazu führen, dass die Liberalisierungsmaßnahmen zugunsten des Handels zwischen den Parteien eines regionalen Zusammenschlusses auf alle Mitgliedstaaten erstreckt werden müssten. Das ist aber hier nicht erfüllt. Gleichwohl steht das GATT-Abkommen den Freihandelszonen und Zollunionen positiv gegenüber, weil von solchen Zusammenschlüssen belebende Impulse für die gesamte Weltwirtschaft ausgehen.

Zu Frage 2:

Subventionen (auch auf dem Agrarsektor) sind nach dem SCM-Abkommen (Agreement on Subsidies and Countervailing Measures) zu beurteilen. Der nach Art. 1 i) SCM erfasste direkte Transfer von Geldern (Beihilfen) führt dazu, dass einheimische Agrarprodukte gegenüber ausländischen Agrarprodukten „bevorzugt" werden und dadurch eine Wettbewerbsverzerrung entsteht. Allerdings sind diese nur als Ausfuhrsubventionen verboten (Art. 3.1 SCM). Dagegen ist die Ausfuhr von Grunderzeugnisse nicht generell einem Verbot unterstellt (Art. XVI: Nr. 3 GATT).[279] Zwar sorgen „Agrarbeihilfen" für eine massive Verzerrung des globalen Wettbewerbs, allerdings senken diese Beihilfen auf dem Agrarsektor für die heimische Landwirtschaft das

---

[284] Vgl. Herdegen, Internationales Wirtschaftsrecht, § 10 Rn. 58.

Weltpreisniveau für viele landwirtschaftliche Produkte. Dies wiederum kommt den Entwicklungsländern zugute, die Nettoimporteure von Agrarerzeugnisse sind. Das in diesem Kontext auch maßgebliche Übereinkommen über die Landwirtschaft (Agreement on Agriculture, AoA) zielt auf die allmähliche Reduzierung der Agrarbeihilfen. Das SCM-Abkommen nimmt die im Landwirtschaftsabkommen zugelassenen Ausfuhrbeihilfen von den verbotenen und anfechtbaren Subventionen aus (Art. 3.1 und Art. 5 S. 2 SCM).

4.2 UN-Kaufrecht

4.2.1 UN-Handelsrechtskommission (UNCITRAL)

Im Jahre 1966 wurde die UNCITRAL (UN-Handelsrechtskommission, United Nations Commission on International Trade Law) durch entsprechendes Mandat der UN-Hauptversammlung in Wien gegründet mit dem Ziel, bestehende Handelshindernisse zu verringern.

Im Jahre 1980 wurde unter der Federführung dieser Organisation das UN-Übereinkommen über Verträge über den internationalen Warenkauf (Convention on Contracts for the International Sale of Goods, CISG) abgeschlossen. Das CISG regelt ausschließlich den Abschluss des Kaufvertrages und die aus ihm erwachsenden Rechte und Pflichten des Verkäufers und Käufers (Art. 4 S. 1 CISG).[285]

Da dieses Abkommen vom Deutschen Bundestag angenommen wurde (Ratifizierung, BGBl. 1989 II sowie 1990 II S. 1699), handelt es sich (seit dem 1.1.1991) um deutsches Recht.[286]

Zusammen mit der BRD gehören diesem Abkommen 85 Staaten an (Stand: 2016), darunter Ägypten, Argentinien, Australien, Chile, China, Italien, Kanada, Mexiko, Niederlande, Österreich, Schweiz, Spanien, skandinavische Staaten, die Türkei, Ungarn, USA und Russland, nicht aber Großbritannien und Portugal. Die ersten Bemühungen zur Vereinheitlichung des Kaufrechts wurden vom Institut International pour l'Unification du Droit Prive (UNIDROIT) durch zwei Haager Kaufgesetze unternommen. Dem Haager Übereinkommen zur Einführung eines Einheitlichen Gesetzes über den internationalen Kauf beweglicher Sachen von 1964 (BGBl. 1973 II, S. 886) sowie dem Haager Übereinkommen zur Einführung eines Einheitlichen Gesetzes über den Abschluss internationaler Kaufverträge über beweglichen Sachen von 1964 (BGBl. 1973 II, S. 919) war Deutschland zunächst beigetreten. Auch Großbritannien ist Mitglied dieser Vereinbarungen, die die BRD aber inzwischen gekündigt hat. Aufgrund der geringen Resonanz dieser UNIDROIT-Abkommen kam es dann im Jahr 1980 zum UN-Kaufrecht.

Da CISG durch die UNCITRAL mit Sitz in Wien verwaltet wird, spricht man auch vom Wiener Kaufrecht (oder auch UN-Kaufrecht). Es handelt sich um

---

[285] Siehe zu Mitgliedern, Aufbau und Organisation www.uncitral.org.
[286] Vgl. Herdegen, Internationales Wirtschaftsrecht, § 13 Rn. 13 ff.; Piltz, Neue Entwicklungen im UN-Kaufrecht, NJW 2015, 2548 sowie www.cisg-library.org/pdf/neue_entwicklungen_13.pdf.

„einheitliches" Kaufrecht, das eben für die Mitgliedstaaten im maßgeblichen Anwendungsbereich einheitliche Regelungen trifft, welche den sog. autonomen Regelungen der Mitgliedstaaten vorgehen.

4.2.2 Aufbau und Anwendungsbereich des CISG

In Teil I des CISG (Art. 1 bis 6) ist der Anwendungsbereich geregelt. Art. 7 bis 13 CISG enthalten allgemeine Bestimmungen, wie etwa die Auslegung der Willenserklärungen (Art. 8 CISG), Handelsbräuche (Art. 9 CISG) und den Grundsatz der Formfreiheit (Art. 11 CISG). Die wesentlichen Rechte und Pflichten sind materiell-rechtlich in Art. 14 ff., 25 ff. CISG erfasst, und zwar in Teil II der Abschluss des Vertrages (Art. 14 bis 24 CISG) sowie in Teil III ab Art. 25 ff. CISG der Warenkauf mit den Pflichten des Verkäufers (Art. 30 bis 52 CISG) und den Pflichten des Käufers (Art. 53 bis 65 CISG), in Kapitel IV der Gefahrübergang beim Kauf (Art. 66 bis 70 CISG), schließlich in Kapitel V die gemeinsamen Bestimmungen über die Pflichten des Verkäufers und des Käufers (Art. 71 bis 88 CISG).

Das UN-Kaufrecht kommt ohne weiteres zur Anwendung, sobald ein Vertrag in seinen sachlichen und räumlichen Anwendungsbereich fällt, also für **Kaufverträge**[287] über Waren zwischen Parteien aus verschiedenen Staaten. Die Parteien müssen ihre Niederlassungen (oder gewöhnlichen Aufenthalt) jeweils in verschiedenen Vertragsstaaten haben (Art. 1 Abs. 1 lit. a) CISG) oder aber die Regeln des internationalen Privatrechts zur Anwendung des Rechts eines Vertragsstaats führen (Art. 1 Abs. 1 lit. b) CISG).

Beispiel 127: Unternehmen mit Niederlassungen in Deutschland (Verkäufer) und Großbritannien (Käufer) schließen einen Kaufvertrag. Die Internationalität des Kaufvertrages ist gegeben, da die Parteien ihre Niederlassung in verschiedenen Staaten haben. Zwar ist Großbritannien kein Vertragsstaat, aber da nach dem Internationalen Privatrecht Deutschlands (Art. 3 Nr. 1 lit. b) EGBGB, Art. 4 Abs. 1 lit. a) ROM I-VO) auf die Anwendung deutschen Rechts verwiesen wird (objektive Anknüpfung: gewöhnlicher Aufenthalt des Verkäufers) gilt GISG. Dasselbe Ergebnis würde bei einer Rechtswahl (Art. 3 ROM I-VO) zugunsten des Vertragsstaats Deutschland erzielt.

Bei mehreren Niederlassungen entscheidet diejenige, welche „die engste Beziehung zu dem Vertrag und seiner Erfüllung" aufweist (Art. 10 lit. a) CISG). Allerdings sieht Art. 95 CISG vor, dass einzelne Mitgliedstaaten die Anwendbarkeit des Art. 1 Abs. 1 lit. b) CISG ausschließen können, so dass das „Hinführen" durch die jeweiligen Regelungen des IPR nicht erfolgt.[288] Dann würde CISG nur gelten, wenn die Vertragsparteien Mitgliedstaaten sind.

---

[287] Eine Rückkaufvereinbarung aus einem Leasingvertrag wurde als Kaufvertrag gewertet, siehe BGH, NJW-RR 2014, 1202 (1213). Dagegen wird der Schuldbeitritt gem. § 25 HGB nicht als Kauf angesehen, vgl. BGH, Neue Zeitschrift für Gesellschaftsrecht 2014, 511.

[288] Von diesem Vorbehalt haben Gebrauch gemacht China, USA, Singapore, Slowakei, und die Tschechische Republik.

> **Beispiel 128:** Käufer mit Sitz in Großbritannien (kein Vertragsstaat) schließt
> mit Verkäufer (Vertragsstaat) in China einen Kaufvertrag über die Lieferung
> beweglicher Sachen. Da in China, ebenso wie in Deutschland, der objektive
> Anknüpfungspunkt des Verkäufersitzes maßgeblich ist (§ 41 S. 2 IPR-Gesetz
> von China), erfolgt (eigentlich) die Verweisung zum chinesischen Recht. Da
> China aber vom Vorbehalt des Art. 95 CISG Gebrauch gemacht hat, somit
> Art. 1 lit. b) CISG nicht anzuwenden ist, kommt UN-Kaufrecht nicht zur An-
> wendung.[289] Bei einem solchen Kaufvertrag zwischen deutschen und chinesi-
> schen Handelspartnern käme es auf den Vorbehalt des Art. 95 CISG nicht an,
> weil beide Staaten Vertragspartner dieses Abkommens sind und damit Art. 1
> lit. a) CISG einschlägig wäre. In diesem Fall findet UN-Kaufrecht Anwendung.

Vom sachlichen Anwendungsbereich her sind Kaufverträge über Waren erfasst
(Art. 1 Abs. 1 CISG). Ausgenommen sind Kaufverträge über Forderungen oder
Immobilien.

Fraglich ist, ob der Erwerb von Computerprogrammen unter den Anwendungsbereich dieser Regelung fällt. Nach ganz überwiegender Auffassung in der
Rechtsprechung und Literatur stellen Computerprogramme als **Standardsoftware** bewegliche Sachen im Sinne des § 90 BGB dar. Da UN-Kaufrecht autonom
auszulegen ist, wäre alleine die deutsche Auffassung nicht maßgeblich. Allerdings hat sich auch auf internationaler Ebene die Ansicht durchgesetzt, dass
zumindest Standardprogramme unabhängig von der Überlassungsform, also
auch bei unkörperlicher Überlassung mittels Telekommunikation, als Waren zu
qualifizieren sind, mithin die Anwendbarkeit zu bejahen ist.[290]

Bei **Individualsoftware** ist die Einstufung als Ware problematisch. Immerhin
besagt Art. 3 Abs. 1 CISG, dass UN-Kaufrecht auch anzuwenden ist, wenn ein
Vertrag über die Lieferung herzustellender oder zu erzeugender Ware abgeschlossen wird, es sei denn, dass der Besteller selbst einen wesentlichen Teil
der für die Herstellung oder Erzeugung notwendigen Stoffe zur Verfügung zu
stellen hat. Letzteres ist bei der Herstellung von Computersoftware aber nicht
der Fall, weil die regelmäßig geschuldete Mitwirkung zwecks Informations-
beschaffung über die zu erfüllenden Anforderungen keine Stofflieferung im
Sinne dieser Regelung darstellt.

> **Beispiel 129:** Ein Softwareentwickler (S) in Peking (China) verkauft einem
> deutschen Unternehmen (U) Standardsoftware, die durch S nach den spezi-
> ellen Anforderungen des U angepasst werden sollte. Die Übermittlung der
> Software erfolgt online. Fraglich ist, ob UN-Kaufrecht Anwendung findet.
> Gem. Art. 1 CISG ist UN-Kaufrecht beim Kauf von Waren heranzuziehen,
> wenn die Vertragsparteien in verschiedenen Ländern ihren Sitz haben und

---

[289] In einem vergleichbaren Fall mit einem Verkäufer in der BRD würde nach Art. 2
des Vertragsgesetzes, mit dem das UN-Kaufrecht in Deutschland eingeführt wurde
(BGBl. 1989 II, 586), ein entsprechender Vorbehalt greifen.

[290] Vgl. *Ferrari*, in: Schlechtriem/Schwenzer, UN-Kaufrecht (Kommentar), Art. 1 Rn. 38;
eine neuere Entscheidung sieht Software als Ware im Sinne des UN-Kaufrechts,
obwohl diese nicht auf einem stofflichen Träger fixiert ist und keine Überlassung
eines Datenträgers erfolgt, siehe Rechtbank Midden-Nederland, Urt. v. 25.3.2015,
CISG-Niederlande (4.12).

zudem Mitglieder dieses Abkommens sind. Die beiden letzten Voraussetzungen sind erfüllt, so dass nur noch das Merkmal „Ware" zu prüfen ist. Standardsoftware wird, wie oben ausgeführt, als Ware angesehen. Inzwischen tendieren die Gerichte auch dazu, die Übermittlung der Standardsoft via Internet als Kaufvorgang einzustufen. Die hier auftragsgemäß vorgenommene Anpassung der Software führt nicht zu einem anderen Ergebnis, weil der Hersteller (S) selbst den „Stoff" für die weitere Bearbeitung geliefert hat (Art. 3 Abs. 2 CISG). Dann aber ist UN-Kaufrecht anwendbar. Dieser Lösung folgen allerdings nicht alle Gerichte.

Ausgenommen vom Anwendungsbereich des UN-Kaufrechts sind spezielle Rechtsgeschäfte (Art. 2 CISG):

a) Kauf von Waren für den persönlichen Gebrauch, es sei denn, dass der Verkäufer vor oder bei Vertragsabschluss weder wusste noch wissen musste, dass die Ware für einen solchen Gebrauch gekauft wurde. Tritt ein Privatmann als Verkäufer auf, so bleibt es bei der Anwendbarkeit der CISG. Dies folgt aus Art. 1 Abs. 3 CISG, wonach es unerheblich ist, ob die Parteien Kaufleute oder Nichtkaufleute sind oder ob der Vertrag handelsrechtlicher oder bürgerlich-rechtlicher Art ist.
b) bei Versteigerungen,
c) aufgrund von Zwangsvollstreckung oder anderen gerichtlichen Maßnahmen,
d) Kauf von Wertpapieren oder Zahlungsmitteln,
e) von Seeschiffen, Binnenschiffen, Luftkissenfahrzeugen oder Luftfahrzeugen,
f) Kauf von elektrischer Energie.

Weitere Ausnahmen betreffen den

- **Sonderfall Lieferungskauf** (Art. 3 Abs. 1 CISG): Der Anwendungsbereich umschließt grds. auch den Fall, dass der Lieferant die versprochene Ware aus eigenem Material herzustellen hat (siehe § 651 S. 1 BGB), es sei denn, dass der Besteller selbst einen nicht unwesentlichen Teil des zu verarbeitenden Materials zu stellen hat. Für die „Wesentlichkeit" kommt es darauf an, ob die Kosten der Verarbeitung (Veredelung) den Wert des vom Besteller überlassenen Rohmaterials übersteigen.
- **Sonderfall Liefervertrag mit arbeits- oder dienstvertraglichen Pflichten:** Nach Art. 3 Abs. 2 CISG erfolgt keine Anwendung auf Verträge, bei denen der überwiegende Teil der Pflichten des Lieferers in der Ausführung von Arbeiten oder anderen Dienstleistungen besteht.

Beispiel 130: Ein deutsches Unternehmen gibt bei einem Forschungsinstitut in der Schweiz eine Marktstudie in Auftrag. Die Studie wird schriftlich dokumentiert und der Bestellerin übergeben. Handelt es sich um eine Warenlieferung oder Dienstleistung? Hier überwiegt die Dienstleistungskomponente. Zwar erfolgt die abschließende Verkörperung der wissenschaftlichen Untersuchung in Form eines schriftlichen Berichts. Nach der Verkehrsanschauung ist dies aber kein typischer Gegenstand eines Handelskaufs. Vielmehr handelt es sich um die Übertragung des Nutzungsrechts an einem geistigen Arbeitsprodukt. Es liegt also kein Kaufvertrag über Waren vor. Allerdings neigen Gerichte in Deutschland dazu, den Begriff der Ware in solch einem Fall weit zufassen (Aufgabe 17).

4.2.3 Aufgabe 17 („Europa-Express-Studie")

E betreibt das Europäische Zentrum für Wirtschaftsforschung und Strategieberatung in Bern (Schweiz). Durch eine in der Fachwelt vielbeachtete Studie hatte sie im Jahre 1989 für eine „Express-Europa-Studie" Daten über europäische Kurier-, Express- und Paketdienstmärkte gesammelt. Auftraggeber A gab bei E ein Gutachten in Auftrag, das spezielle Informationen über den Haus-zu-Haus-Verkehr zum Gegenstand hatte. Dieses Gutachten, das im Wesentlichen aus der Analyse der speziellen Datenbank des E bestand, benötigte A wiederum kurzfristig für seine Kunden. Als Honorar wurde ein Betrag von 20.000 Euro (zuzüglich der gesetzlichen Umsatzsteuer) vereinbart. E übersandte A am 30.7.1992 ein „Kurzanalyse" zu dem genannten Auftrag im Umfang von 22 Seiten, die am 4.8.1992 bei A eingingen. Am 25.8.1992 rügte A zwei Fehler im Gutachten, die aufgrund unrichtiger Zahlen der ausgewerteten Datenbank entstanden waren. Mit Schreiben vom 3.9.1992 korrigierte E die Fehler und fügte einige Erläuterungen hinzu. A teilte am 8.9.1992 der E mit, dass er keine Verwendung mehr für die korrigierte Fassung habe. E sieht die Kritik an dem Kurzgutachten als unberechtigt an und verlangt die Zahlung des vereinbarten Honorars in Höhe von 20.000 Euro (zuzüglich der Umsatzsteuer). Hat E gegen A Anspruch auf Zahlung dieses Betrages?

Lösung:[291]

1. Anwendbarkeit des UN-Kaufrechts (CISG)

Die Vertragsparteien E und A haben unterschiedliche Niederlassungen in der Schweiz sowie in Deutschland, die jeweils Mitgliedstaat sind (Art. 1 Abs. 1 lit. a) CISG). Fraglich ist allerdings, ob ein Kaufvertrag über Waren vorliegt. Art. 3 Abs. 1 CISG schließt Verträge über herzustellende Waren in den Anwendungsbereich des CISG mit ein. Die Grenze ist aber dort erreicht, wo der überwiegende Teil der Pflichten der Partei, die die Ware liefert (hier: E), in der Ausführung von Arbeiten oder Dienstleistungen besteht. Ob im vorliegenden Fall tatsächlich Ware geliefert werden sollte, ist immerhin fraglich. A hat E als spezielles Institut für Studien auf dem Gebiet des Transports mit einer Studie beauftragt, die zu einem Gutachten führen soll. Ob diese „Studie" als Ware anzusehen ist, hängt davon ab, ob in irgendeiner Weise eine Verkörperung stattfindet. E sollte auftragsgemäß aufbauend auf einer vorhandenen Datenbasis eine wissenschaftliche Untersuchung durchführen, die dann in einem Gutachten zu fixieren war. Dieses Gutachten in seiner körperlichen Ausfertigung ist als körperlicher Gegenstand einzustufen. Es kann durchaus die Auffassung vertreten werden, dass E mit der Erstellung einer Ware (das Gutachten) beauftragt wurde, bei der die „notwendigen Stoffe" (die Daten) auch von E besorgt wurden. Allerdings darf nach Art. 3 Abs. 2 CISG nicht der Dienstleistungsanteil überwiegen. Das Landgericht Köln[286], das in dieser Sache zu entscheiden hatte, ging auf diese Fragestellung nicht

---

[291] LG Köln, Urt. v. 11.11.1993, 86 O 119/93, CISG-online Nr. 24.

ein und hat ohne jede Auseinandersetzung mit der soeben genannten Norm die Anwendbarkeit des CISG bejaht. Dies muss schon verwundern, da der Dienstleistungsanteil bei einem solchen wissenschaftlichen Gutachten doch ganz erheblich sein wird. Gleichwohl soll hier mit dem LG Köln die Anwendbarkeit bejaht werden, um damit auch deutlich zu machen, dass die Gerichte in Deutschland die Anwendbarkeit des CISG auf solche „Lieferungskäufe" mit nicht unerheblichem Dienstleistungsanteil (jedenfalls zum Teil) bejahen.

2. Anspruch auf Kaufpreiszahlung

Ob der materielle Zahlungsanspruch besteht (Art. 54 CISG) hängt zunächst von der Vereinbarung ab, die hier zunächst unproblematisch vorliegt. Fraglich ist allerdings, ob A einen Rechtsbehelf gem. Art. 45 Abs. 1 lit. a) CISG geltend machen kann. A verlangt die Minderung des Kaufpreises (Art. 50 CISG), weil das Gutachten nicht vertragsgemäß angefertigt worden sei. Ob die vertraglichen Primärpflichten erfüllt sind, richtete sich nach Art. 35 CISG. Unstreitig lagen Fehler (eine Vertragsverletzung) vor, die zwar nach Aufforderung beseitigt wurden, aber dann das Gutachten nicht mehr von A verwendet werden konnte. Fraglich ist, ob nicht eine Heilung dieses Mangels durch Verstreichen der Prüf- und Rügefristen eingetreten ist. Die Ablieferung des Gutachtens erfolgte am 4.8.1992, die Rüge der Vertragsverletzung am 25.8.1992. Die Prüfpflicht ist innerhalb einer „kurzen Frist" (Art. 38 CISG) vorzunehmen, die Rüge hat in einer „angemessenen Frist" (Art. 39 CISG) zu erfolgen. Eine wesentliche Vertragsverletzung, wie etwa für die Vertragsaufhebung verlangt (Art. 49 CISG), braucht A im Rahmen des Minderungsanspruchs (Art. 50 CISG) nicht geltend zu machen. Das LG hat dargelegt, dass die hier in Anspruch genommene Frist zur Rüge der Mängel von 21 Tagen nicht mehr angemessen ist (zur Prüffrist gibt es keine Angaben). Dabei weist das Gericht auf die besonderen Umstände des Falles hin, wonach die Kurzanalyse „an anderer Stelle", und zwar A's Kunden vorgelegt werden sollte und zudem einen relativ geringen Umfang (von 22 Seiten) hatte. Dann aber hätte A in einer kürzeren Zeitspanne diese wenigen gerügten Daten geltend machen müssen. Somit ist die Rügefrist abgelaufen und folglich die geltend gemachte Vertragsverletzung geheilt.

Ergebnis: Dann aber hat E gegen A Anspruch auf Zahlung des vollständigen Honorars von 20.000 Euro (zuzüglich Umsatzsteuer).

4.2.4 Externe und interne Lücken

Nicht im UN-Kaufrecht geregelte Materien werden als **„externe Lücken"** bezeichnet. Eine positive Eingrenzung des Geltungsbereichs der CISG findet sich in Art. 4 S. 1 CISG: Danach regelt das CISG ausschließlich

- den Abschluss des Kaufvertrages (Teil II Art. 14–24 CISG) sowie
- die Rechte und Pflichten der Vertragsteile (Teil III, Art. 25–88 CISG)

Nicht geregelt sind (Art. 4 S. 2, Art. 5 CISG) Gültigkeitsfragen wie etwa die Rechts- und Geschäftsfähigkeit der Parteien, Willensmängel, ferner die Nichtigkeit aufgrund Sittenwidrigkeit (§§ 134, 138 BGB).

Ausgeschlossen sind ferner die Wirkungen, die der Vertrag auf das Eigentum an der verkauften Ware haben kann, wie etwa die aus einem Eigentumsvorbehaltskauf (Art. 4 S. 2 lit. b) CISG).

> **Beispiel 131:** Ob der Käufer Eigentum bereits mit dem Vertragsabschluss erwirbt (etwa in Frankreich, Italien, Großbritannien) oder ob noch eine Übergabe erforderlich ist, wird eben nicht im CISG geregelt. Aus deutscher Sicht entscheidet vielmehr das „Sachstatut" über das Recht an einer Sache (Art. 43 EGBGB). Nach deutschem Recht (§§ 929 ff. BGB) ist sogar ein gesondertes Übereignungsgeschäft notwendig. In China wird seit einiger Zeit heftig diskutiert, ob das Abstraktionsprinzip, also die Trennung zwischen Verpflichtungs- und Erfüllungsgeschäft, auch dort (wie in Deutschland) gilt.

Ausdrücklich ausgenommen vom Anwendungsbereich der CISG ist des Weiteren die Haftung des Verkäufers für den durch die Ware verursachten Tod oder die Körperverletzung (**Produkthaftung**, Art. 5 CISG). Es erfolgt dann regelmäßig ein Verweis nach Art. 5 ROM II-VO, also auf das Recht des Staates, in dem der Verletzte seinen gewöhnlichen Aufenthalt hat.[292]

> **Beispiel 132:** Ein deutsches Unternehmen verkauft an eine US-amerikanische Gesellschaft Holzbearbeitungsmaschinen, die direkt an ein russisches Unternehmen weiterveräußert werden. Aufgrund von Mängeln an dieser Maschine wurde eine russische Arbeitnehmerin des zuletzt genannten Unternehmens verletzt. Nachdem das US-amerikanische Unternehmen auf Schadensersatz in Anspruch genommen wurde, nahm dieses Regress beim deutschen Verkäufer. Auch in solch einer Regresskette findet Art. 5 CISG Anwendung. Es besteht also eine externe Lücke, die die objektive Anknüpfung nach Art. 5 ROM II-VO erfordert.[293]

Weitere externe Vertragslücken betreffen eine Reihe von Sachfragen, die im Zusammenhang mit dem Warenkaufvertrag stehen, etwa die

- Rechtsfähigkeit: Personalstatut (Recht des Staates, dem die Person angehört, Art. 7 Abs. 1 EGBGB)
- Geschäftsfähigkeit: Personalstatut (wie vor, Art. 7 Abs. 1 EGBGB)
- rechtsgeschäftliche Vertretungsmacht: Vollmachtsstatut (BGH: Recht der Niederlassung, in dem das Rechtsgeschäft vorgenommen werden soll)
- organschaftliche Vertretungsmacht: Gesellschaftsstatut (BGH: das Recht des Landes, in dem das Geschäft vorgenommen werden soll („Wirkungsland"))
- gesetzliche Vertretungsmacht: Eltern-Kind-Statut (Recht des Staates des Aufenthalts des Kindes, Art. 21 EGBGB) etc.
- Aufrechnung: Vertragsstatut (Recht des Staates, dem die Forderung unterliegt, Art. 17 ROM I-VO)[294]

---

[292] Siehe oben zu 2.3.4.
[293] Das OLG Düsseldorf, RIW 1993, 845 = CISG-online Nr. 74 geht in dem Urteil, das diesem Beispiel zugrunde liegt, mit keinem Wort auf Art. 5 CISG ein, übersieht also diese externe Lücke und kam zu dem unrichtigen Ergebnis, dass UN-Kaufrecht anwendbar ist.
[294] Vgl. BGH, NJW 2014, 3156.

- Forderungsabtretung: (Art. 14 ROM I-VO)
- Verjährung: Vertragsstatut (Art. 12 Abs. 1 d) ROM I-VO)

Interne Vertragslücken betreffen Regelungslücken von „in diesem Überein-kommen geregelten Gegenständen" im Sinne von Art. 7 Abs. 2 CISG, z. B. der Anspruch sowie gegebenenfalls die Höhe der Zinsen bei Art. 78 CISG.

Im Fall interner Lücken kommt ein zweistufiges Verfahren zur Anwendung:

(1) Entscheidung nach allgemeinen CISG-Grundsätzen: Art. 7 Abs. 1 CISG führt dazu aus, dass bei der Auslegung des Übereinkommens dessen internationa-ler Charakter (also autonome Auslegung, unabhängig von nationalen Ausle-gungsregeln) und die Notwendigkeit zu berücksichtigen ist, seine einheitliche Anwendung und Wahrung des guten Glaubens **(Grundsätze von Treu und Glauben)** im internationalen Handel zu fördern,

(2) hilfsweise nach dem IPR des nationalen Rechts (gemeint ist das IPR des Gerichtsstaats, etwa bei Verjährung oder dem Zinssatz).

> **Beispiel 133:** Haben ein US-amerikanischer Verkäufer und ein deutscher Käufer keine Regelung über die Verzugszinsen bei verspäteter Kaufpreis-zahlung getroffen, so liegt eine interne Vertragslücke vor, weil Art. 78 CISG die Verzinsung zwar erwähnt, aber nichts zu dessen Entstehung und Höhe aussagt. Klagt der Verkäufer neben dem Kaufpreiszahlungsanspruch auch Verzugszinsen ein, so hat das angerufene deutsche Gericht (als Gerichtsstand des Beklagtensitzes gem. Art. 2 EuGVVO) zunächst allgemeine Grundsätze des CISG heranzuziehen, die hier aber kein Lösung anbieten. Dann ist (hilfs-weise) das deutsche IPR anzuwenden, das nach Art. 4 Abs. 1 lit. a) ROM I-VO auf das Recht des gewöhnlichen Aufenthaltes des Verkäufers – hier auf das Recht des US-amerikanischen Staates (Art. 22 ROM I-VO) – verweist.

4.2.5 Aufgabe 18 („Aufrechnung in China")

> Verkäufer (V) mit Sitz in China schließt mit dem Käufer (K) einen Kaufver-trag über die Lieferung einer gewissen Anzahl an PCs. Der V klagt vor dem zuständigen Landgericht in Deutschland (Sitz des Beklagten, Art. 2 sowie Gerichtsstand des Erfüllungsortes in Deutschland Art. 5 Nr. 1 EuGVVO) den Kaufpreis für die gesamte Lieferung ein. Demgegenüber wendet der K ein, dass der Verkäufer nicht in vollem Umfang geliefert habe, woraus dem Käufer ein Schaden entstanden sei. K beruft sich auf die ihm gegen den Verkäufer zustehende Schadensersatzforderung, die V zurückweist. Eine Aufrechnungserklärung hat K nicht abgegeben. V führt aus, dass CISG keine Anwendung finde, weil dort die Aufrechnung nicht geregelt sei. Auch deutsches Recht sei ebenfalls nicht einschlägig, weil objektiver Anknüp-fungspunkt der „gewöhnliche Aufenthaltsort" (Art. 4 Abs. 1 lit. a) ROM I-VO) des V sei. Vielmehr komme alleine chinesisches Recht zur Anwendung. Ist diese Auffassung richtig?

Lösung:

> Bei der Frage nach dem maßgeblichen Recht ist zunächst zu prüfen, ob UN-Kaufrecht Anwendung findet. Gem. Art. 1 Abs. 1 lit. a) CISG muss es um einen Kauf von Waren gehen, den Vertragsparteien abschließen, die ihre Niederlassung in unterschiedlichen Staaten haben und die jeweils Mitglied der CISG sind. V und K haben einen Vertrag über den Kauf von PCs, also über Waren, abgeschlossen. Sowohl China als auch Deutschland sind Mitgliedstaaten dieses Abkommens, so dass CISG an sich anzuwenden ist. Allerdings müsste die Aufrechnung auch von der Sache her im UN-Kaufrecht geregelt sein. Da dem nicht so ist, liegt gemäß Art. 4 CISG eine sogenannte externe Lücke vor, die dazu führt, dass nach den Grundsätzen des IPR das anwendbare Recht kollisionsrechtlich zu bestimmen ist.
>
> Nach Art. 17 ROM I-VO gilt für die Aufrechnung das Recht, dem die Forderung unterliegt, gegen die aufgerechnet wird. Also ist das Recht der Hauptforderung maßgeblich. Art. 4 Abs. 1 lit. a) ROM I-VO verweist im Hinblick auf den zwischen V und K geschlossenen Kaufvertrag zum Recht des Ortes des gewöhnlichen Aufenthalts von V, also zum chinesischen Sachrecht (Sachnormverweisung, Art. 20 ROM I-VO).
>
> *Ergebnis:* Die von V geäußerte Rechtsauffassung ist richtig.
>
> *P.S. Es ist Art. 99 f. chinesisches Vertragsgesetz anzuwenden, wonach entsprechend dem deutschen Recht neben den Voraussetzungen der Gegenseitigkeit, Gleichartigkeit und Fälligkeit der Forderungen auch eine Aufrechnungserklärung abzugeben ist, was aber in dem diesem Fall zugrunde liegenden Verfahren vor dem LG Koblenz[284] von K unterlassen worden war.*

4.2.6 Parteiautonomie

Art. 6 CISG besagt, dass die Vertragsparteien die Anwendung des CISG ausschließen oder vorbehaltlich des Art. 12 CISG von den Bestimmungen des Übereinkommens abweichen oder deren Wirkung ändern können (Parteiautonomie).[296] Es gibt folgende Gestaltungsmöglichkeiten:

- Abwahl der CISG („opting-out") durch Wahl einer anderen Rechtsordnung (z. B. BGB/HGB) oder auch ohne gleichzeitige Bestimmung des maßgeblichen Rechts
- Abweichen von den materiell-rechtlichen Bestimmungen des Übereinkommens; das CISG enthält grds. dispositives Recht.

Beispiele 134: V will sicherstellen, dass den K die strengen Rügeobliegenheiten nach § 377 HGB treffen und nicht die im Vergleich hierzu weniger weitreichenden Obliegenheiten nach Art. 38, 39 CISG in Verbindung mit der „Entschuldigungsmöglichkeit" nach Art. 44 CISG. Zu erreichen ist dies

---

[295] LG Koblenz, Urt. v. 15.5.2009, Az. 10 O 438/07.
[296] Das OLG München, IHR 2014, 68 = BeckRS 2013, 17417 vertritt die Auffassung, dass bereits die Vereinbarung deutschen Rechts den Ausschluss des UN-Kaufrechts zur Folge habe, was der ganz herrschenden Meinung widerspricht; vgl. BGH, NJW 1999, 18.

über eine eindeutige Rechtswahlklausel („Dieser Kaufvertrag unterliegt dem Recht der BRD unter Ausschluss der CISG"). Möglich ist auch eine Teil-rechtswahl (Art. 3 Abs. 1 S. 3 ROM I-VO) zu Gunsten des deutschen Rechts im Hinblick auf die Rügeobliegenheiten des Käufers nach Art. 38, 39 CISG oder materiell-rechtliche Regelung im Vertrag, die die Untersuchungs- und Rügeobliegenheiten des Käufers entsprechend verschärfen.

Beispiel 135: Verkäufer (V) in China und Käufer (K) in Deutschland verein-baren „die Anwendung chinesischen Rechts." K macht Mängel geltend und verlangt Minderung, die V nicht akzeptiert, da die Mängelrüge erst nach sechs Wochen, also zu spät (nicht „unverzüglich"), erfolgt sei. Nachdem U auch nach Mahnung nicht zahlt, erhebt V gegen K Klage beim zuständigen Gericht in Deutschland auf Zahlung des gesamten Kaufpreises. K beruft sich auf UN-Kaufrecht, wonach die Mängelrüge innerhalb angemessener Frist erfolgen kann, die hier nicht überschritten ist. Fraglich ist, ob UN-Kaufrecht Anwendung findet. Dem könnte die Vereinbarung über die Anwendung chinesischen Rechts entgegenstehen, die nach Art. 3 ROM I-VO wirksam ist. Nach Art. 6 CISG kann UN-Kaufrecht ganz oder teilweise abgewählt werden. Allerdings ist dieses Regelwerk nach ihrer Ratifizierung in chinesisches Recht überführt worden und somit durch die genannte Vereinbarung auch in China nicht ausgeschlossen. Es findet also UN-Kaufrecht Anwendung, wonach die Mängelrüge nicht verspätet ist.

Merksatz:
Die Verweisung auf die Rechtsordnung eines Vertragsstaates durch Rechts-wahl des internen Sachrechts („dieser Kaufvertrag unterliegt deutschem Recht") führt nicht zum Ausschluss von CISG!

4.2.7 Allgemeine Bestimmungen

Die Allgemeinen Bestimmungen des UN-Kaufrechts (Art. 7 bis 13 CISG) geben Auslegungshilfen, gehen auf Handelsbräuche ein und behandeln Formvor-schriften. Schon bei der Erörterung der internen Lücken (4.2.4) war Art. 7 CISG berücksichtigt worden.

Art. 8 Abs. 1 CISG bestimmt, dass Erklärungen und das sonstige Verhalten einer Partei nach deren Willen auszulegen ist, wenn die andere Partei diesen Willen kannte oder kennen musste. **Abs. 2** stellt – ebenso wie nach deutschem Recht – auf die Sicht des objektiven Dritten dann ab, wenn ansonsten eine Ermittlung des Parteiwillens nicht möglich ist. Dabei sind alle erheblichen Umstände, wie etwa die Verhandlungen zwischen den Parteien und entstandene Gepflogen-heiten, zu berücksichtigen (Abs. 3).

Auf Handelsbräuche nimmt **Art. 9 Abs. 1 CISG** Bezug. Da diese entweder zwi-schen den Parteien vereinbart worden sein müssen oder aber durch tatsächli-ches Verhalten entstehen, hat Abs. 1 keine eigenständige Bedeutung gegenüber Art. 8 CISG. Dies ist bei **Abs. 2** insofern anders, als die Gebräuche des interna-tionalen Handels zwischen den Vertragsparteien unter drei Voraussetzungen gelten:

- ein Brauch muss von Verträgen dieser Art in dem betreffenden Geschäftszweig weithin bekannt sein;
- dieser Brauch muss bei Geschäften mit grenzüberschreitendem Bezug Beachtung finden;
- die Parteien mussten den Brauch kennen oder hätten ihn kennen müssen.

Umstritten ist, ob das kaufmännische Bestätigungsschreiben internationale Geltung hat. Das in Deutschland als Gewohnheitsrecht anerkannte **„Institut des Schweigens auf ein kaufmännisches Bestätigungsschreiben"** verlangt, dass eine Person, die in nicht unerheblichem Umfang am Geschäftsleben teilnimmt, einem Kaufmann ein Schreiben zusendet, das zeitnah nach einer Verhandlung den Verhandlungsinhalt bestätigt. Dabei darf der Bestätigende nicht so weit vom tatsächlichen Verhandlungsinhalt abweichen, dass er nicht mehr schutzwürdig ist. Schließlich darf der Empfänger eines solchen Schreibens nicht zeitnah widersprochen haben. Nur wenn er schweigt, dann tritt auch die sog. konstitutive Wirkung in der Weise ein, dass – obwohl tatsächliche keine Einigkeit über den Vertragsinhalt bestand – gleichwohl ein Vertrag mit dem bestätigten Inhalt zustande kommt. Fraglich ist nun, ob diese soeben beschriebene Rechtsfolge auch bei einem grenzüberschreitenden Vertrag eintritt. Nach überwiegender Auffassung in der Literatur tritt diese Bindungswirkung ein, wenn der Empfängerstaat dieses Institut als Handelsbrauch kennt. Denn dann sind auch die Voraussetzungen des Art. 9 Abs. 2 CISG erfüllt.[297]

> **Beispiel 136:** Verkäufer in der Schweiz und Käufer in Deutschland verhandeln für ihre Unternehmen. Unklar ist, ob die Anlieferung der Ware zum Käufer nach Deutschland im Kaufpreis mit eingeschlossen ist. Der Käufer schreibt den Verkäufer kurze Zeit nach der Verhandlung an und weist darauf hin, dass man sich über die Anlieferung nach Deutschland einig gewesen sei und dafür dann auch die Kosten vom Verkäufer zu übernehmen seien. Daraufhin reagiert der schweizerische Unternehmer nicht. In solch einem Fall ist unter Anwendung des Art. 9 Abs. 2 CISG zu fragen, ob die Schweiz das Institut des Schweigens auf ein kaufmännisches Bestätigungsschreiben kennt, was zu bejahen ist. Dann müsste allerdings noch der Frage nachgegangen werden, ob die tatsächliche Uneinigkeit über die Lieferungskosten und deren (einseitige) Bestätigung durch den deutschen Käufer nicht ein treuwidriges Verhalten des Käufers darstellt. Nach dem Grundgedanken des Art. 9 Abs. 2 CISG wird es darauf ankommen, ob bisher schon Geschäftskontakt bestand und wie der Verhandlungsverlauf im Einzelnen war. Im Zweifel ist aber von der konstituierenden Wirkung auszugehen. Denn der Verkäufer hätte ohne weiteres widersprechen können, um solche Folgen zu vermeiden. Der Vertrag ist also mit dem bestätigten Inhalt zustande gekommen.

Art. 11 CISG betont den Grundsatz der **Formfreiheit**. Wird ein Vertrag mündlich geschlossen, so ist auch der Zeugenbeweis zulässig. Schriftlichkeit heißt nach Art. 13 CISG, dass diese Formanforderung auch durch „Telegramm oder

---

[297] Als Länder, in denen das kaufmännische Bestätigungsschreiben konstitutive Wirkung entfaltet, gelten neben Deutschland unter anderem Dänemark, Polen, Türkei, Schweiz und (mit Einschränkung) die USA, siehe *Schmidt-Kessel*, in: Schlechtriem/Schwenzer; UN-Kaufrecht, Art. 9 Rn. 24.

Fernschreiben" erfüllt werden. Es ist weitgehend (unter Berücksichtigung von Art. 7 Abs. 2 CISG) anerkannt, dass damit auch Telefax und E-Mail erfasst sind. Die Formfreiheit erstreckt sich auch auf die **Vertragsänderung** oder **Vertragsaufhebung** (Art. 29 Abs. 1 CISG), es sei denn es wurde eine Schriftformklausel vereinbart. Gleichwohl ist eine mündliche Vertragsänderung wirksam, wenn sich die andere Vertragspartei darauf „verlassen" hat (Abs. 2).

> **Beispiel 137:** In einem schriftlichen Kaufvertrag vereinbaren der französische Verkäufer und der deutsche Käufer, dass jede Änderung dieses Kaufvertrages der Schriftform bedürfe. Gleichwohl ändert der Verkäufer durch mündliche Absprache die Lieferbedingungen. An Stelle einer einmaligen Lieferung treten nunmehr drei Teillieferungen. Akzeptiert der Käufer tatsächlich eine erste Teillieferung, kann er sich danach nicht mehr auf die schriftliche Vereinbarung mit dem Schriftformvorbehalt für Vertragsänderungen berufen, weil sich der Verkäufer nach der ersten (akzeptierten) Teillieferung eben auf die Wirksamkeit der formlosen Änderung der Vertragsbedingungen verlassen hat (Art. 29 Abs. 2 CISG).

Auf Betreiben Russlands, das innerstaatlich Schriftform verlangt, kam es zum Vorbehalt des Art. 12 CISG. Mündliche Kaufverträge werden in Russland nicht als wirksam anerkannt.[298]

Gibt ein Staat, wie etwa Russland, eine Erklärung über die Schriftform gem. Art. 96 CISG ab, dann finden die Formvorschriften des Vorbehaltsstaates Anwendung.[299]

4.2.8 Abschluss des Kaufvertrages

Hinsichtlich des Teils II (Art. 14 bis 24 CISG) über den Abschluss des Kaufvertrages hatten Dänemark, Finnland, Norwegen, und Schweden zunächst einen **Vorbehalt nach Art. 92 Abs. 1 CISG** erklärt. Diese Länder galten folglich im Hinblick auf die Vertragsschlussregelungen nicht als Vertragsstaaten (Abs. 2). Allerdings galt dies ohnehin dann nicht, wenn die Bestimmungen des IPR auf einen Vertragsstaat verwiesen hat, der nicht zu den aufgezählten Vorbehaltsstaaten gehörte (Art. 1 Abs. 1 lit. b) CISG). Inzwischen wurde der genannte Vorbehalt zurückgenommen, so dass nunmehr alle Vertragsstaaten sowohl Teil II als auch Teil III des UN-Kaufrechts anwenden.[300]

---

[298] Einen Vorbehalt zugunsten von Formerfordernissen haben neben Russland noch Argentinien, Chile, China, Estland, Lettland, Litauen, die Ukraine, Ungarn und Weißrussland erklärt.

[299] Diese Rechtsfolge ist umstritten. Richtig sei vielmehr, auf die Formvorschriften abzustellen, auf die die Regeln des IPR verweisen. Dann wird sogar noch weiter danach differenziert, ob eine Verweisung auf die Regelungen eines Vertragsstaats des UN-Kaufrechts erfolgt, der einen Vorbehalt nach Art. 12, 96 CISG nicht erklärt hat. Weiterhin umstritten ist, ob Art. 13 CISG auch für den Fall des Schriftformvorbehalts anwendbar sind, also ob die entsprechenden Formerfordernisse durch Telefax oder E-Mail erfüllt werden können.

[300] Vgl. Piltz, Neue Entwicklungen im UN-Kaufrecht, NJW 2015, 2548 (2549).

> **Beispiel 138:** Der Verkäufer hat seinen Sitz in Deutschland, der Käufer in Dänemark. Da gem. Art. 1 Abs. 1 lit. b) CISG in Verbindung mit Art. 4 Abs. 1 lit. a) ROM I-VO das IPR auf deutsches Recht als den gewöhnlichen Aufenthaltsortes des Verkäufers verweist, gelten trotz des Vorbehalts Dänemarks gem. Art. 92 CISG die Art. 14 bis 24 CISG in diesem Vertragsverhältnis.

Ebenso wie im deutschen Recht gehen Art. 14 bis 24 CISG davon aus, dass ein Kaufvertrag durch Angebot und Annahme zustande kommt. Dabei geht es aber nur um den „äußeren Konsens", denn die Geschäftsfähigkeit, Willensmängel, Stellvertretung und Botenschaft sind im CISG nicht geregelt.[301] Da weitgehend Übereinstimmung mit deutschem Recht besteht, sollen im Folgenden nur einige Abweichungen vertieft werden.

Ebenso wie § 130 BGB regelt Art. 24 CISG das Zugangsprinzip.[302] Danach hängt die Wirksamkeit einer solchen Willenserklärung von deren Zugang ab. Fraglich ist, ob ein Zugang auch erfolgt, wenn diese in einer für den Empfänger fremden Sprache erfolgt. Vielfach wird angenommen, dass eine Erklärung in englischer Sprache auch für Nichtmuttersprachler die Anforderung an den Zugang erfüllt, weil Englisch inzwischen allgemein verständlich oder jedenfalls übersetzbar sei. Pauschal kann das so nicht richtig sein, vielmehr ist eine Einzelfallbetrachtung vorzunehmen.[303] Es gilt vielmehr, dass

- die Sprache für den Adressaten verständlich sein muss,
- zwischen den Parteien vereinbart war, oder
- üblicherweise verwendet wird.

Art. 14 CISG verlangt eine an eine bestimmte Person gerichtete Willenserklärung (Angebot), welche der Gegenseite zugehen muss (Art. 15 CISG). Dies entspricht im Wesentlichen den Bestimmungen des BGB. Das Angebot muss im Hinblick auf die Ware bestimmt und bezogen auf die Menge und den Preis **bestimmbar** sein.[304] Während CISG die Möglichkeit der „Bestimmung des Kaufpreises" vorsieht, wenn der Kaufpreis nicht vereinbart wurde (Art. 55 CISG) – maßgeblich ist dann der Kaufpreis, der bei Vertragsschluss allgemein für derartige Waren berechnet wurde –, verlangt § 433 BGB die Einigung über Kaufsache und Kaufpreis, da ansonsten kein Vertrag zustande kommt.

Unterschiede gibt es auch im Hinblick auf die Bindung des Angebots. Gem. §§ 145, 147 Abs. 2 BGB besteht eine **Bindungswirkung** schon bei Zugang der Willenserklärung solange, wie unter regelmäßigen Umständen mit einer Antwort gerechnet werden kann. Dagegen sieht Art. 16 CISG die Widerruflichkeit des Vertragsangebots bis zur Absendung der Annahmeerklärung vor, was nach deutschem Recht nur durch die Klausel „Angebot freibleibend" erreicht werden kann.

---

[301] Zu den externen Lücken siehe zu 4.2.4.

[302] In Teil III (Art. 25 bis 88 CISG) gilt allerdings generell die Absendetheorie. Mängelrügen (Art. 39 CISG) oder Nachfristsetzungen (Art. 47 CISG) werden auf Risiko des Empfängers abgesendet. Eine Verzögerung oder ein Irrtum bei der Übermittlung der Mitteilung oder deren Nichteintreffen nimmt dem Absender also nicht das Recht, sich auf diese Mitteilung zu berufen (Art. 27 CISG).

[303] So OLG Hamm, 11 U 206/93, IPrax 1996, 197 (198).

[304] *Schroeter*, in: Schlechtriem/Schwenzer, UN-Kaufrecht, Art. 14 Rn. 3.

Beispiel 139: Eine Schweizer Weinhändler (S) übermittelt einem deutschen gastronomischen Betrieb (G) ein Angebot über die Lieferung von einem größeren Kontingent Weinflaschen zu einem günstigen Preis. Nachdem das Angebot bei G eingegangen ist, widerruft S in einem Telefongespräch mit G sein Angebot noch bevor G überhaupt reagiert hat. Fraglich ist, ob S an sein Angebot gebunden ist? Es handelt sich um einen internationalen Kaufvertrag mit Unternehmen in verschiedenen Mitgliedstaaten des CISG, so dass UN-Kaufrecht nach Art. 1 Abs. 1 a) CISG Anwendung findet. Das Vertragsangebot des S an G erfüllt die Erfordernisse des Art. 14 Abs. 1 CISG (Bestimmtheit hinsichtlich Liefergegenstand, bestimmbar in Bezug auf Menge und Preis sowie Bindungswille) und ist nach Art. 15 Abs. 1 CISG mit Zugang bei G wirksam geworden. Nach Art. 16 Abs. 1 CISG ist ein Angebot bis zur Absendung der Annahmeerklärung frei widerruflich. Von dieser Widerrufsmöglichkeit hat S wirksam Gebrauch gemacht; für den Widerruf muss nicht dieselbe Form wie für das Vertragsangebot gewählt werden. S ist also nicht an sein Angebot gebunden, solange G sich noch nicht entschieden hat. Dieses Ergebnis unterscheidet sich erheblich von den entsprechenden deutschen Bestimmungen. Denn gem. § 147 Abs. 2 BGB besteht eine Bindungsfrist so lange, wie der Antragende den Eingang der Antwort unter regelmäßigen Umständen erwarten darf.

Die Annahme muss innerhalb einer angemessenen Frist zugehen (Art. 18 Abs. 2 CISG). Ein per E-Mail übermitteltes Angebot ist innerhalb von acht Tagen zu akzeptieren.[305]

Während das BGB zum Vertragsabschluss die vollständige Übereinstimmung von Angebot und Annahme verlangt (so grds. auch **Art. 19 Abs. 1 CISG**), kommt der Kaufvertrag nach **Abs. 2** mit dem Inhalt einer von dem Angebot nur **unwesentlich abweichenden Annahme** zustande, wenn der Anbietende die mangelnde Übereinstimmung nicht unverzüglich beanstandet. Allerdings sind Änderungen hinsichtlich des Preises, der Bezahlung, der Qualität und Menge der Ware, des Ortes und der Zeit der Lieferung, des Umfangs der Haftung und Fragen der Streitbeilegung **als wesentlich** anzusehen **(Abs. 3)**.

Nicht wesentlich (je nach Ausgestaltung des Sachverhalts) sind: Verlangen von Sicherheiten, Rücktritts-, Widerrufs- oder Kündigungsvorbehalte, Bestimmung von Verpackungs- und Versendungsart oder ähnliche Kriterien, etwa wenn eine lediglich optionale technische Ausgestaltung der Ware abgelehnt wird.[306]

Beispiel 140: Unternehmen in Deutschland (Käufer, K) verhandelt mit Unternehmen in Italien (Verkäufer, V) über den Kauf (Import) von Kacheln. V weist auf ihre Allgemeinen Geschäftsbedingungen (AGB) hin, die vorsehen, dass eine Rüge von Mängeln nur innerhalb von 30 Tagen ab Rechnungsstellung erfolgen darf. K hat dem nicht widersprochen. K lässt diese Rügefrist verstreichen und macht dennoch Mängelgewährleistungsrechte geltend.[307] Zu Recht? Es geht um einen Kaufvertrag mit internationalen Handelspartnern, die jeweils aus einem Mitgliedstaat stammen, was nach Art. 1 Abs. 1

---

[305] OLG Dresden, CISG-online Nr. 2159.
[306] OLG Koblenz, NJW-RR 2010, 1004.
[307] Siehe LG Baden Baden, RIW, 1992, 62.

lit. a) CISG zur Anwendbarkeit des UN-Kaufrechts führt. Dann stehen K die Gewährleistungsrechte nach Art. 45 CISG zu, die aber durch die vereinbarte Rügefrist von 30 Tagen ausgeschlossen sein könnten. Diese Rügefrist müsste im Kaufvertrag wirksam vereinbart worden sein. K hat Ware bestellt, woraufhin V auf seine AGB Bezug nimmt. Da K nicht widerspricht, könnte Art. 19 Abs. 2 CISG einschlägig sein, der besagt, dass unwesentliche Abweichungen als Annahme gelten, wenn der Anbietende (hier K als Besteller) nicht widerspricht. Das LG Baden Baden sah die dort genannte Frist als Zeitspanne an, die mit der gesetzlichen Rügefrist („angemessen") des Art. 39 CISG in Einklang stehe. Folglich stufte das Gericht die Einbeziehung dieser AGB-Klausel als unwesentlich ein. Da K nicht reagiert habe, sei der Vertrag unter Einschluss der AGB-Regelung wirksam zustande gekommen. Da hier die 30-Tage-Frist abgelaufen war, konnte K die Gewährleistungsrechte nicht mehr geltend machen.

Die verspätet abgesandte Annahmeerklärung ist nach §§ 145, 150 Abs. 1 BGB als neuer Antrag anzusehen, der durch den Empfänger wiederum bestätigt werden muss.[308] Dagegen sieht **Art. 21 Abs. 1 CISG** vor, dass der Anbietende durch die **bloße unverzügliche Absendung einer Verspätungsmitteilung** die Wirksamkeit der Annahmeerklärung herbeiführen kann.

Oftmals werden **Allgemeine Geschäftsbedingungen** von einer oder sogar beiden Vertragsparteien einbezogen. Zunächst müssen diese AGB spätestens bis zum Abschluss des Vertrags von der Partei, die diese verwendet, **tatsächlich vorgelegt** werden.[309] Nach deutschem Recht genügt unter Kaufleuten schon die Bezugnahme auf solche AGB.

Häufig treten Probleme beim Vertragsabschluss dadurch auf, dass sowohl Verkäufer als auch Käufer widersprechende Allgemeine Geschäftsbedingungen (**„battle of forms"**) verwenden. In solchen Fällen werden zwei Auffassungen vertreten.

Nach der **Theorie des letzten Wortes** (*last shot theory*) setzen sich die zuletzt zugesandten Bedingungen durch, denn die anschließende Vertragsdurchführung dürfte der Teil, der seine Bedingungen zuletzt vorgelegt hat, als Zustimmung des anderen Teils verstehen. Gestützt wird dieser Ansatz im UN-Kaufrecht insbesondere auf Art. 19 Abs. 1 CISG, wonach eine abweichende Annahme gerade keine Annahme im Rechtssinne, sondern eine Ablehnung in Gestalt eines Gegenangebots ist (für das interne deutsche Recht vgl. § 150 Abs. 2 BGB).

Demgegenüber geht die herrschende **Restgültigkeitstheorie** (*knock out theory*) bei der Kollision von Geschäftsbedingungen davon aus, dass die Bedingungen, soweit sie sich **widersprechen, nicht Vertragsbestandteil** werden und dass insofern Gesetzesrecht gilt. Als Grund wird angeführt, dass die Theorie des letzten Wortes auf einer realitätsfremden Auslegung des Parteiverhaltens beruhe. Wer zunächst die Bedingungen der anderen Seite empfängt, sodann seine abweichenden Bedingungen zurücksendet und schließlich den Vertrag

---

[308] Auch diese Bestätigung muss nach BGB wieder zugehen (§ 130 BGB). Ausnahmsweise kann auf den Zugang verzichtet werden (§ 151 BGB). Jedenfalls genügt nach deutschem Recht grds. nicht alleine die Absendung.

[309] OLG Jena, IHR 2011, 79 (80); Rechtbank Rotterdam, CISG-online Nr. 1812.

in Zusammenwirken mit der anderen Partei durchführt, wird die Mitwirkung der anderen Partei bei der Vertragsdurchführung typischerweise nicht als Einverständnis mit seinen Bedingungen werten dürfen. Der BGH[310] geht in solchen Fällen davon aus, dass die Parteien den Vertrag trotz der kollidierenden Bedingungen wollen, also jeweils auf die Geltung ihrer Bedingungen zu verzichten bereit sind, soweit diese zu denen der anderen Seite in Widerspruch stehen. Darin ist dann eine – nach Art. 6 CISG zulässige – Abweichung von Art. 19 Abs. 1 CISG zu sehen.[311]

4.2.9 Wesentliche Rechte und Pflichten von Verkäufer und Käufer

Primärpflichten des Verkäufers sind die Ware zu liefern sowie das Eigentum daran zu übertragen (Art. 30 CISG). Dagegen gibt es im Gegensatz zum BGB **keine Pflicht** zur **Übergabe der Ware**. Das UN-Kaufrecht unterscheidet lediglich zwischen **Beförderungsverkauf** oder **Bereitstellungskauf** (Art. 31 lit. b) CISG), und zwar als Holschuld am Ort der Niederlassung des Verkäufers (Art. 31 lit. c) CISG). Beim Regelfall des Beförderungsverkaufs hat der Verkäufer die Ware dem ersten Beförderer zur Übermittlung an den Käufer zu übergeben (Art. 31 lit. a) CISG).

Primärpflicht des Käufers ist die Kaufpreiszahlung, wobei im Zweifel dieser in der am Zahlungsort maßgeblichen Währung zu erbringen ist. Der Kaufpreis ist fällig, sobald die Ware für den Käufer verfügbar ist (Art. 54 CISG). Sowohl Käufer als auch Verkäufer können zur Zurückbehaltung der ihnen obliegenden Pflichten berechtigt sein (**Verschlechterungseinrede**, Art. 71 CISG).

Gem. §271 BGB ist die Leistung sofort fällig, zudem ist der Verkäufer auch nicht zu Teilleistungen berechtigt (§266 BGB). Um Schadensersatzpflichten zu vermeiden, muss der Verkäufer nach deutschem Recht individuelle Lieferungszeiten bzw. Lieferungszeiträume vereinbaren. In der Praxis gibt es oft entsprechende Hinweise in Allgemeinen Geschäftsbedingungen des Verkäufers. Solche Hinweise bleiben dem Verkäufer nach **Art. 33 lit. c), Art. 52 Abs. 1 CISG** erspart, denn dort ist die **Lieferung innerhalb einer angemessenen Frist** nach Vertragsschluss gesetzlich festgeschrieben.

Pflichtverletzungen des **Verkäufers** folgen zunächst aus einer vertragswidrigen Lieferung. Was vertragsgemäß ist, ergibt sich aus **Art. 35 CISG**. Danach hat der Verkäufer die Ware zu liefern, die in Menge, Qualität und Art sowie hinsichtlich der Verpackung oder Behältnis den Anforderungen des Vertrages entspricht (**Abs. 1**). Im Übrigen ist die Ware vertragswidrig, wenn sie nicht den Anforderungen des **Abs. 2** genügt. Im kaufmännischen Sinne eignet sich die Ware für den gewöhnlichen Gebrauch, wenn sie wiederverkäuflich ist (lit. a). Dabei hat der Verkäufer die (Qualitäts-, und Gesetzes-)Standards im Land des Verkäufers und des Käufers zu beachten. Gibt es ein unterschiedliches gesetzliches Anforderungsniveau, dann entscheiden die Bestimmungen im Land des Verkäufers.

---

[310] BGH, NJW 2002, 1651.
[311] Siehe dazu insgesamt *Schroeter*, in: Schlechtriem/Schwenzer, UN-Kaufrecht Art. 19 Rn. 21 ff.

> **Beispiel 141:** Ein deutscher Fischimporteur hat bei einem Schweizer Händler Muscheln aus Neuseeland gekauft. Nach Lieferung dieser Ware stellt sich heraus, dass der Cadmiumgehalt erheblich über den Richtwerten des Gesundheitsamtes liegt. Das deutsche zuständige Veterinäramt hat darauf die Muscheln als „nicht unbedenklich" eingestuft. Die Grenzwerte für Cadmium liegen in Deutschland erheblich niedriger als in Neuseeland. Der BGH[312] hat dies nicht als Vertragsverletzung angesehen. Die Überschreitung des deutschen Richtwertes sei hier nicht maßgeblich, weil es zunächst keine entsprechende Beschaffenheitsvereinbarung gebe. Zwar sei für die Beurteilung der Vertragsgemäßheit der Ware auf deren Wiederverkäuflichkeit abzustellen, dabei könnte aber die Einhaltung öffentlich-rechtlicher Vorgaben vom Verkäufer grds. nicht erwartet werden. Besondere Umstände des Einzelfalls, die eine andere Bewertung rechtfertigten, seien hier nicht vorgetragen worden.

Von erheblicher praktischer Relevanz sind die Fristen für die Geltendmachung von Rechtsbehelfen wegen vertragswidriger Beschaffenheit der Ware sowie Rechtsmängeln. Während § 377 HGB beim zweiseitigen Handelskauf die „unverzügliche" Prüfung und Rüge verlangt, bestehen die **Prüfobliegenheit** innerhalb einer **„kurzen"** und die **Rügeobliegenheit** innerhalb einer **„angemessenen" Frist** nach der Übergabe der Ware (Art. 38 ff., 43 CISG). Im Regelfall sind also zwei Fristen zu beachten, nämlich einerseits die Untersuchungsfrist (gem. Art. 38 CISG) und andererseits die Rügefrist (Art. 39 CISG). Diese sind nicht zu einer Pauschalfrist zusammen zu rechnen. Entscheidend ist aber in diesem Kontext, dass die Frist des Art. 39 CISG nicht mit dem Begriff „unverzüglich" des § 377 HGB gleichgesetzt werden kann. Es kommt auf die Umstände des Einzelfalls an. Je nach „Tradition" im nationalen Recht kann damit ein Zeitraum von mehreren Monaten abgedeckt sein; als Faustformel ist aber von **einem Monat** auszugehen.[313] Gerade dieser großzügigere Spielraum gegenüber dem deutschen Recht verdeutlicht die Berücksichtigung internationaler Gepflogenheiten beim grenzüberschreitenden Kauf und ist für den Käufer von Vorteil. Mithin kann also die Abwahl des UN-Kaufrechts, wie immer noch von vielen Rechtsanwälten (meist in den Allgemeinen Geschäftsbedingungen) „gebetsmühlenartig" empfohlen, einen gravierender Beratungsfehler darstellen.[314]

Es ist jede **einzelne Vertragswidrigkeit anzugeben** und dabei eine hinreichende Beschreibung der Fehlersymptome erforderlich.

> **Beispiel 142:** Die unkommentierte Übersendung von Untersuchungsprotokollen oder die bloße Mitteilung tatsächlicher Umstände (Mitteilung eines Kurzschlusses) lassen einen Willen des Käufers zur Beanstandung der gelieferten Ware nicht ausreichend erkennen und sind nicht als Rüge einzustufen.[315]

---

[312] Vgl. BGH, BGHZ 129, 75 = CISG-online Nr. 144.

[313] Vgl. *Schwenzer*, in: Schlechtriem/Schwenzer, UN-Kaufrecht, Art. 39 Rn. 15 ff.

[314] Zu beachten ist auch Art. 3 Vertragsgesetz (zur Umsetzung des CISG-Abkommens, BGBl. 2001 I, S. 3138), wonach auf die Verjährung der dem Käufer nach Art. 45 CISG zustehenden Ansprüche wegen Vertragswidrigkeit der Ware § 438 Abs. 3 BGB auch anzuwenden ist, wenn die Vertragswidrigkeit auf Tatsachen beruht, die der Verkäufer kannte oder über die er nicht in Unkenntnis sein konnte und die er dem Käufer nicht offenbart hat. Danach beträgt die Verjährungsfrist beim Warenkauf 2 Jahre.

[315] OLG Düsseldorf, CISG-online Nr. 2171.

Eine (weitere) Besonderheit ist die Möglichkeit der **Entschuldigung der Fristversäumnis** nach **Art. 44 CISG**. „Entschuldigung" ist hier im Sinne einer Billigkeitsprüfung zu verstehen, denn auf ein „Verschulden" im technischen Sinne kann es im Zusammenhang mit dieser Vorschrift nicht ankommen. Vielmehr sind die schützenswerten Interessen beider Vertragsparteien zu berücksichtigen. Auf Seiten des Verkäufers steht etwa das Interesse an der alsbaldigen Beweissicherung. Dem trägt auch der Umstand Rechnung, dass der Käufer, der sich auf eine „vernünftige Entschuldigung" beruft, keine Rechtsbehelfe ausüben kann, die zu einer Rückgabe der Ware führen.[316]

Die **Verjährung von Rechtsbehelfen** beurteilt sich in Staaten, die wie Deutschland das UN-Übereinkommen über die Verjährung beim internationalen Warenkauf nicht ratifiziert haben,[317] nach dem nationalen IPR.[318] Die in Art. 39 Abs. 2 CISG genannte 2-Jahres-Frist ist keine Verjährungs-, sondern eine Ausschlussfrist.[319]

Der **Anspruch auf Vertragserfüllung** folgt aus Art. 28 CISG und besteht nur dann, wenn dieser auch nach dem jeweils eigenen Recht bei gleichartigen Kaufverträgen gegeben wäre. Dahinter steht ein Kompromiss zweier unterschiedlicher Rechtssysteme, namentlich die des Common Law und des kontinentaleuropäischen Rechts.

Im Common Law wird das Recht des Gläubigers auf primäre Erfüllung nur unter bestimmten, engen Voraussetzung gewährt. Im Regelfall bleibt der Gläubiger darauf beschränkt, bei fehlender Erfüllung Schadensersatz zu verlangen (damages). „Specific Performance" (also die Erfüllung so wie diese im Vertrag ausformuliert ist) ist Ausdruck des Equitiy (Angemessenheitsprüfung).[320] Das kontinentaleuropäische Recht geht dagegen von der Vertragserfüllung als Primäranspruch aus („pacta sunt servanda").

Die **Rechtsbehelfe des Käufers** sind gem. Art. 45 Abs. 1 lit. a) CISG

- Nacherfüllung (Art. 46 CISG),
- Vertragsaufhebung (Art. 49 CISG),
- Minderung (Art. 50 CISG),

---

[316] Vgl. *Schwenzer*, in. Schlechtriem/Schwenzer, UN-Kaufrecht, Art. 44 Rn. 5.

[317] Vertragsstaaten sind dagegen Ägypten, Argentinien, Belgien, Dominikanische Republik, Guinea, Kuba, Liberia, Mexiko, Moldau, Paraguay, Polen, Rumänien, Sambia, Slowakei, Slowenien, Tschechei, Uganda, Ungarn, USA und Weißrussland. Dort gilt generell eine 4 jährige Verjährungsfrist.

[318] Nach deutschem IPR ist das Recht des Verkäufersitzes heranzuziehen. Hat der Verkäufer seinen gewöhnlichen Aufenthalt in Deutschland ist §438 Abs. 1 Nr. 3 BGB heranzuziehen, der für den Kauf bewegliche Sachen eine Verjährungsfrist von zwei Jahren bestimmt.

[319] Der Unterschied zwischen Verjährungs- und Ausschlussfrist besteht darin, dass verjährte Ansprüche trotz Fristablauf noch weiter bestehen und demzufolge auch noch erfüllt werden können, was grds. eine Rückforderung ausschließt. Demgegenüber existiert die Forderung nach Ablauf der Ausschlussfrist nicht mehr. Eine versehentliche Zahlung führt dann zu einem Rückforderungsanspruch aus ungerechtfertigter Bereicherung.

[320] Zu den Entwicklungen von Common Law und Equity siehe Graf von Bernstorff, Einführung in das englische Recht, §1 3.

sowie gem. Art. 45 Abs. 1 lit. b) CISG

- Schadensersatz (Art. 74 CISG).

Bis zur Schuldrechtsreform des BGB im Jahre 2002 war die Leistungsstörung unübersichtlich und ohne ein nachvollziehbares Konzept geregelt. Nunmehr hat das BGB die Pflichtverletzung nach dem Vorbild des CISG in §§ 280 Abs. 1 bis 3, 286, 311a Abs. 2 BGB neu geordnet. Die Differenzierung der Pflichtverletzungen, also die Nichterfüllung, die Späterfüllung sowie die Schlechterfüllung, sind im CISG von untergeordneter Bedeutung (Art. 50, 52, 64 Abs. 2, 65 ff. CISG).

Allgemeine **Rechtsbehelfsvoraussetzungen** sind

- wirksamer **Vertragsabschluss**,
- **Pflichtverletzung** durch den Verkäufer; im Hinblick auf den *Nacherfüllungsanspruch* des Art. 46 Abs. 1 CISG darf keine anderweitige Wahl (etwa Vertragsaufhebung, Minderung, Schadensersatz statt Leistung) getroffen worden sein;
- der Anspruch auf *Ersatzlieferung* verlangt eine wesentliche Vertragsverletzung bzw. die **Möglichkeit der Rückgabe der Ware** (weitestgehend) in dem Zustand, in dem der Käufer sie erhalten hat (Art. 82 CISG); beim Verlangen der *Vertragsaufhebung* nach Art. 49 CISG muss ebenfalls eine wesentliche Pflichtverletzung bzw. erfolgloser Ablauf einer Nachfrist vorliegen, beim *Minderungsanspruch* genügt gem. Art. 50 CISG jede Pflichtverletzung,
- **keine Befreiung** von der Pflicht nach Art. 80 CISG (allgemeiner Befreiungsgrund der Nichtverursachung); im Hinblick auf einen geltend gemachten *Schadensersatzanspruch* ist Art. 79 CISG heranzuziehen, der die Befreiung dann vorsieht, wenn die Nichterfüllung auf einem außerhalb des Einflussbereichs des Verkäufers liegenden Grund beruht, z. B. bei höherer Gewalt („force majeur").

Im Einzelnen ist folgendes zu berücksichtigen:

Während es die Möglichkeit der Vertragsaufhebung (wie zuvor erläutert) nur bei wesentlicher Vertragsverletzung (Art. 25 CISG) oder nach erfolglosem Ablauf einer Nachfrist (Art. 49 Abs. 1 lit. a) oder b) CISG) gibt, verlangt § 323 Abs. 5 S. 2 BGB das Merkmal der Wesentlichkeit ausschließlich bei nicht vertragsgemäßer Leistung.

Eine besondere Voraussetzung der Vertragsaufhebung ist, dass der Käufer die erhaltene Ware im Wesentlichen unversehrt an den Verkäufer zurückgeben muss (Art. 81 CISG) oder sich auf einen der aufgeführten Ausnahmetatbestände des Art. 82 CISG berufen kann. Zudem hat der Käufer gegenüber dem Verkäufer die **Aufhebung** des Vertrages **zu erklären** (Art. 26 CISG), und zwar innerhalb einer angemessenen Frist (Art. 49 Abs. 2 CISG).

> **Beispiel 143:** K aus Deutschland kauft bei V mit Sitz in Wien eine Maschine. Nachdem sich eine wesentliche Vertragsverletzung herausgestellt hat – die Mängel wurden rechtzeitig geprüft und gerügt (Art. 38 und Art. 39 CISG) – erklärt der Käufer erst nach 6 Monaten ab Kenntnis der Vertragsverletzung die Vertragsaufhebung. Diese Aufhebungserklärung ist verspätet. Bei Maschinen wird eine Frist von 1 bis 2 Monaten gestattet.[321]

---

[321] Bundesgericht, IHR 2010, 27 (30).

Nach dem CISG besteht eine Entlastungsmöglichkeit (gem. Art. 80 CISG „Befreiung") für den Schuldner nur dann, wenn er beweist, dass die Verletzung vertraglicher Pflichten auf einem unvorhersehbaren und außerhalb seines Einflussbereichs liegenden Hinderungsgrund beruht (Art. 79 CISG), wohingegen §§ 276, 278, 280 Abs. 1 S. 2 BGB vom Verschuldensprinzip ausgehend eine Exkulpation verlangen.

Nach **Gefahrübergang** (Art. 66 CISG) trägt der Käufer (wie nach deutschem Recht § 446 BGB) das Risiko für den zufälligen Untergang der Ware. Bei Beförderung der Ware geht die Gefahr mit Übergabe an den ersten Beförderer über (Art. 67 CISG). Beim Verkauf während des Transports ist der Vertragsabschluss maßgeblich (Art. 68 CISG). Ansonsten entscheidet der Zeitpunkt der Übernahme der Ware durch den Käufer bzw. durch pflichtwidrige Nichtübernahme (Art. 69 CISG).

> **Beispiel 144:** V in London und K in Berlin vereinbaren „exw", also Bereitstellung der Ware durch V und Abholung durch K. V zeigt an, dass die Ware zur Abholung bereitsteht und lagert diese ordnungsgemäß. Danach wird durch Blitzschlag das Lager und die darin befindlich Ware für K zerstört. Nach der Anzeige sowie der Einlagerung ging die Gefahr des zufälligen Untergangs auf K über. V hat bereits erfüllt, so dass er Anspruch auf Kaufpreiszahlung hat. Somit trägt K die Preisgefahr.

Im Hinblick auf einen Schadensersatzanspruch (Art. 45 Abs. 1 lit. b), Art. 74 CISG ist zu beachten, dass im Gegensatz zum deutschen Recht kein Verschuldensnachweis zu führen ist (Art. 79 CISG). Während deutsche Exporteure daher Haftungsbeschränkungen vorsehen sollten, sind deutsche Importeure gegenüber den Regelungen des BGB im Vorteil.

> **Beispiel 145:** Ein deutscher Importeur (I) schließt mit einem ausländischen Zwischenhändler (H), der nicht zugleich Hersteller ist, einen Kaufvertrag. Tritt nunmehr ein Mangel an dieser Ware auf, so muss der I im Hinblick auf einen Schadensersatzanspruch im Gegensatz zum deutschen Recht (§§ 437 Nr. 3, 440, 280, 281, 283 BGB) keinen Verschuldensnachweis führen. H haftet auch dann, wenn er den Mangel nicht kannte bzw. nicht kennen musste, was gerade bei Zwischenhändlern oftmals der Fall sein wird.

Anspruchsgrundlage für die Geltendmachung des nicht vertragsgemäß gezahlten Kaufpreises ist Art. 62 CISG. Die nicht rechtzeitige Zahlung ist allerdings keine wesentliche Vertragsverletzung, auf die eine Vertragsaufhebung gestützt werden kann (Art. 64 Abs. 1 lit. a) CISG). Anders ist dies allerdings dann, wenn der Käufer wiederholt zu spät zahlt und dies auch entsprechend durch den Verkäufer angemahnt wurde.

> **Beispiel 146:** Der Käufer zahlt mehrfach fällige Kaufpreisforderungen zu spät, was der Verkäufer aber zunächst mehrfach hinnimmt. Selbst nachdem zum wiederholten Male die Zahlung des ausstehenden Kaufpreises nicht erfolgt korrespondiert der Verkäufer weiterhin mit dem Käufer. Dann kann der Verkäufer nicht (mehr) die Vertragsaufhebung verlangen.[322]

---

[322] OLG Frankfurt/Main, IHR 2010, 250 (252).

Der Verkäufer kann sich auf Art. 45, 61 CISG berufen, wonach jede Verletzung vertraglicher Pflichten Schadensersatzansprüche begründen. Wurde der Vertrag wegen Vertragsverletzung aufgehoben, kann der Verkäufer entweder ein angemessenes Deckungsgeschäft eingehen (Art. 75 CISG) oder die Differenz des Vertragspreises zum Marktpreis (Art. 76 CISG) geltend machen. Voraussetzung ist jeweils die Erklärung der Vertragsaufhebung. Allerdings wird auch die Auffassung vertreten, dass schon die ernsthafte und endgültige Erfüllungsverweigerung genügt.[323]

Die Verzinsungspflicht ab Fälligkeit ist im Gegensatz zu § 352 HGB (8 % über dem Basiszinssatz der Europäischen Zentralbank) der Höhe nach nicht festgelegt (Art. 78 CISG). Grund dafür ist, dass nicht nur die Zinshöhe selbst in den verschiedenen Mitgliedstaaten erheblich variieren, sondern in arabische Staaten ein generelles Zinsverbot besteht.[324] Im Falle der verspäteten Lieferung liegt eine Schadensersatz begründende Vertragsverletzung im Gegensatz zu § 286 BGB auch ohne Mahnung (Art. 33, 58 CISG) vor.

Merksätze:

Ganz überwiegend aus Unkenntnis werden die Regelungen des UN-Kaufrechts (CISG) von den Vertragsparteien eines internationalen Kaufvertrages abgewählt, obwohl nur dieses vereinheitlichte Recht die internationalen Gepflogenheiten berücksichtigt und insofern dem nationalen Recht (BGB/HGB) überlegen ist. Insbesondere im Hinblick auf die Prüf- und Rügepflicht bietet CISG eine flexiblere Lösung für den Käufer an.

4.2.10 Aufgabe 19 („Verseuchte Milch")

V mit Sitz in Deutschland schließt mit K mit Sitz in den Niederlanden einen Kaufvertrag, nach dem V 1.000 Tonnen Milchpulver zum Preis von 3.000 €/Tonne an K liefern soll. Der Vertrag wird am Telefon geschlossen. Zunächst schickt V, dann K ein schriftliches Bestätigungsschreiben an die jeweils andere Partei. In dem Schreiben des V wird auf dessen Geschäftsbedingungen Bezug genommen, in denen es unter anderem heißt:

„Wir verkaufen ausschließlich zu unseren Geschäftsbedingungen. Entgegenstehende gesetzliche Bedingungen oder entgegenstehende Geschäftsbedingungen des Käufers werden ausdrücklich nicht anerkannt und sind demzufolge nicht Vertragsbestandteil."

In dem Bestätigungsschreiben des K bezieht sich dieser auf seine Geschäftsbedingungen. Diese enthalten auch Regelungen zur Haftung des Verkäufers für Sachmängel. Es gibt eine haftungsmildernde Klausel mit folgendem Inhalt:

„Unbeschadet einer eventuellen Verpflichtung des Verkäufers zur Rückzahlung des bezahlten Kaufpreises, oder eines Teils davon, beschränkt sich die Haftung des Verkäufers für erlittenen (und/oder noch zu erleidenden) Schaden zu allen Zeiten ausschließlich auf den Rechnungsbetrag des Gelieferten."

---

[323] OLG Frankfurt/Main, IHR 2010, 252 (253).
[324] Vgl. *Bacher*, in: Schlechtriem/Schwenzer, UN-Kaufrecht, Art. 78 Rn. 2.

V liefert das Milchpulver an K. Das Pulver ist mangelhaft, weil es mit Mikroorganismen (Lipasen) verseucht ist. Dadurch entsteht K, wie V bei Vertragsabschluss hätte voraussehen können, ein Schaden in Höhe von 3.500.000 Euro. Kann K diesen Schaden von V ersetzt verlangen?

Zu prüfen ist, ob K gegen V ein Schadensersatzanspruch auf Zahlung von 3.500.000 Euro zusteht.

Lösung:

Der Anspruch könnte sich aus Art. 45 I lit. b), 74 ff. CISG ergeben.

1. Fraglich ist zunächst, ob das UN-Kaufrecht (CISG) Anwendung findet.

Der Vertrag zwischen V und K über das Milchpulver ist ein Kaufvertrag über Waren (vgl. Art. 1 I CISG). Die Parteien haben ihre Niederlassungen in verschiedenen Staaten, da der Sitz von V in Deutschland und der Sitz von K in den Niederlanden liegt (vgl. Art. 1 Abs. 1, 2 CISG). Deutschland und die Niederlande sind Vertragsstaaten des UN-Kaufrechts (CISG), sodass der Vertrag einen hinreichenden Bezug zu Vertragsstaaten aufweist (vgl. Art. 1 lit. a) CISG). Gesetzliche Ausschlussgründe greifen nicht ein (vgl. Art. 2 CISG).

2. Weiterhin müssten die Voraussetzungen der Art. 45 Abs. 1 b) in Verbindung mit Art. 74 ff. CISG erfüllt sein.

Der Regelungsbereich des UN-Kaufrechts (CISG) umfasst insbesondere die Rechte des Käufers aus dem Kaufvertrag (Art. 4 CISG) und damit auch die Frage, ob dem Käufer ein Schadensersatzanspruch gegen den Verkäufer zusteht. Das Begehren des K wird vom Regelungsbereich des UN-Kaufrechts (CISG) also erfasst. Zu den allgemeinen Voraussetzungen gehört ein wirksamer Kaufvertragsschluss und eine Vertragsverletzung des anderen Teils (vgl. Art. 45 Abs. 1 CISG). Diese Voraussetzungen sind im Verhältnis zwischen V und K erfüllt. Insbesondere hat V eine Vertragsverletzung begangen, indem er dem K mit Lipasen (Enzyme zur Abspaltung von Fett) verseuchtes, also mangelhaftes Milchpulver (insbesondere geschmacklich beeinträchtigte Ware) lieferte (Art. 35 Abs. 2 lit. a) CISG).

Als besondere Schadensersatzvoraussetzungen sind zu prüfen, ob V nach Art. 79 CISG von der Schadensersatzhaftung befreit ist (vgl. Art. 79 Abs. 1, 5 CISG) und ob die von K geltend gemachten Schäden vom Umfang des geschuldeten Ersatzes erfasst werden.

Auf Art. 79 CISG kann sich V nicht berufen, weil der Befall mit (inaktiven) Lipasen nicht auf Gründen beruht, die außerhalb seines Einflussbereichs liegen. Nach Art. 74 CISG sind grundsätzlich alle Schäden zu ersetzen, die durch die Vertragsverletzung kausal und in vorhersehbarer Weise verursacht wurden. Danach wäre ein Schadensersatz in voller Höhe von 3.500.000 Euro zu leisten.

Fraglich ist nun, ob diese Summe aufgrund der haftungsbeschränkenden Vertragsklausel aus den Geschäftsbedingungen des K um 500.000 Euro auf den Rechnungsbetrag von 3.000.000 Euro (= 1.000 Tonnen x 3.000 Euro) zu kürzen ist.

Die Vereinbarung einer Haftungsbeschränkung ist wegen des grundsätzlich dispositiven Charakters des UN-Kaufrechts (CISG) möglich (vgl. Art. 6 CISG). Voraussetzung einer Haftungsbeschränkungsvereinbarung ist eine entsprechende Einigung zwischen den Parteien. Ob es zwischen V und K zu einer solchen Einigung kam, ist fraglich, denn die Geschäftsbedingungen des V enthalten eine (eingeschränkte) *Abwehrklausel* gegen andere Geschäftsbedingungen.[314] Bei sich widersprechenden Klauseln in Allgemeinen Geschäftsbedingungen folgte der BGH in der diesem Sachverhalt zugrunde liegenden Entscheidung[315] der (herrschenden) Restgültigkeitstheorie. Nach dieser Theorie werden vorgefertigte Vertragsbedingungen, soweit sie sich widersprechen, nicht Vertragsbestandteil, so dass insofern Gesetzesrecht gilt. Als Grund wird angeführt, dass die von Teilen der Literatur vertretene Theorie des letzten Wortes auf einer realitätsfremden Auslegung des Parteiverhaltens beruhe. Wer zunächst die Bedingungen der anderen Seite empfängt, sodann seine abweichenden Bedingungen zurücksendet und schließlich den Vertrag in Zusammenwirken mit der anderen Partei durchführt, wird die Mitwirkung der anderen Partei bei der Vertragsdurchführung typischerweise nicht als Einverständnis mit seinen Bedingungen werten dürfen.

Der BGH geht in solchen Fällen vielmehr davon aus, dass die Parteien den Vertrag trotz der kollidierenden Bedingungen wollen, also jeweils auf die Geltung ihrer Bedingungen zu verzichten bereit sind, soweit diese zu denen der anderen Seite in Widerspruch stehen. Darin ist dann eine – nach Art. 6 CISG zulässige – Abweichung von Art. 19 Abs. 1 CISG zu sehen. Der BGH stellte somit fest, dass die haftungsbegrenzende Klausel des K nicht Vertragsbestandteil geworden war.

Im Anschluss daran ging der BGH auf die Theorie des letzten Wortes ein. Danach setzen sich die zuletzt geschickten Bedingungen durch, denn der Vertragspartner, der seine Bedingungen zuletzt vorgelegt hat (K), darf die anschließende Vertragsdurchführung als Zustimmung des anderen Teils (V) verstehen. Gestützt wird dieser Ansatz auf Art. 19 Abs. 1 CISG, wonach eine abweichende Annahme eine Ablehnung verbunden mit einem Gegenangebot ist. Es heißt dann wörtlich: *„Jedenfalls unter dem Gesichtspunkt von Treu und Glauben (Art. 7 Abs. 1 CISG) durfte die Beklagte (V), auch soweit sie bei den Vertragsverhandlungen ihre Geschäftsbedingungen zuletzt gestellt hat, nicht annehmen, die Frage, ob bestimmte Regelungen der gegnerischen Bedingungen ihren eigenen widersprächen, könne isoliert für einzelne Klauseln beantwortet werden mit der Folge, dass die jeweiligen sie begünstigenden Bestimmungen anwendbar blieben."* Auch hier kommt der BGH zum gleichen Ergebnis, dass die Regelung über die Haftungsbeschränkung nicht wirksam vereinbart sei. Es bleibt also bei der gesetzlichen Haftung des V.

---

[325] Eingeschränkt ist diese Abwehrklausel deshalb, weil sich der (Erst-)Verwender von AGB-Klauseln nicht generell gegen die AGBs der Geschäftspartner zur Wehr setzt, sondern nur gegen solche, die den (essentiellen) Aussagen der eigenen AGB widersprechen.

[326] BGH, NJW 2002, 1651 (1653).

> *Ergebnis:* K hat gegen V einen Anspruch auf Erstattung des vollen Schadens-
> betrages in Höhe von 3.500.000 Euro gem. Art. 45 Abs. 1 lit. b), 74 ff. CISG.

4.3 Sonstige internationale Handelsabkommen

4.3.1 INCO-Terms

Die von der Internationalen Handelskammer in Paris ausgearbeiteten INCO-
Terms (International Commercial Terms) gelten alternativ mit dem Verhandlungsstand (verhandelt in Paris, dem Sitz der Internationalen Handelskammer)
von 2000 oder aber mit dem Verhandlungsstand 2010 als INCO-Terms® 2010
(seit dem 1.1.2011).[327]

Sie regeln die Lieferungspflicht des Verkäufers sowie Abnahme- und Zahlungspflicht des Käufers, den Gefahrübergang, die Kostentragungspflicht für
Verpackung und Transport und Prüfung der Ware, die Pflicht des Verkäufers
zur Benachrichtigung, die Beschaffung der Versanddokumente und sonstigen
Papieren, die Transportversicherung etc. Sie gelangen nicht automatisch, sondern nur durch Vereinbarung zur Anwendung. Inhaltlich gesehen handelt es
sich um sog. Auslegungsregeln, die also den zwischen den Vertriebspartnern
geschlossenen Vertrag inhaltlich interpretieren.

Die INCO-Terms werden grob eingeteilt in die

- E-Klauseln (Abholklauseln, z. B. EXW: Ware wird ab Werk abgeholt, ex works)
- F-Klauseln (Free … Haupttransport zahlt Käufer)
- C-Klauseln (Carriage Paid … Haupttransport zahlt der Verkäufer)
- D-Klauseln (Anlieferungsklauseln oder Ankunftsklauseln)

Wichtig ist zunächst das **System der verschiedenen Klauseln** zu erkennen.
Während die E-Klauseln für den Verkäufer den größten Vorteil bieten, da es
um Holschulden geht, übernimmt der Verkäufer in den F-Klauseln schon gewisse Transportaufgaben. Allerdings zahlt hier der Käufer den Haupttransport.
CKlauseln gehen weiter und beinhalten die Übernahme der Transportkosten
durch den Verkäufer. Schließlich sind die D-Klauseln als Anlieferungsklauseln oder Ankunftsklauseln ausgestaltet, die damit für den Käufer besonders
günstig sind.

Im **Verhältnis zum UN-Kaufrecht** ist folgendes zu beachten: die Vereinbarung
von C-Klauseln sind als Beförderungsverkauf im Sinne des Art. 31 lit. a) CISG
einzustufen.[328] Wird nicht ausdrücklich auf eine Klausel der INCO-Terms ab-

---

[327] Durch die INCO-Terms® 2010 sind die INCO-Terms® 2000 nicht automatisch wegge-
fallen. Sie können immer noch ausdrücklich vereinbart werden. Allerdings wird ohne
eine solche ausdrücklich Bezugnahme davon ausgegangen, dass die INCO-Terms®
2010 maßgeblich sind; vgl. Zwilling-Pinna, Update wichtiger Handelsklauseln: Neu-
fassung der Incoterms ab 2011, BB 2010, 2980. Die INCO-Terms finden Sie unter http://
www.icc-deutschland.de/icc-regeln-und-richtlinien/icc-incotermsR.html.

[328] Für die C-Klausel Cost Insurance Freight (CIF) ausdrücklich Cour d'Appel de Paris,
Urt. v. 19.11.2010, CISG-France.

gestellt, etwa durch Verwendung der Abkürzung „CIF", so gibt es in der Regel Auslegungsprobleme.

> **Beispiel 147:** Der Verkäufer vereinbart mit dem Käufer, dass die Ware mit eigenem Personal oder Fahrzeug befördert werden soll. Dann gilt keine der Varianten des Art. 31 CISG. Vielmehr haben die Parteien eine Bringschuld vereinbart.[329] Die Verwendung der Klausel „frei ..." wird nicht einheitlich ausgelegt, und zwar teilweise als Erfüllungsortvereinbarung[330] und teilweise lediglich als Kostenklausel.[331]

> **Merksatz:**
> In der Praxis sollte man die Verwendung solch nicht einheitlich ausgelegter Klauseln wie „frei ..." vermeiden und stattdessen besser auf die INCO-Terms zurückgreifen.

Gebräuchlichste Klauseln der INCO-Term® 2010, unterschieden nach Transportart:

für den **allgemeinen Transport** einschließlich **multimodalem Transport** (etwa Kombination Straße, Eisenbahn, Lufttransport)

EXW: Ex Works (ab Werk ... benannter Ort)

FCA: Free Carrier (frei Frachtführer ... benannter Ort)

CPT: Carriage Paid To (frachtfrei ... benannter Bestimmungsort)

CIP: Carriage and Insurance Paid to (frachtfrei, versichert ... benannter Bestimmungsort)

DDP: Delivered Duty Paid (geliefert verzollt ... benannter Ort).

Neue Klauseln sind:

DAT: Delivered at Terminal (geliefert Terminal ... benannter Bestimmungshafen/ort)

DAP: Delivered at Place (geliefert Lieferort ... benannter Bestimmungsort/hafen)

Für den **See- und Binnenschiffstransport**

FAS: Free Alongside Ship (frei Längsseite Leeschiff ... benannter Verschiffungshafen)

FOB: Free On Board (frei an Bord ... benannter Verschiffungshafen)

CFR: Cost and Freight (Kosten und Fracht ... benannter Bestimmungshafen)

CIF: Cost, Insurance and Freight (Kosten, Versicherung und Fracht ... benannter Bestimmungshafen)

Die nachfolgenden Klauseln gelten zwar als **INCO-Terms 2000** weiter, aber **nicht mehr** als INCO-Terms® 2010:

DES: Delivered Ex Ship (geliefert ab Schiff ... benannter Bestimmungshafen)

---

[329] Obergericht des Kantons Zürich, IHR 2010, 108 (112).
[330] OLG Düsseldorf („frei Haus"), CISG-online Nr. 2173.
[331] OLG München („frei Baustelle"), CISG-Online Nr. 2011.

DEQ: Delivered Ex Quay (geliefert ab Kai verzollt … benannter Bestimmungs-hafen).

4.3.2 CMR-Abkommen

Übereinkommen vom 19.5.1956 über den Beförderungsvertrag im **internatio-nalen Straßengüterverkehr (Convention relative au contrat de transport inter-national de marchandises par route, CMR)**. Das Übereinkommen wurde durch Gesetz vom 16.8.1961 (BGBl. II, S. 119) ratifiziert und ist in der Bundesrepub-lik Deutschland seit dem 5.2.1962 in Kraft (Bekanntmachung vom 28.12.1961, BGBl. II S. 12). Mitglied dieses Abkommens sind fast alle europäischen Staaten sowie einige nordafrikanische Länder, wie etwa Marokko. Der Anwendungs-bereich umschließt den internationalen Gütertransport (Art. 1 CMR) im Sinne eines **unimodalen Transports**, wobei der Ort der Übernahme des Gutes und der Ablieferungsort in unterschiedlichen Staaten sowie mindestens ein Ort in einem Vertragsstaat liegen muss. Nur wenn der Transport auf einem Trans-portfahrzeug **ohne Umladung** erfolgt (LKW zunächst auf der Straße, dann auf einem Zug bzw. Seetransport, also ein sog. Huckepacktransport) bleibt es bei dieser Regelung (Art. 2 CMR).[332] Bei einem multimodalen internationalen Transport, also der Umladung der Transportgüter von der Straße auf ein ande-res Transportmittel (Schiene, Schiff, Flugzeug) kommt Art. 5 Abs. 1 ROM I-VO zur Anwendung.[333]

Die CMR regelt nur Teile des Beförderungsvertrages (Art. 4–16 CMR), insbeson-dere die Haftung des Frachtführers für Verlust und Beschädigung des Gutes und für Überschreitung der Lieferfrist, ferner den Inhalt der Beförderungsur-kunden sowie Nebenpflichten des Frachtführers, des Absenders und des Emp-fängers (Art. 3 sowie 17–29 CMR). Nicht geregelt sind die Folgen, die sich aus der Nichterfüllung des Vertrages ergeben, und die Ansprüche des Frachtführers auf das Beförderungsentgelt. Insoweit gelten die nationalen Frachtbestimmungen (§§ 407–452 HGB).

Rechtswahrende Vorbehalte müssen spätestens mit Ablieferung des Transport-gutes geltend gemacht werden (Art. 30 CMR). Art. 31 Abs. 1 CMR begrenzt die internationale Zuständigkeit auf den Beklagtensitz, den Sitz der Niederlassung sowie den Ort der Übernahme bzw. der Ablieferung. Abs. 2 dieser Regelung gewährt die Rechtshängigkeitseinrede, um bei Wahl eines Gerichts der Mög-lichkeit der parallelen Anrufung von Gerichten unterschiedlicher Staaten ent-gegenzuwirken. Die Vorschriften der CMR sind **unabdingbar und zwingend** (Art. 41 CMR). Abweichende Vereinbarungen sind nichtig und ohne Rechts-wirkung. Für die in Art. 17 ff. CMR geregelten Fälle (Verlust und Beschädigung des Gutes sowie Überschreitung der Lieferfrist) und für die in der CMR selbst geregelten Tatbestände der Verletzung vertraglicher Nebenpflichten scheidet daher die Heranziehung anderer (nationaler) Rechtsgrundlagen aus.[334]

---

[332] *Jesser-Huß*, in: Münchener Kommentar zum HGB, Art. 2 CMR Rn. 4 ff.
[333] Siehe oben zu 2.2.5.
[334] *Jesser-Huß*, in: Münchener Kommentar zum HGB, Art. 41 CMR Rn. 2 ff., sowie zum Verhältnis zur EuGVVO, siehe 2.4.1.

4.3.3 Montrealer Übereinkommen

Die etwa seit 1990 bestehenden Bestrebungen, das Abkommen zur Vereinheitlichung von Regeln über die Beförderung im **internationalen Luftverkehr** in der Fassung von Den Haag 1955 (Warschauer Abkommen 1955, BGBl. II 1958, 291) zu reformieren, konnten im Rahmen der in Montreal vom 10. bis 28.5.1999 durchgeführten diplomatischen Konferenz von etwa 120 Staaten über ein Abkommen zur Vereinheitlichung bestimmter Vorschriften für die Beförderung im internationalen Luftverkehr erfolgreich zum Abschluss gebracht werden. Das Übereinkommen von Montreal (Montrealer Übereinkommen 1999 MÜ, Abl. EG Nr. L 154 v. 18.7.2001, S. 39) wurde am 28.5.1999 von 52 Staaten unterzeichnet. Deutschland, Frankreich, Großbritannien und die Vereinigten Staaten von Amerika gehörten zu den ersten Unterzeichnerstaaten. Nach der Bekanntmachung über das Inkrafttreten des Montrealer Übereinkommen vom 16.9.2004 (BGBl. II 2004, S. 1371) ist das Übereinkommen in der Bundesrepublik Deutschland am 28.6.2004 in Kraft getreten. Es ist das Nachfolgeabkommen des **Warschauer Abkommens**, das nur noch für Fälle Bedeutung behält, die sich vor der Ratifizierung des Montrealer Übereinkommens ereigneten.

Das Montrealer Übereinkommen (MÜ) gelangt nur dann zu Anwendung, wenn eine internationale Beförderung von Personen, Reisegepäck und Gütern auf dem Luftweg erfolgt. Internationalität setzt voraus, dass Abgangs- und Bestimmungsort auf dem Hoheitsgebiet eines Vertragsstaates des MÜ liegen.[335] Der Regelungsbereich umschließt lediglich Teile des Beförderungsvertrages. Geregelt werden der Luftfrachtbrief, die Absender- und Empfängerrechte und die Haftung des Luftfrachtführers für Zerstörung, Verlust, Beschädigung und Verzögerung (Überschreitung der Lieferfrist). Aus dem Haftungsanspruch bei **Beschädigung von Gütern** (Art. 18 Abs. 1 MÜ) folgt, dass der Luftfrachtführer den Schaden zu ersetzen hat, der durch Zerstörung, Beschädigung oder Verlust während der Luftbeförderung entsteht. Dabei kommt es auf ein Verschulden nicht an. Abs. 2 schließt allerdings von vornherein die Haftung bei Mängeln der transportierten Güter, mangelhafte Verpackung, Kriegshandlungen und bewaffnete Konflikte sowie im Falle hoheitlicher Handlungen in Verbindung mit der Einfuhr, Ausfuhr und Durchfuhr von Gütern aus. Bei **Verspätung** ist Art. 19 MÜ maßgeblich. Die **Haftungsbefreiung** gegenüber dem Anspruchsteller tritt bei dessen eigenem Fehlverhalten ein (Art. 20 MÜ). Art. 22 MÜ legt Haftungshöchstgrenzen fest, deren Umrechnung aus Art. 23 MÜ folgt (maßgeblich sind die vom Internationalen Währungsfonds festgelegten Sonderziehungsrechte als Wertgrenze).

Nicht erfasst ist hingegen die Haftung des Luftfrachtführers wegen Nichterfüllung, die nach nationalem Recht zu behandeln sind (etwa nach §§ 276, 280, 281 BGB).

Das Montrealer Übereinkommen legt besonderes Gewicht auf die Verbesserung des Verbraucherschutzes. Mit dieser Konvention wurde unter anderem die Möglichkeit geschaffen, Luftfahrtunternehmen auf Grund nationaler Regelungen zu schnellen Vorauszahlungen im Schadensfall zu verpflichten (Art. 28 MÜ).

---

[335] *Ruhwedel*, in: Münchener Kommentar zum HGB, Art. 1 MÜ Rn. 39.

Internationale Regelungen zum Schutz geistigen Eigentums

5

Das geistige Eigentum war schon zum Ende des 19. Jahrhunderts Gegenstand internationaler Abkommen, da schon früh die Notwendigkeit grenzüberschreitender, also überall geltender (ubiquer) Schutzgesetze dieser Rechte erkannt wurde. Denn geistige Schutzrechte halten sich nicht an Ländergrenzen.[336] Die erste weltumspannende Vereinbarung wurde in Paris geschlossen (Pariser Verbandsübereinkunft) und durch mehrere Sonderabkommen ergänzt (5.1). Für das Gebiet des Urheberrechts sind die Revidierte Berner Übereinkunft mit weiteren Nebenabkommen zu berücksichtigen (5.2). Schließlich werden noch die internationalen Lizenzverträge (5.3) erörtert.

5.1 Pariser Verbandsübereinkunft und Sonderabkommen

Das älteste internationale Abkommen auf dem Gebiet des geistigen Eigentums ist die Pariser Verbandsübereinkunft zum Schutz des gewerblichen Eigentums (PVÜ), die auf das Jahr 1883 zurückgeht. Durch diesen multilateralen Staatsvertrag haben sich die Mitgliedstaaten zu einem Verband zusammengeschlossen (Art. 1 Abs. 1 PVÜ). Art. 19 PVÜ sieht die Möglichkeit von Sonderabkommen vor, die zwar nicht zwischen allen Mitgliedsländern der PVÜ abgeschlossen werden müssen, aber den Bestimmungen der PVÜ nicht zuwiderlaufen dürfen. Nachfolgend werden die Sonderabkommen des Patentzusammenarbeitsvertrages (PCT) für die erleichterte Patenterteilung, für die Vereinfachung des Geschmacksmusterschutzes das Haager Musterabkommen (HMA) sowie für den verbesserten Markenschutz das Madrider Markenabkommen (MMA) sowie das Zusatzprotokoll zum MMA (ProtMMA) behandelt.[336]

5.1.1 Weltorganisation für geistiges Eigentum (WIPO)

Für organisatorische Fragen und solche der Streitschlichtung ist die World Intellectual Property Organisation Weltorganisation für geistiges Eigentum (World Intellectual Property Organisation, WIPO) mit Sitz in Genf zuständig. Sie ist eine Sonderorganisation der UN und wurde im Jahre 1967 mit dem Ziel errichtet, durch Zusammenarbeit der Staaten weltweit den Schutz geistigen Eigentums zu fördern. Neben den Aufgaben der Sammlung und Verbreitung von Informationen im Bereich des geistigen Eigentums, führt die WIPO auch Untersuchungen durch und erarbeitet Harmonisierungsvorschläge. Diese und weitere Verwaltungsaufgaben, wie etwa die internationale Anmeldung und Registrierung, übernimmt ihr Internationales Büro in Bern (Art. 15 PVÜ).

---

[336] Siehe zum Grundsatz der Ubiquität 1.2.1.

5.1.2 Gegenstand und wichtige Grundsätze der PVÜ

Die PVÜ und ihre Nebenabkommen bezwecken den Schutz des gewerblichen Eigentums. Im Einzelnen sind dies die Erfindungspatente, die Gebrauchsmuster, die gewerblichen Muster oder Modelle, die Fabrik- und Handelsmarken, die Dienstleistungsmarken, die Handelsnamen und die Herkunftsangaben oder Ursprungsbezeichnungen sowie die Unterdrückung des unlauteren Wettbewerbs (Art. 1 Abs. 2 PVÜ).

Verwirklicht wurde zunächst der Grundsatz der Inländerbehandlung, wonach die Angehörigen eines Verbandsstaates in allen anderen Verbandsländern wie Inländer behandelt werden. Den Angehörigen der Verbandsländer sind auch solche gleichgestellt, die im maßgeblichen Hoheitsgebiet ihren Wohnsitz genommen haben oder dort ihre gewerbliche Niederlassung betreiben (Art. 2 und 3 PVÜ).

Daneben werden Mindestrechte abverlangt, wie zum Beispiel das Prioritätsrecht (Art. 4 PVÜ), das bei ordnungsgemäßer Anmeldung (durch Hinterlegung) in einem Verbandsland auch in den anderen Mitgliedstaaten den Anmeldetag (mit Fristbindung) für maßgeblich ansieht. Man spricht hier auch von Unionspriorität.

> **Beispiel 148:** USA und Deutschland sind Mitglieder der PVÜ. Der US-amerikanische Erfinder (A) meldet zunächst in den USA am 3.1. des Jahres beim dortigen USPTO (United States Patent- and Trademark Office in Washington D.C.) eine Erfindung an. A hat nun zwölf Monate ab der Erstanmeldung Zeit, diese Erfindung auch in Deutschland durch Anmeldung beim Deutschen Patent- und Markenamt (DPMA) zu schützen (Nachmeldung). Würde etwa am 10.1. desselben Jahres durch einen deutschen Erfinder (B) die gleiche Erfindung beim DPMA angemeldet und von A eine solche Anmeldung innerhalb eines Jahres ab der Erstanmeldung in den USA nun auch in Deutschland nachgemeldet, so ginge die Erfindungsanmeldung des US-amerikanischen Erfinders A der des deutschen Erfinders B vor.

Diese internationale **Unionspriorität** muss in Deutschland durch eine Prioritätserklärung nach § 41 PatG vor Ablauf des 16. Monats nach dem Prioritätstag erfolgen. Innerhalb dieser Frist sind Zeit, Land und Aktenzeichen der Voranmeldung beim DPMA anzugeben.

5.1.3 Patentzusammenarbeitsvertrag (PCT) und Europäisches Einheitspatent

Die PVÜ wird hinsichtlich der Patente und Gebrauchsmuster durch den Patentzusammenarbeitsvertrag (Patent Cooperation Treaty, PCT)[337] ergänzt, das inzwischen von 146 Staaten unterzeichnet wurde. Während die PVÜ davon ausgeht, dass zum Erwerb des Schutzrechts in einem fremden Verbandsstaat alle dortigen formellen und materiellen Anmeldevoraussetzungen erfüllt sein

---

[337] Vertrag über die internationale Zusammenarbeit auf dem Gebiet des Patentwesens, unterzeichnet in Washington am 19.6.1970, geändert am 28.9.1979, am 3.2.1984 und am 3.10.2001; siehe www.wipo.int.

müssen, gibt der PCT dem Erfinder die Möglichkeit, durch Einreichung einer einzigen internationalen Anmeldung in einem Vertragsstaat ein Patent oder Gebrauchsmuster in allen von ihm bestimmten Mitgliedstaaten zu erhalten.

Beispiel 149: Ein deutscher Erfinder kann nach erfolgter Anmeldung beim Deutschen Patent- und Markenamt nach den Bestimmungen der PVÜ in Frankreich nur Patentschutz durch zusätzliche Anmeldung beim dortigen Patentamt erreichen. Der PCT eröffnet nun aber die Möglichkeit, beim Deutschen Patent- und Markenamt eine internationale Anmeldung auch für Frankreich vorzunehmen. Dies geschieht in der Weise, dass das DPMA ein Anmeldeformular der WIPO bereithält. Dort, also beim Anmeldeamt (Art. 10 PCT) muss angegeben werden, für welche Staaten des PCT der Anmelder Schutz begehrt. Das jeweils für diese Staaten handelnde Amt ist das Bestimmungsamt (Art. 11 PCT). Ein Exemplar wird dem Internationalen Büro, ein weiteres der Internationalen Recherchebehörde übermittelt (Art. 12 PCT). Nach Ablauf von 18 Monaten seit dem Prioritätsdatum wird die internationale Anmeldung mit dem Recherchebericht vom Internationalen Büro veröffentlicht (Art. 21 PCT).

Hieraus erwächst die **Möglichkeit der Beeinflussung des Termins** der Offenlegung. Da innovative Unternehmen die Offenlegung ihrer Patente möglichst lange hinauszögern wollen, damit die Konkurrenz den Stand der Forschung und Entwicklung möglichst zu einem späten Zeitpunkt erfährt, wird nicht selten die **Strategie der Auslandsanmeldung** gewählt. Dies geschieht in der Weise, dass etwa das deutsche Unternehmen zunächst ihr Patent in einem möglichst kleinen und unbekannten Mitgliedstaat der PVÜ vornimmt, um dann innerhalb der oben beschriebenen Frist eine Nachanmeldung in Deutschland vorzunehmen. Da diese (deutsche) Nachmeldung wiederum erst nach weiteren 18 Monaten offen gelegt werden muss, ergibt sich daraus eine „Gesamtfrist" zur Offenlegung von 12 plus 18 Monaten, also 30 Monaten. Zwar gibt es auch in dem „kleinen" Staat die Pflicht zur Offenlegung, allerdings ist die diesbezügliche Recherche schwieriger als in Deutschland.

Ähnlich läuft das Verfahren bei der **PCT-Anmeldung**. Nach Art. 22 PCT muss der Anmelder jedem Bestimmungsamt spätestens mit dem Ablauf von 30 Monaten seit dem Prioritätsdatum ein Exemplar der internationalen Anmeldung zuleiten. Diese 30-Monats-Frist zielt also in die gleiche Richtung.

Beispiel 150: Ein Erfinder aus Deutschland meldet ein Patent zunächst in den USA an (dies kann auch als „Provisional Application" (vorläufige Anmeldung) in deutscher Sprache mit Prioritätswirkung beim United States Patent and Trademark Office, USPTO, erfolgen und hat dann ab dem Prioritätsdatum die Möglichkeit, innerhalb von 12 Monaten diese Anmeldung auch auf Deutschland zu erstrecken. Innerhalb von 30 Monaten ab der Erstanmeldung in den USA erfolgt dann die Offenlegung beim Deutschen Patent und Markenamt (DPMA) als dem Bestimmungsamt. Vorteil dieser PCT-Anmeldung ist, dass nunmehr die Möglichkeit besteht, die Recherche im Land der Erstanmeldung, also den USA, zu verhindern. Denn die „Provisional Application" kann nach Ablauf der 12-Monatsfrist wieder zurückgenommen werden. Da auch in den USA die Offenlegungsfrist von 18 Monaten besteht, ist dann die erstmalige Recherche (wirklich) erst nach 30 Monaten beim DPMA möglich.

Zu erwähnen ist noch der **Patentrechtsvertrag** (Patent Law Treaty, PLT), der die Harmonisierung bestimmter Formalitäten im Hinblick auf die Anmeldung und Aufrechterhaltung eines Patentes bezweckt. Der PLT ist am 1.6.2000 von 53 Vertragsparteien sowie der Europäischen Patentorganisation unterzeichnet und von 38 Staaten (Stand: 11.6.2016) ratifiziert worden.

Patente können nach der **Europäischen Patentübereinkunft** (EPÜ) durch Anmeldung beim Europäischen Patentamt (EPA) in München in der Weise geschützt werden, dass nach entsprechender Antragstellung beim EPA ein „Bündel von Patenten" durch die Zielländer erteilt werden (zu den 38 Mitgliedstaaten der EPÜ zählen neben den EU-Staaten u. a. auch die Türkei, Schweiz und Norwegen).

Seit 2014 gilt die **Einheitspatentverordnung** der Europäischen Union (EU), wonach nunmehr ein in den Wirkungen einheitliches Patent in der EU (der Länder die verstärkt zusammenarbeiten, also die EU Mitgliedstaaten ohne Italien und Spanien) erteilt werden kann. Der Unterschied zur Patentanmeldung nach der EPÜ (die immer noch möglich ist) ist der, dass nun nicht mehr einzelne Patente, etwa für Deutschland und Frankreich erteilt werden, sondern diese in den zuvor genannten Ländern als einheitliches Patent angesehen wird, das auch nur einheitlich für nichtig erklärt werden kann.

Das ebenfalls seit 2014 geltende **einheitliche Gerichtsverfahren** (Übereinkommen über ein einheitliches Patentgericht) verläuft in der Weise, dass Klagen auf Unterlassung, Schadensersatz etc. sowie die Feststellung der Nichtigkeit eines Patents entweder bei der Zentralkammer in Paris bzw. den Abteilungen in London und München als Gericht der ersten Instanz und als Berufungsgericht oder bei den eventuell eingerichteten Regional- oder Lokalkammern (dann am Ort des Sitzes des Beklagten) eingereicht werden (es gilt allerdings eine siebenjährige Übergangsfrist, innerhalb der Klagen wie bisher bei den nationalen Gerichte der Rechtssuchenden bzw. der Verletzungshandlung eingereicht werden können). **Mediations- und Schlichtungsstellen** sind in Leibach (Slowenien) und Lissabon (Portugal) vorgesehen.

Die Übersetzungsverordnung für das Patent mit einheitlicher Wirkung (ebenfalls gültig ab 2014) regelt die vereinfachte Einreichung in einer der Amtssprachen, also in Englisch, Französisch oder Deutsch.

5.1.4 Haager Musterabkommen (HMA)

Für den Geschmacksmusterschutz (Schutz von Mustern und Modellen) kommt neben der PVÜ noch das Haager Musterabkommen (HMA) mit der Stockholmer Ergänzungsvereinbarung von 1967 zur Anwendung. Dieses Abkommen erfasst lediglich 55 Mitgliedstaaten (Stand: 2.7.2009). Seit dem 23.12.2003 gibt es eine neue sog. Genfer Fassung, der die EU mit Beschluss des Rates der Europäischen Union vom 18.12.2006 beigetreten ist. Die Ratifizierung dieser Fassung erfolgte in Deutschland durch Gesetz vom 29.7.2009.

In entsprechender Anwendung der PCT sieht das HMA ebenfalls eine internationale Anmeldung durch Hinterlegung von Mustern und Modellen in den vom

Anmelder benannten Vertragsstaaten vor. Die Hinterlegung erfolgt in diesem Falle beim Internationalen Büro der WIPO in Bern (Art. 1 HMA).

Beispiel 151: Ein deutscher Entwerfer eines schutzfähigen Musters kann den wirksamen Geschmacksmusterschutz in Deutschland durch Anmeldung beim Deutschen Patent- und Markenamt erreichen. Für den entsprechenden Schutz in Frankreich wäre die Anmeldung und Hinterlegung nach den dortigen Vorschriften vorzunehmen. Die PVÜ schafft also kein verbandsinternes einheitliches Anmeldungsrecht. Gemäß Art. 1 HMA kann der deutsche Entwerfer sich aber durch Hinterlegung beim Internationalen Büro zum Schutz des geistigen Eigentums auch für Frankreich schützen lassen.

5.1.5 Madrider Markenabkommen und Zusatzprotokoll zum MMA

Auf dem Gebiet des Markenschutzes wird die PVÜ durch das im Jahre 1891 geschlossene Madrider Markenabkommen (MMA) erweitert. Dem MMA sind 56 Länder beigetreten. Die PVÜ verlangt die Markenregistrierung in allen Verbandsstaaten. Ähnlich wie das HMA sieht das MMA eine internationale Registrierung beim Internationalen Büro für geistiges Eigentum vor. Anders als bei dem HMA hat der internationale Markenschutz zwingend durch die Vermittlung der Behörde des Ursprungslandes zu erfolgen (Art. 1 Abs. 2 MMA).

Es wird Telle-Quelle-Schutz (Art. 6^{quinquies} PVÜ) gewährt, d.h. jede im Ursprungsland vorschriftsmäßig eingetragene Marke wird, so wie sie ist (tellequelle), in den übrigen Verbandsländern zur Eintragung zugelassen und geschützt.

Merksätze:
Ausländische Marken sind in Deutschland auch dann einzutragen, wenn sie wegen ihrer Form nach deutschem Recht an sich nicht eintragungsfähig wären. Allerdings kann dieser Telle-Quelle-Schutz nur so lange in Anspruch genommen werden, wie die Marke im Ursprungsland eingetragen ist.

Da eine Reihe von Staaten, allen voran die USA, das MMA nicht akzeptierten, kam es im Jahre 1989 zu einer das MMA ergänzenden Vereinbarung, und zwar durch das am 1.4.1996 in Kraft getretene Protokoll zum MMA (ProtMMA). Diesem sind bisher 78 Staaten beigetreten, unter anderen auch die USA (zum 2.11.2003) und die Europäische Union (zum 1.10.2004). Nunmehr besteht die Möglichkeit über die internationale Registrierung (IR-Marke) auch eine EU-Marke zu erlangen, damit auch für dem MMA nicht angehörige Länder. Darüber hinaus gibt es gegenüber dem MMA auch Erleichterungen und Verbesserungen etwa dadurch, dass Basis einer internationalen Registrierung die bloße Anmeldung und nicht erst die Eintragung der Marke im Ursprungsland ist (Art. 2 ProtMMA). Bei Erlöschen der internationalen Registrierung durch einen „Angriff" und der daraus folgenden Beseitigung der Basismarke ist ein Übergang zu einer nationalen Anmeldung unter Wahrung der Priorität möglich (Art. 9^{quinquies} ProtMMA).

Beispiel 152: Bis zum Jahre 2003 musste ein deutsches Unternehmen, das eine Marke auch in den USA schützen wollte, dort eine eigene Anmeldung beim USPTO in Washington D.C. vornehmen. Da Deutschland Mitglied des ProtMMA ist und auch die USA dieser Übereinkunft seit November 2003 angehört genügt es nunmehr, beim DPMA eine Marke anzumelden (Basismarke) und die internationale Registrierung auf die USA zu erstrecken. Beim DPMA ist zu diesem Zweck das Formular des ProtMMA entsprechend auszufüllen. Dies wird dann vom DPMA zur WIPO (Internationales Büro) weitergeleitet, die wiederum die Anmeldung und Eintragung in den USA veranlasst.

5.1.6 Aufgabe 20 („Markenstrategie")

Entwerfen Sie eine internationale Markenstrategie unter Berücksichtigung folgender Vorgaben: es sollen alle wichtige Länder mit dem Schutz von Marken erfasst sein. Allerdings haben Sie ein begrenztes Budget und auch zeitliche Vorgaben, so dass der Markenschutz innerhalb einer möglichst kurzen Frist erfolgen soll. Der Anmeldestaat (Ursprungsland) für den Markenschutz soll Deutschland/Europa sein.

Lösung:

Markenschutz in Deutschland als der Anmeldestaat („Ursprungsland") erreicht man durch eine Markenanmeldung beim Deutschen Patent- und Markenamt (Hauptsitz ist in München, eine Nebenstelle besteht in Jena, zusätzlich gibt es noch sog. Informationsstellen an verschiedenen Hochschulen, in Thüringen: die Friedrich Schiller Universität in Jena, die Ernst Abbe Fachhochschule Jena sowie die Technische Universität in Ilmenau).

Möglich wäre es auch, sogleich eine Markenanmeldung beim Harmonisierungsamt für den Binnenmarkt in Alicante/Spanien als Europäische Markenanmeldung vorzunehmen. Allerdings ist dies gegenüber der Markenanmeldung beim DPMA mit erheblichen Mehrkosten verbunden (unter Abdeckung von drei Klassen sind Gebühren in Höhe von 300 Euro zu entrichten; die Anmeldegebühr beim Harmonisierungsamt beträgt etwa 2.000 Euro).

Die internationale Markenanmeldung erfolgt entweder über das DPMA oder das Harmonisierungsamt in Alicante/Spanien. Eine in München/Jena oder Alicante eingetragene Marke ist „so wie sie ist" in den übrigen Verbandsländern des Madrider Markenabkommens (MMA) zugelassen und geschützt (Telle-Quelle-Schutz gem. Art. 6^{quinquies} PVÜ). Seitdem die USA im Jahre 2003 dem Protokoll zum MMA beigetreten sind, ist auch dort eine internationale Markenanmeldung (IR-Marke) möglich. Technisch läuft der Vorgang in der Weise, dass beim DPMA oder aber dem Harmonisierungsamt ein (Online-) Formular der WIPO (World Intellectual Property Organization) auszufüllen ist, das die Möglichkeit des Schutzantrags in zahlreichen Ländern vorsieht (56 Länder sind Mitglied des MMA). Durch das Protokoll zum MMA als Zusatzabkommen, dem im Jahre 2004 auch die EU beigetreten ist, besteht nun sogar die Option, eine IR-Marke lediglich auf Basis einer im Ursprungsland (lediglich) *angemeldeten* Marke auch für sämtliche Länder des MMA sowie des Protokolls zum MMA anzumelden. Die internationale Marke hat jeweils auch Prioritätswirkung, geht also allen anderen in den Bestimmungsländern später vorgenommenen Anmeldungen vor.

Da das gesamte Anmeldeverfahren über die WIPO läuft, ist der zeitliche Aufwand erheblich geringer, als müsste in jedem einzelnen der gewünschten Bestimmungsländer (einzeln) ein solcher Markenschutz umgesetzt werden. Zudem ist diese Vorgehensweise auch erheblich kostengünstiger als die Einzelanmeldung in den Zielländern.

5.2 Revidierte Berner Übereinkunft und Sonderabkommen

Der wichtigste urheberrechtsbezogenen Staatsvertrag ist die **Revidierte Berner Übereinkunft** (RBÜ),[338] der inzwischen 185 Vertragsstaaten angehören.[339] Die dieser Übereinkunft angehörenden Staaten haben sich zum Berner Verband zusammengeschlossen (Art. 1 RBÜ). Allerdings werden deren Aufgaben inzwischen von der WIPO[340] übernommen.

Nachfolgend werden wichtige Regelung der RBÜ (5.2.1) sowie einige Sonderabkommen der RBÜ (5.2.2) behandelt.

5.2.1 Wichtige Regelungen der RBÜ

Art. 5 Abs. 2 RBÜ bringt zum Ausdruck, dass die Anerkennung und Ausübung von Urheberrechten nicht an die Erfüllung irgendwelcher Förmlichkeiten geknüpft werden darf, wie etwa die Anmeldung des Werkes bei einem Register.[341]

Nach dem maßgeblichen Prinzip der **Inländerbehandlung** genießen Urheber in allen Verbandsländern die für die inländischen Urheber gewährten Rechte. Dieser Grundsatz wird allerdings insofern eingeschränkt, als für die Maßgeblichkeit der Schutzfristen ein Vergleich mit dem Ursprungsland vorzunehmen ist, dessen Dauer auch für das Land der Rechtsverfolgung die Höchstgrenze darstellt **(Reziprozität)**.

> **Beispiel 153:** Durch die Richtlinie 2011/77/EU zur Änderung der Richtlinie 2006/116/EG wurde die Schutzfrist für ausübende Künstler in der EU von bisher 50 Jahren auf nunmehr 70 Jahre für Aufzeichnungen ihrer auf Tonträger verbreiteten Darbietungen und derjenigen der Tonträgerhersteller verlängert. Gewähren nun Staaten außerhalb der EU, wie etwa China, lediglich die Schutzfrist von 50 Jahren (dies entspricht Art. 14 Abs. 5 TRIPS), so wird einem

---

[338] Diese Bezeichnung geht auf die große Revision des Berner Übereinkommens aus dem Jahr 1908 zurück. Den Gesetzestext zur RBÜ finden Sie in Beck-Texte im dtv, Urheber- und Verlagsrecht.

[339] Siehe www.wipo.int/members.

[340] Siehe 5.1.1.

[341] Siehe auch 4.1.1, Beispiel 113.

chinesischen ausübenden Künstler, der innerhalb der EU tätig wird, nur eine Schutzfrist von 50 Jahren zugestanden.

Die RBÜ sieht gewisse Mindestrechte unabhängig davon vor, ob das Mitgliedsland entsprechende Schutzrechte gewährt. Unterschieden werden:

- zwingende Regelungen (starres System),
- Rechte, die durch nationale Regelungen eingeschränkt werden können (halbstarres System), und
- freiwillige Bestimmungen (unstarres System).

Jeder Mitgliedstaat muss etwa das Übersetzungsrecht (Art. 8 RBÜ), das Bearbeitungsrecht (Art. 12 RBÜ), das Recht der öffentlichen Aufführung (Art. 11 RBÜ) und das Verfilmungsrecht (Art. 14 RBÜ) gewähren.

Zu den Bestimmungen des halbstarren Systems zählt etwa das Recht zur Vervielfältigung eines Werkes (Art. 9 RBÜ). Gem. Art. 9 Abs. 2 RBÜ bleibt es der Gesetzgebung der Verbandsländer vorbehalten, eine solche Vervielfältigung in gewissen Sonderfällen unter der Voraussetzung zu gestatten, dass eine solche Vervielfältigung weder die normale Auswertung des Werkes beeinträchtigt, noch die berechtigten Interessen des Urhebers unzumutbar verletzt. Dazu zählt auch das Senderecht (Art. 11 RBÜ).

Freiwillige Reglungen betreffen z. B. das **Folgerecht** (Art. 14ter RBÜ). Der Anspruch des bildenden Künstlers auf Beteiligung am Erlös aus Verkäufen eines Originals nach der ersten Veräußerung durch den Galeristen und Versteigerungshäuser (für den Urheber) kann im Verbandsland nur beansprucht werden, wenn der Heimatstaat diesen Schutz ebenfalls anerkennt.

Beispiel 154: Ein deutscher Künstler (K) veräußert ein Bild an einen Sammler (S). Nach vielen Jahren – inzwischen ist K berühmt –, lässt S das in seinem Eigentum befindliche Bild von K durch ein Versteigerungshaus in London versteigern. Versteigerungserlös ist ein Betrag von (umgerechnet) 1.000.000 Euro. Käufer ist ein Chinese aus Shanghai. Zunächst ist zu klären, welches Recht Anwendung findet. Das ist das Recht des Ortes des Sitzes des Versteigerers in London. Es findet also englisches Recht Anwendung. Nach der dann maßgeblichen Folgerechts-Richtlinie 2001/84/EG (Art. 4) erhält K (der ja ansonsten leer ausgehen würde) einen Prozentsatz an dem Veräußerungserlös, und zwar bei einem Verkaufspreis von über 500.000 Euro eine Tranche von 0,25 %, höchstens aber 12.500 Euro. Diesen Betrag muss das Londoner Versteigerungshaus einbehalten und an K abführen. Sitzt in unserem Beispiel der Künstler dagegen in einem Verbandsland, das das Folgerecht nicht kennt, wie etwa China, so würde der chinesische Künstler von dem Londoner Versteigerungshaus keinen Erlös erhalten.

Merksätze:

Die RBÜ ist als völkerrechtliches Abkommen Ausdruck der Universalität, da es die Entstehung zahlreicher urheberrechtlicher Schutzrechte in den Mitgliedstaaten der Berner Übereinkunft ermöglicht. Zu trennen ist dieses internationale Urheberrecht vom „nationalen Fremdenrecht" jedes einzelnen Staates. So hat die Bundesrepublik Deutschland in § 121 Abs. 1 UrhG geregelt, dass ein in Deutschland erschienenes Werk den Schutz dieses Gesetzes genießt, es sei denn, dieses ist früher als 30 Tage zuvor im Ausland erschienen. Abs. 4 verweist dann aber auf die internationalen Verträge, somit auch auf die RBÜ, woraus folgt, dass alle Angehörigen der Mitgliedstaaten der RBÜ auch ohne die 30-Tage-Regelung im Inland Schutz genießen.

5.2.2 Sonderabkommen der RBÜ

Auf der diplomatischen Konferenz der WIPO in Genf im Jahr 1996 wurden zwei **Sonderabkommen**[342] im Sinne des Art. 20 RBÜ unterzeichnet, und zwar der WIPO Copyright Treaty **(WCT)** sowie der WIPO Performances and Phonograms Treaty **(WPPT)**. Die WCT gewährt den Urhebern (aus damaliger Sicht) neue Rechte, etwa das Verbreitungsrecht (Art. 6 WCT) und das Recht auf „Communication tot he Public", also das Recht der Online-Übertragung (Art. 8 WCT). Art. 7 WCT gibt dem Urheber von Computerprogrammen, Filmen und Werken auf Tonträgern ein Verleihrecht. Art. 5 WPPT schreibt für ausübende Künstler erstmals internationale Persönlichkeitsrechte fest. Weiterhin sind die Vertragsstaaten verpflichtet, wirkungsvolle Rechtsbehelfe gegen die Umgehung von technischen Sicherheitsvorkehrungen (z. B. digitale Wasserzeichen) und gegen die Umgehung von Vorkehrungen für die punktgenaue elektronische Abrechnung einzuführen (Art. 18, 19 WPPT).

Wegen der relativ hohen Anforderungen der RBÜ an das innerstaatliche Urheberrecht und des dort verlangten zwingenden Verzichts auf Förmlichkeiten zur Begründung des Urheberrechts, wurde das Welturheberrechtsabkommen **(WUA)** im Jahre 1952 geschlossen. Dieses Abkommen ist in der Pariser Fassung von 1971 geltendes innerstaatliches (deutsches) Recht. Die Verwaltung obliegt der UNESCO mit Sitz in Paris (Exekutivorgan ist der Generaldirektor). Nach Art. II WUA genügt zur Sicherung eines Rechtsanspruchs aus der Verletzung des Urheberrechts, dass alle Exemplare des rechtmäßig veröffentlichten Werkes bei der ersten Veröffentlichung das Kennzeichen © sowie den Namen des Urhebers und der Jahreszahl der ersten Veröffentlichung (Copyright-Vermerk) aufweisen. Damit konnten die USA Mitglied dieses Abkommens werden. Nachdem die USA aber mit rückwirkender Kraft (Art. 18 RBÜ) der RBÜ beigetreten ist (ebenso Russland), hat das WUA weitgehend ihre Bedeutung verloren.

Zu nennen sind schließlich noch das ROM-Abkommen **(RA)** zum Schutz ausübender Künstler, der Hersteller von Tonträgern und der Sendeunternehmen. Art. 14 RA schreibt eine Mindestschutzfrist von 20 Jahren vor, und zwar gerechnet jeweils vom Ende des Jahres an, in dem

- die Festlegung bei Tonträgern und bei Darbietungen vorgenommen worden ist, die auf Tonträger festgestellt sind,
- die Darbietung stattgefunden hat bei Darbietungen, die nicht auf Tonträger festgelegt sind, und
- die Sendung stattgefunden hat.

---

[342] Die Gesetzestexte der Sonderabkommen, wie WPPT und WCT, finden Sie in Beck-Texte im dtv, Urheber- und Verlagsrecht.

Das Genfer Tonträgerabkommen **(GTA)** wurde als separate Vereinbarung zum ROM-Abkommen im Jahre 1971 zur Eindämmung der Produktpiraterie gerade im Hinblick auf die unerlaubte Vervielfältigung von Tonträgern abgeschlossen. Anknüpfungspunkt ist die Staatsangehörigkeit (Art. 2 GTA). Inhaltlich gibt es gegenüber dem ROM-Abkommen kaum Bemerkenswertes. Die Schutzfrist beträgt ebenfalls 20 Jahre (Art. GTA).

Ein weiteres Sonderabkommen ist das **Peking Abkommen** (Beijing Treaty on Audiovisual Performances) aus dem Jahre 2012, das in besonderem Maße die Urheberrechte der Schauspieler, Musiker und sonstiger Akteure an audiovisuellen Produkten schützt.[343] Das deutsche Urheberrecht hat die dort formulierten Anforderungen bereits erfüllt. Bisher wurde dieses Abkommen noch nicht in deutsches Recht umgesetzt (ratifiziert). Auf den ersten Blick hat sich hins. der übrigen verwandten Schutzrechte, wie etwa das der Lichtbildner und Filmhersteller, durch dieses Abkommen nicht viel geändert. Allerdings ermöglicht Art. 12 Peking Abkommen, die dort vorgesehenen Mindestrechte den Filmherstellern zuzuweisen, wenn die ausübenden Künstler der Aufnahme zugestimmt haben und keine abweichende Vereinbarung getroffen wurde. Unter diesen Voraussetzungen kommen auch die Filmhersteller in den Genuss der Mindestrechte gem. Art. 7–11 Peking Abkommen, z. B. des Vervielfältigungs- sowie Verbreitungsrechts.

Am 30.9.2016 trat der **Marrakesch-Vertrag** (Marrakesh Treaty to Improve Access to Published Works for Persons who are Blind, Visually Impaired, or otherwise Print Disabled) über urheberrechtliche Schrankenregelungen für Blinde und Sehbehinderte in Kraft. Seit 2012 wurde über dieses internationale Abkommen verhandelt, bevor er auf der Konferenz in Marokko im Juni 2013 beschlossen wurde. Das neue WIPO-Abkommen soll die Umwandlung urheberrechtlich geschützter Werke für Sehbehinderte erleichtern, indem es alle Unterzeichner verpflichtet, Schrankenregelungen in ihren Urheberrechten vorzusehen, und es Blindenorganisationen erlaubt, künftig Werke in für Blinde und Sehbehinderte zugänglichen Formaten auch über Grenzen hinweg weiterzugeben. Im Gegenzug kann der Gesetzgeber eine Pauschalvergütung vorsehen. Kanada hat als 20. Nation am 30. Juni 2016 den Vertrag ratifiziert. Die Europäische Union hatte den Vertrag im April 2014 unterzeichnet.

5.3 Internationale Lizenzverträge

Die grenzüberschreitende Nutzung urheberrechtlicher Werke zeigt sich gleich unter verschiedenen Facetten. Zunächst hat die EU-Kommission wiederholt versucht, den Rechteerwerb im Online-Musikbereich durch Hinwirken auf multinationale Lizenzen zu erleichtern, was nunmehr durch die Richtlinie 2014/26/EU über die kollektive Wahrnehmung von Urheber- und verwandten Schutzrechten und die Vergabe von Mehrgebietslizenzen für Rechte an Musikwerken für die Online-Nutzung im Binnenmarkt erfolgt ist. Auf diese kollektive

---

[343] Siehe www.wipo.int/treaties/en/ip/beijing/beijing_treaty.html.

Rechtewahrnehmung (5.3.1) wird zunächst eingegangen. Des Weiteren sind die individualvertraglichen Lizenzen (5.3.2) näher zu betrachten.

5.3.1 Kollektive Rechtewahrnehmung

Das Urheberrecht soll auf der Grundlage einer „Strategie für den Binnenmarkt" der Europäischen Kommission modernisiert werden, um für einen angemessenen Ausgleich zwischen den Interessen der Urheber einerseits und denen der Nutzer bzw. Verbraucher andererseits zu sorgen.[344] Diesem Ziel dient die Harmonisierung der Online-Nutzung von Musik.

Durch die **Richtlinie (RL) 2014/26/EU** vom 26.2.2014[345], die bis zum 10.4.2016 in nationales Recht umgesetzt werden musste, ist auch Deutschland gezwungen, das Urheberechtswahrnehmungsgesetz der „Organisationen(en) für kollektive Rechtewahrnehmung" (Art. 3 lit. a) der genannten Richtlinie im Hinblick auf die **Organisation** (Art. 4 RL) sowie für die **Ermöglichung von Mehrgebietslizenzen für Online-Rechte an Musikwerken** (wohl auch für verwandte Schutzrechte, obwohl in Art. 23 RL nicht ausdrücklich aufgeführt) anzupassen.[346] Die Umsetzung ist inzwischen durch das Gesetz über die Wahrnehmung von Urheberrechten und verwandten Schutzrechten durch Verwertungsgesellschaften (Verwertungsgesellschaftengesetz – VGG) vom 24.6.2016 erfolgt.[347]

Die GEMA und die britische Schwestergesellschaft PRS (Mechanical Copyright Protection Society – Performing Rights Society) haben eine sog. **unabhängige Verwertungseinrichtung** (nicht von Rechtsinhabern beherrscht und auf eigene Gewinnerzielung gerichtet), namentlich die **CELAS** (Centralized European Licensing and Administration Service) GmbH gegründet, die das Repertoire der EMI Music Publishing im Online-Bereich verwertet.[348]

5.3.2 Individualvertragliche Lizenzen

Für die Vergabe einzelvertraglicher Lizenzen ist die nähere Bestimmung des **Vertragsstatus** von Interesse. Dabei muss man sich vor Augen halten, dass das schuldrechtliche **Vertragsstatut** (Rom I-VO) sich grundsätzlich nur auf Verpflichtungsgeschäfte bezieht. Fraglich ist aber, wie die **Verfügungsgeschäfte** hier einzuordnen sind. Nach der sog. Spaltungstheorie ist auf das Verfügungsgeschäft das Recht des jeweiligen Schutzlandes anzuwenden. Dies wird aber von der **Einheitstheorie** abgelehnt, da beide Geschäfte sind in solchen Verträgen „eng verklammert" seien.[349]

---

[344] Siehe dazu *Bauneck*, „Strategie für den digitalen Binnenmarkt" – ein neues europäisches Urheberrecht?, GRUR Int. 2015, 889.

[345] ABl. C 44 v. 15.2.2013, S. 104.

[346] Vgl. Pfeifer, Umsetzung der EU-Richtlinie für Verwertungsgesellschaften in deutsches Recht, ZUM 2014, 453.

[347] BGBl. I S. 1190.

[348] Siehe www.celas.eu.

[349] Vgl. *Ahrens,* in: Berger/Wündisch, Urhebervertragsrecht, §6 Rn. 68 ff. mit zahlreichen Hinweisen auf Rechtsprechung und Literatur.

Beispiel 155: Schließt ein deutscher Musikproduzent (mit Sitz in Deutschland) mit einem englischen Künstler (wohnhaft in Großbritannien) einen Künstlervertrag, so ist nach der Einheitstheorie sowohl für das Vertragsrecht als auch für die damit einhergehende Rechtseinräumung (als Verfügungsgeschäft) „einheitlich" (wenn keine Rechtswahl gem. Art. 3 Abs. 1 ROM I-VO getroffen wurde) gem. Art. 4 Abs. 2 ROM I-VO an den Ort der Dienstleistung deutsches Recht anzuknüpfen (vorausgesetzt die „charakteristische Leistung" wird durch den Musikproduzent durchgeführt). Fraglich ist aber, welches Recht bei einer Urheberrechtsverletzung in England aus diesem Künstlervertrag anzuwenden ist. Denn nach dem maßgeblichen Schutzlandprinzip (Art. 8 Abs. 1 ROM II-VO) ist alleine englisches Recht anzuwenden. Die Verletzung des Künstlervertrages als Lizenzvertrag ist hier zunächst zu qualifizieren, es ist also der Anknüpfungsgegenstand näher zu bestimmen. Ergibt diese Qualifikation die Zuordnung zum Urheberrechtsstatut (lex loci protectionis), so wäre allein englisches Recht maßgeblich. Dann wäre auch eine Rechtswahlvereinbarung (auch eine nachträgliche) unzulässig (Art. 8 Abs. 3 ROM II-VO). Läge der Schwerpunkt dagegen auf dem Vertragsstatut, so wäre insgesamt deutsches Recht anzuwenden (mit der Möglichkeit der Rechtswahl). In der Qualifikation liegt also zunächst das Problem. Wenn es aber um den „Umfang" des zugewiesenen Schutzrechts geht – also die Vorfrage nach der grds. Zuweisung etwa zu englischen Recht –, kann Art. 5 Abs. 2 Satz 2 Revidierte Berner Übereinkunft (RBÜ) herangezogen werden, der besagt, dass sich der Umfang des Schutzes sowie die dem Urheber zur Wahrung seiner Rechte zustehenden Rechtsbehelfe ausschließlich nach den Rechtsvorschriften des Landes richtet, in dem der Schutz beansprucht wird.[350] Dazu rechnet auch „die aus dem Immaterialgüterrecht oder einem Nutzungsrecht hieran hergeleitete Berechtigung zur Verfolgung von Rechtsverletzungen. Auf vertragliche Absprachen ist in diesem Zusammenhang – entgegen der Ansicht der Revision – nicht abzustellen."[351] Es spricht hier also einiges dafür, das Urheberrechtsstatut zur Anwendung zu bringen. Nach Auffassung von Schack richtet sich die Entstehung, Bestand und die Inhaberschaft des Urheberrechts nach dem Recht des Ursprungslandes (als Vorfrage), wohingegen die Haftungsvoraussetzungen sowie der Haftungsumfang nach dem Schutzland zu beurteilen sind.[352] Dagegen ordnen die Rechtsprechung sowie die ganz überwiegende Lehre die Fragen der Entstehung des Urheberrechts einschließlich der ersten Inhaberschaft (insbesondere bei Arbeitnehmern als Urheber sowie der Vermutungsregelung der Filmrechte gem. § 89 UrhG) dem Schutzland zu.[353] Diese Frage ist keineswegs nur von theoretischer Bedeutung. Richtet sich etwa die erste Inhaberschaft nach deutschem Recht, so geht im Gegensatz zum anglo-amerikanischen Recht das von einem angestellten Komponisten geschaffene musikalische Werk nicht auf den Arbeitgeber über. Somit kann der Inhaber eines Nutzungsrechts in der Rechtekette etwa mit Sitz in New York City auch nicht mehr übertragen, als ihm vom deutschen Urheber übertragen wird. Wird dann das Recht an dieser Komposition etwa durch unerlaubtes Kopieren in NYC verletzt, so mag nach dem Schutzlandprinzip das Recht des Staates NYC zur Anwendung kommen.

---

[350] BGH, GRUR 1992, 697 (ALF).

[351] BGH, GRUR 1992, 698.

[352] Schack, Urheber- und Urhebervertragsrecht, Rn. 1031 und Rn. 1034 ff.

[353] Vgl. *Dreier* in: Dreier/Schulze, UrhG, vor §§ 120 Rn. 30 mit zahlreichen Hinweisen zur Rechtsprechung; Enders, Beratung im Urheber- und Medienrecht, § 2 Rn. 519 ff.

Der Inhaber des Nutzungsrechts dort kann aber nicht mehr geltend machen, als ihm vom deutschen Rechtsinhaber zugestanden wurde. Folgt man der Auffassung von Schack, richtet sich die erste Inhaberschaft nicht nach dem dortigen Recht, sondern nach deutschem Recht als dem Ursprungsland. Dann aber kommt §31 Abs.5 UrhG als Auslegungsregel zur Anwendung, die den Urheber in erheblichem Umfang schützt, somit zahlreiche „Buy Out"-Regelungen des US-amerikanischen Rechts verhindert. Stellt man für diese Frage auf das Schutzland ab, so gilt diese Auslegungsregel – mangels zwingenden internationalen Charakters – gerade nicht.[354]

Merksätze:

Werden die international abgeleitete Rechte vor einem ausländischen Gericht geltend gemacht, so wird sich der Richter zur Beantwortung der Frage der wirksamen Rechtsübertragung auf sein Recht – also das des Schutzlandes – beziehen. Landet ein solches Verfahren vor einem deutschen Gericht, so hätte diese Frage tatsächlich praktische Bedeutung. Denn nun muss über die Frage der Aktivlegitimation und damit auch über die der ersten Inhaberschaft entschieden werden.

Im Hinblick auf das **Vertragsstatut** wird die Frage diskutiert, ob durch **Rechtswahl** die (vertragsrechtlich) Vorschriften des deutschen Urheberrechts „abwählbar" sind, oder diese nicht als (international) zwingende Normen (Art.3 Abs.3 Rom I-VO bzw. Art.9 Abs.2 Rom I-VO) unverzichtbar sind. Eine solche Norm ist §32b UrhG, die zum Ausdruck bringt, dass die zwingenden Regelungen über die angemessene Vergütung (§§32 und 32a UrhG) nicht durch die Wahl eines ausländischen Vertragsstatuts umgangen werden können. Allerdings gilt das (im Umkehrschluss) nicht für sonstige Normen, die national eben nicht zwingend sind und auf die man (jedenfalls im Nachhinein) verzichten kann, wie etwa §§32c Abs.3, 34 Abs.5 S.1, 40 Abs.2, 41 Abs.4 S.1 und 42 Abs.2 S.1 UrhG.[355]

Merksätze:

Im Hinblick auf die Angemessenheit der Vergütung (§§32 und 32a UrhG) kann durch eine Klausel vereinbart werden, dass hins. der durch ausländische Lizenzen erzielten Einnahmen deutsches Recht nicht anwendbar sein soll (die Abwahl deutschen Rechts ist, sofern die maßgeblichen Nutzungshandlungen nicht in Deutschland stattfinden, zulässig gem. §32 b Nr.2 UrhG). Durch diese partielle Abwahl deutschen Rechts werden ausländische Einkünfte nicht in die Angemessenheitsprüfung mit einbezogen.

---

[354] Siehe dazu BGH, GRUR Int. 2015, 375 „Hi Hotel II".
[355] Zur zwingenden internationalen Anwendung des §31 Abs.5 UrhG, BGH, GRUR Int. 2015, 375 „Hi Hotel II".

Literaturverzeichnis

Altemöller, Perspektiven für das Welthandelssystem – von mulitlateraler Integration zu Freihandelsabkommen?, EuZW 2016, 374.

Bamberger/Roth, Bürgerliches Gesetzbuch, 3. Aufl. München 2012.

Berger/Wündisch, Urhebervertragsrecht, 2. Aufl. Baden Baden 2015.

Birkner, Freihandel und internationales Investitionsschutzrecht – Modelle und Perspektiven gerichtlicher Streitbeilegung, EuZW 2016, 454.

Brauneck, „Strategie für den digitalen Binnenmarkt" – ein neues europäisches Urheberrecht?, GRUR Int. 2015, 889.

Graf von Bernstorff, Einführung in das englische Recht, 4. Aufl. München 2011.

Besen/Slobodenjuk, Beschränkungen beim Erwerb deutscher Unternehmen durch ausländische Investoren nach dem Außenwirtschaftsrecht – ein praktischer Leitfaden, BB 2012, 2390.

Clausnitzer/Woopen, Internationale Vertragsgestaltung – Die neue EG-Verordnung für grenzüberschreitende Verträge (Rom I-VO), BB 2008, 1798.

Dreier/Schulze, Urheberrecht, 5. Aufl. München 2015.

Enders, Know How Schutz als Teil des geistigen Eigentums, GRUR 2012, 25.

Enders, Beratung im Urheber- und Medienrecht, 4. Aufl. Bonn 2015.

Franz, Internationales Gesellschaftsrecht und deutsche Kapitalgesellschaften im In- bzw. Ausland, BB 2009, 1250.

Hartmann/Lauterbach/Albers/Hartmann, Zivilprozessordnung, 74. Aufl. München 2016.

Herdegen, Europarecht, 17. Aufl. 2015.

Herdegen, Internationales Wirtschaftsrecht, 10. Aufl. München 2014.

Jensen, Die Auslegung von Investitionsschutzabkommen am Beispiel der „umbrella clause", RIW 2016, 277.

Kilian/Wendt, Europäisches Wirtschaftsrecht, 5. Aufl. München 2016.

Kindler, Einführung in das neue IPR des Wirtschaftsverkehrs, Frankfurt/Main 2009.

König, Was bringt eine neue GATS-Runde für die audiovisuellen Medien? ZUM 2002, 271.

Kropholler/von Hein, Europäisches Zivilprozessrecht, 9. Aufl. Frankfurt/Main 2011.

Leible, Rechtswahl im IPR der außervertraglichen Schuldverhältnisse nach der Rom II-Verordnung, RIW 2008, 257.

Leible/Lehmann, Die Verordnung über das auf vertragliche Schuldverhältnisse anzuwendende Recht („Rom I"), RIW 2008, 528.

Leier, Elektronischer Handel in der Welthandelsorganisation (WTO), MMR 2002, 781.

Lieder/Kliebisch, Nichts Neues im Internationalen Gesellschaftsrecht: Anwendbarkeit der Sitztheorie auf Gesellschaften aus Drittstaaten, BB 2009, 338.

Lüttinghaus, Die „engere" Verbindung im europäischen internationalen Arbeitsrecht, EuZW 2013, 821.

Mankowski, Der Schutz von Gerichtsstandsvereinbarungen vor abredewidrigen Klagen durch Art. 31 Abs. 2 EuGVVO n. F., RIW 2015, 17.

Mankowski, Neues beim europäischen Gerichtsstand der rügelosen Einlassung durch Art. 26 Abs. 2 EuGVVO n. F., RIW 2016, 245.

Mauer/Stadtler, Die Vereinheitlichung des internationalen Arbeitsrechts durch die EG-Verordnung Rom I, RIW 2008, 544.

Mehle/Mehle, Die notwendige Einhaltung von EU-Embargoregelungen durch Unternehmen mit Sitz in Drittstaaten, RIW 2015, 397.

Müller, Chinas Beitrittsprotokoll zu WTO – eine Zwischenbilanz, EuZW 2016, 291.

Münchener Kommentar zum BGB, Bd. 10 IPR 6. Aufl. München 2015.

Münchener Kommentar zum HGB, Bd. 7 Internationale Verträge, 3. Aufl. München 2014.

Nägele/Jacobs, Rechtsfragen des Cloud Computing, ZUM 2010, 281.

Nordmeier, Cloud Computing und Internationales Privatrecht, MMR 2010, 151.

Nordmeier, Internationale Gerichtsstandsvereinbarungen nach der EuGVVO n. F., RIW 2016, 331.

Orthmann/Kuß, Der digitale Flohmarkt – das EuGH-Urteil zum Handel mit Gebrauchtsoftware und dessen Auswirkungen, BB 2012, 2262.

Palandt, Bürgerliches Gesetzbuch, 76. Aufl. München 2016.

Piltz, Neue Entwicklungen im UN-Kaufrecht, NJW 2015, 2548.

Pfeifer, Umsetzung der EU-Richtlinie für Verwertungsgesellschaften in deutsches Recht, ZUM 2014, 453.

Rauscher, Internationales Privatrecht, 3. Aufl. Heidelberg 2009.

Reichel/Spieler, Vertragsgestaltung bei internationalem Arbeitseinsatz, BB 2011, 2741.

Schack, Urheber- und Urhebervertragsrecht, 6. Aufl. Tübingen 2013.

Schlechtriem/Schroeter, Internationales UN-Kaufrecht, 4. Aufl. Tübingen 2013.

Schlechtriem/Schwenzer, Kommentar zum Einheitlichen UN-Kaufrecht, 6. Aufl. München/Basel 2013.

Sendmeyer, Internationale Zuständigkeit deutscher Gerichte bei Verkehrsunfällen im europäischen Ausland, NJW 2015, 2384.

Solmecke/Dam, Wirksamkeit der Nutzungsbedingungen sozialer Netzwerke, MMR 2012, 71.

Ströbele/Hacker, Markengesetz, 11. Aufl. Köln 2015.

Tonner, Die neue Pauschalreiserichtlinie, EuZW 2016, 95.

Trennt/Niestedt, Das neue Außenwirtschaftsrecht, BB 2013, 2115.

Thume, Zur richtlinienkonformen Anwendung der §§ 84 ff. HGB im gesamten Vertriebsrecht, BB 2011, 1800.

Verse/Wiersch, Die Entwicklungen des europäischen Gesellschaftsrechts 2014–2015, EuZW 2016, 330.

Stichwortverzeichnis